알기 쉬운

實證哲學

中卷

李炳烈

東洋書籍

目次

第四編

第 五 編(神殺 및 吉凶神)

第 六 編 (應用과 推理)

十、子孫論 …… 463

第四編

十四、日主强弱 區分

日主의 强弱을 區分하고자 하는 첫째의 目的은 四柱 張本人의 能力 與否를 測定하는데 있으며, 따라서 日主의 强弱을 區分하지 않고서는 참된 推命을 할 수 없다고 하여도 과언은 아니며 四柱의 眞髓가 바로 여기에 있는 것이다。留念할 것은 이 日主의 强弱만 확실하게 區分할 줄 안다면 四柱 공부는 어느 境地에 到達하였다고 할 수 있을 만큼 중요한 位置를 차지하고 있으며, 또 앞으로 工夫하여야 할 格局用神에도 基礎가 됨은 물론 四柱學 전반에 걸쳐 日主 强弱에 따라 해석이 달라지고 있기 때문이다。

다시 말하여 日主의 强弱에 따라 吉神도 凶神이 될 때가 있고 또 凶神이 바뀌어 吉神이 되며 他에게는 凶神이나 나에게는 吉神이 되고, 나에게는 吉神이 분명하나 他에게는 凶신이 될 수도 있으며,

때로는 正印이 변하여 偏印으로, 偏印이 正印으로, 偏財가 正財로, 正財가 偏財로, 正官이 殺로 殺이 正官으로 변화하는데 이는 모든 것이 상대적이기 때문이다。

즉 世上 사람은 모두 똑같은데 본인을 위주로 하여 좋은 사람과 나쁜 사람으로 分類되고 있는 것과 같다 하겠다。

다음 日干이 強旺하면 偏도 正이 되나 日干이 衰弱하면 正도 偏이 되는 법이므로 尅我者인 官殺을 기준으로 볼때 弱者는 법이 다스림을 받아야 하나 強旺者는 법을 다스리는 것과 같으며 我尅者인 財星 즉 妻도 이치로서는 같으나 日干이 強하면 賢妻가 되고, 日干이 衰弱하면 惡妻가 되는 법이니 이제 日干의 強과 弱을 무시하며 吉凶을 함부로 論하겠는가 말이다. 強旺과 衰弱을 알기 쉽게 對比한다면

強旺 強大國 強者 富者 高位職 健康者

衰弱 弱小國 弱者 貧者 下級職 病弱者

日主의 強弱 區分이 쉽고도 어려움기 때문에 따르는 몇 십년을 연구하고도 난해할 때가 있는데 이는 四柱의 構成 自體가 애매하기 때문이며, 또 하나는 基礎 공부가 되어 있지 않아서이고 다음은 合局의 變化·出生된 時節 冲 刑破에 따른 變化 關係와 또 形而上學的인 氣의 作用을 무시하여 原因이 있는 것이니 앞에서 공부한 干支體性論을 土臺로 生·死關係를 잘 살펴 결론을 내리고

또 양적인 면보다는 질적인 면을 택하고 있어 대비하건대 양이란 함은 數字를, 질이라 함은 得局을 말함이라, 따라서 무엇이든 得局을 하거나 健旺하여 있으면 그 힘은 強大하여 어떠한

자와도 對敵할 수 있는 힘을 가지고 있다는 것을 銘心할 것이며 또 한 번 말하지만 뭉치면 살고 흩어지면 죽는다는 教訓을 되새기기 바란다。

그리고 亥는 혼자 있을 때는 水가 분명하나 寅이나 卯 또는 未를 만나면 木局으로 변화하는 것은 사실이지만 만약 亥月이면서 金生水를 받고 있을 때는 완전하게 木으로 변화하지는 않으며 申金이 月令에 있고 土金이 旺하고 있을 때는 子水를 만나 水局이 된다 하여도 완전한 水氣로 변화하지는 않고、

寅木이 月令에 있고 水木이 旺한 中 혹 午火를 만난다 하여도 완전한 火局으로는 變身되지 않으며 巳火가 月令에 있고 木火가 旺할 때 혹 酉金을 만난다 하여도 완전한 金局으로 變身되지 않으니 月 즉 때라고 하는 것이 얼마나 중요한가를 다시 한번 음미하여 보고、또 柱中의 勢力에 의하여 合局이 左右되는데 이는 天干은 陽으로 强者요 地支는 陰으로 弱者이기에 群衆心理에 의하여 판도가 달라지는 것과 같다 하겠다。

즉 다시 말하여 같은 寅木이라 하여도 柱中에 木이 많으면 木으로、火가 많으면 火로 變質되고、申金은 金이 旺하면 金으로 水가 旺하면 水로 따라가며、亥水는 水가 많으면 水로 木이 旺하면 木으로、변신하고、巳火는 火가 많으면 火로、金이 많으면 金으로 변화하며、또 辰土는 木이 旺하면 木으로、水가 旺하면 水氣로 변화하고、丑土는 金이 旺하면 金으로、水가 旺하면 水氣로 변화하며、未土는 火가 많으면 火氣로、木이 많으면 木氣로、변화하고、戌土는

金이 旺하면 金氣로 火가 旺하면 火氣로 변화하나 土가 旺하면 土로서 存在한다。

이와같이 過多와 合局의 작용에 따라 수시로 변화하고 있으니 잘 觀察하지 않으면 안되는데 合局의 힘을 順序대로 列擧한다면

첫째 六合 ↓ 夫婦合

둘째 三合 ↓ 父母 本人 子孫의 合

셋째 方合 ↓ 兄弟合

넷째 同合 ↓ 親友合으로 區分할 수 있다

따라서 合中 에는 六合이 第一 잘되고、다음은 三合이요、方合의 順序로 되는데 同合은 같은 者 끼리를 말함이니 子와 子、丑과 丑、寅과 寅、卯와 卯 등을 말하고 다음 天干을 夫君、地支를 妻로 간주할 때 가령 庚辰하면 辰土는 庚金과 夫婦가 되고 있기 때문에 卯나 寅을 동반한다 하여도 庚金 때문에 완전한 木局으로 변형되지 않으며 또 戊戌하면 午火를 만난다 하여도 天干 戊土의 영향 때문에 완전한 火局으로 변화하지 않으니 항시 同宮의 天干 勢力도 함께 잘 살펴서 결론을 내려야 한다。

그러면 日主强弱 區分의 三大 原則이라 할 수 있는 得令·得地·得勢에 대하여 공부하기로 하는데 이것도 方法일 뿐 전부는 아니라는 것을 명심하기 바란다。

가, 得令(失令)

得令이란 함은 月支에서 印綬나 肩·劫을 얻었을 때 得令이라고 한다. 즉 得은 얻었다는 뜻이요 令은 月令을 말하고 있는데 또 月令은 柱中에서 第1 强者로 君臨하고 있기 때문에 全柱中의 干支가 月令에 의하여 生死가 左右되고 있으며 아울러 他柱의 힘보다 倍加하고 있는 것이 月令이기도 한다.

고로 日主는 물론 柱中의 五行을 먼저 구분하고, 그 五行이 어느 때에(月) 해당하고 있는 지를 살펴 得令 與否를 가려내면 되는데

가령 寅月生이라면 木火는 得令하나 土金水는 失令이 되고, 午月生이라면 火土는 得令하는데 金水木은 失令하며 申月生이라면 柱中의 金水는 得令이나 木火土는 失令이 되는 것이다. 여기에서 주의할 것은 印綬라 하되 모두가 得令하는 것이 아니라 卯月에 火日主, 子月에 木日主, 未, 戌月에 金日主는 제외되며 또 月令의 五行이 변화하면 그만큼 부실할 수밖에 없고, 한편으로 月令을 重要視하는 것은 어느 때에 出生하였는가를 살펴 봄과 동시(天·時機) 부모님의 자리로서 日干 本人과 가장 密接한 關係로서 日干에 미치는 영향이 至大하기 때문이며 일단 得令을 하면 身旺 또는 日主가 旺하다고 하고 이와 반대는 失令이라 하여 身弱·日干 弱이라고 한다.

나、得地(失地)

得地라 함은 日主 天干이 日支(坐下)에서 印綬나 肩·劫을 얻었을때 得地가 되며 때로는 着根·有根 通源이라고도 하고、이와 반대는 失地라 하여 凶으로 하고 있다。

이 得地에서 주의할 것은 가령 丁未日일 경우 印綬도 肩劫도 아니나 未中丁火에 六月之氣로 火氣가 融融하여 得地가 되며 甲辰日 경우도 三月之氣에 帶木之土요 辰中乙木 있고、또 濕土가 되어 木이 着根하고 肥大하여지니 得地가 틀림 없으며、

癸丑日 역시 十二月之氣에 丑中 癸水와 辛金 있어 得地가 되고、丙戌日은 戌中丁火에 火土共存으로 得地가 되듯 暗藏가지도 자세하게 살펴 日干에 힘이 될 때는 得地로서 간주하여야 한다。

그리고 得令 다음으로 중요시하고 있는 것은 得令은 때로서 天에 해당하며 어느 때에 出生하였으며、得地는 地로서 어느 場所에 앉아 있는가를 살피는데 목적을 두기 때문인데、또 得令이 부모님과의 關係라면 得地는 부모님의 슬하를 떠난 配偶者와의 관계를 살피기 때문이다。

(地·場所)

다、得勢(失勢)

得勢라 함은 月令·日支를 제외한 柱中에서 印綬나 肩刼이 있어 日干의 勢力에 合流할 때에 得勢라 하고 이와 반대는 失勢라 하여 凶으로 한다。

여기에서 주의할 것은 死者는 得勢라 할 수 없으니 즉 無根 또는 冲·刑을 만나 被傷되어 있으면 아무리 많아도 得勢가 될 수 없으며、또 合局으로 변화되었거나 多逢受制로 日干에 아무런 도움이 못되면 得勢라고 할 수 없으며

또 年柱·月干·時柱에서 日干을 도우면 완전한 得勢이나 時柱에는 肩刼 또는 印綬를 놓았는데 年柱·月干에 없으면 得勢中에서도 부실하니 참고하기 바라며

그리고 득세는 人으로서 努力이요 環境이라 무시할 수 없는 것이다。따라서 時機·場所 그리고 努力이 符合되어야 비로서 發展을 期約할 수 있는 것과 같이 이중 어느 하나만 빠져도 그만큼 부실하게 된다。

라、結論

앞에서와 같은 方法으로 먼저 得令(失令)·得地(失地)·得勢(失勢)를 구분한 다음

三者를 모두 얻으면 最強이라 하고

三者中 二者만 얻었다면 中強이 되며

三者中 一者만 얻으면 身弱 또는 日主弱·日干弱이라 하고 三者를 모두 잃었다면 失令·失地·失勢라 하여 最弱이라고 하는데、주의할 것은 官殺과 傷食의 關係로 柱中에 官殺이 있을 때 傷食(子孫)은 尅 官殺(夫君)하여 日主가 官殺로 부터 受制 당함을 막아 주므로 日干의 보이지 않은 뿌리요、힘이 되기 때문에 항시 官殺과 傷食을 대비하여 官殺보다 傷食이 旺하면 身旺으로 傷食이 不足하면 身弱으로 보아야 한다。

비유하건대 女命에서 傷食은 子孫이요 官殺은 夫君이라、官殺 夫君이 있을 때 傷食 子孫은 본인의 依持處가 되나 夫君이 없을 때의 子孫은 다만 支出處에 盜氣가 되는 것과 같은데 가령 木日主가 金 官殺로 부터 金尅木 당하여 被傷되고 있을 때 火傷食에 의하여 補護를 받게 되는데 金 官殺이 없는 火傷食은 그대로 木生火라 종내는 木의 氣를 빼앗아 가기 때문이다。

다음 어떻게 생각하면 日干이 最强하여야 가장 좋은 四柱가 될 것 같으나 한정된 八字中에서 印綬와 肩劫이 차지하는 비중이 너무나 많기 때문에 다른 六親 즉 가장 필요한 財官이 沒함으로 男子는 妻·子와 財物·名譽, 여자는 夫·子와 財物에 흠이라 吉命이 될 수 없는 것이다。

다만 地支가 純粹하게 三合局으로서(六合포함) 最强된 日主는 除外되나 이러한 경우도 본인의 出世에만 限한 것이지 他 六親이 俱沒한 것은 같기에 家庭的으로는 不幸을 면하지 못하며 또 이와같은 四柱의 구성은 別稱으로 格局이라하는데 이 格局은 四柱의 構成要件을 하나의 規格과 判局으로 구분하여 알기 쉽게 간추려 이름을 각기 부여 하는데(後假 格局用神에서 仔細하게 說明함)

木日主 地支全木局은 曲直格(나무가 많으면 直하고 적으면 曲이 됨)
火日主 地支全火局은 炎上格(火가 많으면 炎이 되고 上昇함)
土日主 地支全土는 稼穡格(農事짓는 것)
金日主 地支 全金局은 從革格(金의 性質은 革임)
水日主 地支 全水局은 潤下格(水는 많으면 불어나 아래로 흘러감)이라고 稱하며

다음 中强格에서 吉命이 많은데 이유는 身旺하여 健康하고, 또 매사에 自信있으며 주관이 뚜렷하면서도 모가 나지 않은 中 財와 官이 存在할 수 있기 때문이고

다음 身弱이면서도 조금만 弱하다면 中强格과 별 차이가 없으나 너무나 虛弱하여 겨우 命脈만 유지하고 있다면 이는 賤格으로서 平生을 苦生으로 삶하여야 되는데 이러한 四柱는 모두 財多·官殺多·財殺多·傷食多로 構成되어 있으며

다음 最弱格에서는 柱中에 印綬나 肩劫이 없어야 하며 또 있다 하여도 絶地·病死·入墓·冲·刑破 당하여 日干이 완전 無依處가 되어야 하고, 따라서 이 最弱者는 자연 强者에 順應하여야 存在할 수 있기 때문에 從이라는 別稱이 붙게 된다.

다시 말하여 이 從은 글자 그대로 따라 간다는 말이니 少數는 多數에, 弱者는 强者에, 衰者는 旺者에, 弱小國은 强大國에 貧者는 富者에 따라 가야 삶을 維持할 수 있는 것과 같이 命理學에서도 日干이 最弱하면 從格이라 하며

또 이 從格에서도 傷食으로 從하면 從兒格(傷食은 我生者로 子孫이기에 兒字로), 財星이 많아 從을 하면 從財格, 官殺이 많아 從을 하면 從殺格이라고 한다.

주의할 것은 從格으로 成立되었어도 地支가 三合局으로 結束되어야 하며 아울러 地支 三合局 즉 從의 代表字 天干이 단 一位逢이어야 하는데 이렇게만 된다면 依持居處조차 없는 孤兒가 富者집에 養子로 들어가 하루 아침에 富者라 吉命이 되는 것과 같으니 日主强弱區分에 소홀함이 없도록 할 것이며 또 强弱을 區分 못하면 用神 공부를 못한다는 것도 留念하기 바란다.

공부에 도움이 되게 하기 위하여 實例를 들어 보기로 한다.

1、最强例

1、甲子 이 四柱는 甲木 日主가 寅月로 得令한 中 日支子水로 得地하였고 또 時支 寅木과
丙寅 年柱 甲子로 得勢하여 最强인데 月時上의 丙火 食神이 坐下 寅木에 得長生하여 火
甲子 또한 旺하고 보니 正月 旺한 나무에 火꽃이 左右로 滿開하여 그 香氣가 天地를 振
丙寅 動하고도 남음이라 그 이름 名振四海하겠고 또 陽地의 나무에 棟樑之材가 분명하므
로 반드시 一國의 材木으로서 國家에 貢獻하게 될 것이다。

2、甲子 이 四柱는 乙木日主가 亥月로 長生이라 得令하였고、日支卯木으로 得地요、時支
乙亥 卯木 그리고 年柱 甲子로서 得勢하고 보니 日主 最强格에 해당하고 있으나 柱中에
乙卯 一点火氣도 없어 蔭地의 나무요、亥子水局에 의하여 木 나무가 더욱 濕木으로 水木
己卯 이 凝結에 北風雪寒이요 無花果로 吉命이 될 수 없음이 서운하다。다시 말하여 아
무리 큰 나무라 하여도 蔭地의 나무는 부러지기 쉽기 때문에 棟樑之材가 될 수 없
다。

3、丁未 이 四柱는 丙火 日主가 午月에 得令하였고、坐下 戌中丁火에 得地한 中 寅午戌火
丙午 局에 丙丁火가 年月上에 있고 또 午未火局이라 得勢까지 하고 보니 天地滿局이 火
丙戌 氣로서 最强格에 해당하고 있으며、또 이러한 四柱는 炎上格이라고 하는데 時上의
庚寅 庚金 財星이 旺火에 鎖鎔되었고、또 寅木 印綬가 肩劫으로 변화하고 天干으로 丙丁
火比肩劫 잇음이 흠으로 나타나고 있다。

4、甲子 이 四柱는 壬水 日主가 丑月로 土剋水 받아 得令 안될 것 같으나 十二月로 冬節
丁丑 이요 子丑으로 水局되어 得令이 분명하고、日支 子水로 得地요 年時支 子水로 得勢
壬子 한 中 地支全 水局이라 最强格에 해당하고 있다。
庚子 살펴 보건대 年上 甲木은 旺한 水에 浮木 되었고、月上 丁火는 水剋火로 沒火요
時上 庚金은 金沈되어 버렸고 丑土는 水로 변질하였으며 寒冷에 雪景이 분명하나
方合이 서운하다。

2、中强例

1、癸丑 이 四柱는 庚金 日主가 金旺 當節인 八月로 得令한 中 年支丑土가 土生金에 酉丑

辛酉 金局이요 年月上에 辛金 癸水를 얻어 得勢라 三者中 二者를 얻어 中强格이 된다。

庚寅 然中 時上丙火가 日時支 寅戌火局에 힘 입어 庚金을 製鍊、좋은 器皿을 이룰 수

丙戌 있음으로 吉命이 틀림 없으며 또 이러한 四柱를 身旺官旺이라고도 한다。

2、乙未 이 四柱는 庚金 日主가 卯月로 失令은 하였으나 日支 申金에 得地요 時柱 庚辰으

己卯 로 得勢하여 中强格인데 木 財 또한 卯木 木局에 年上으로 乙木이 透出하여 財 역

庚申 시 旺하고 보니 身旺財旺格이 된다。

庚辰 여기에서 주의할 것은 日支時가 申辰으로 合 水局이 되나 水氣가 透出이 없는 中

子水 核心이 빠져 있고 또 辰土는 滋養之金에 우선하기 때문에 金氣가 旺하며 따라

서 卯辰木局도 不用한다。

3、癸亥
癸亥
甲午
丙寅

이 四柱는 甲木 日主가 十月 亥水에 長生으로 得令한 中 癸亥水로 得勢하여 三者中 二者를 얻었으니 中强格으로 身旺하고 있다。然中 時上 丙火가 寅午火局에 得旺이라 十月 나무에 丙火 꽃이 滿開하여 있고、水 어둠이 물러가고 火 밝음을 何해서 行進하고 있으며、水生木 收入에 木生火 支出이 均衡을 이루고 있어 발전을 약속하였고、또 추운 겨울에 火 불을 얻어 暖房이 잘 되어 있는데 冲 刑이 하나도 없어 淸格으로 貴命이 된다。

4、辛亥
乙未
乙卯
壬午

이 四柱는 乙木 日主가 六月 未土 土旺節에 入墓요 財星이라 失令은 하였으나 日支卯木에 年支 亥水와 더불어 亥卯未로 三合 木局이 되고 또 月上乙木、時上壬水로 得地 得勢되어 失令이면서도 最强格에 해당하고 있다。

이와같이 失令이나 다시 변화하여 日干을 도와주면 다시 得令과 같으며 비록 水가 있다 하여도 午未 合火局이 있어 水木이 凝結하지는 않는다。

5、甲午 이 四柱는 戊土日主가 正月에 出生으로 본 失令이나 丙午火로 寅午 火局에 丙火가
丙寅 天干으로 있어 木이 아니라 火로 보아야 하기 때문에 得令 得地 得勢로 身旺하고
戊午 있다。
辛酉 時柱 辛酉金이 아니었더라면 最强格이며 柱中 火氣가 많아 燥土요 年上 甲木은 焚消되어 버렸고、寅은 木이 아니라 火로 변화하였다。

3、身弱例

1、癸丑 이 四柱는 乙木 日主가 金旺節인 八月에 出生된 中 年日支丑土와 酉丑으로 金局
辛酉 하였고、또 月上 辛金이 旺한 金氣에 着根하여 乙辛으로 冲尅하니 失令·失地로 絶
乙丑 滅狀態인데 다행하게도 時支 卯木에 祿根으로 의지하게 되나 완전한 金旺木衰으로
己卯 身弱이 되고 있다。

또 木 작은 나무에 金 열매가 過重하여 破枝 一步卽前에 八月中 서리가 너무나 많이 내려 枯死 卽前이며 六親으로는 財殺 太旺格이라고 한다。(破格)

2、
癸丑
辛酉
乙未
己卯

이 四柱는 앞의 四柱와 日支 한 字만 틀린다。앞의 四柱는 丑土로 失地나 이 四柱는 未土가 卯未로 木結局에 힘입어 得地하고 보니 조금만 도와준다면 旺한 金과 對敵할 수 있음으로 發展을 期約할 수 있음이 좋다。

혹 年上의 癸水가 水生木으로 日干 乙木에 도움이 될 것 같으나 月上 辛金에 막혀 있고 또 鐵分이 過多한 물이 되어 生木이 안된다。

3、
庚申
壬午
丙子
壬辰

이 四柱는 丙火 日主가 午月 比劫으로 得令은 하였으나 日支 子水로 失地요、年月 時柱에 印綬 比肩·劫이 없어 失勢인데 申子辰 水局에 兩 壬水요 또 丙壬冲으로 협공 당하여 氣盡脈盡한 中 三者中 一者만 얻어 완전한 身弱이요 도 이러한 四柱를 先强後弱에 財殺太旺格이라고 한다。

午火가 子午冲을 받으면서도 죽지 않은 것은 때가 五月로서 火氣가 旺한 여름이기 때문이며、이러한 四柱는 五月 장마가 極甚하여 萬物이 腐敗 即前에 있고、따라서 不快之數만 하늘과 같이 높으며、여름인데도 水 밤이 겨울처럼 길고、日蝕에 恐怖에 떨고 있어 잘못되어도 한참 잘못된 四柱다。

4、

丙申 丁酉 丙申 庚寅

이 四柱는 丙火 日主가 金旺 當節인 八月 酉金에 失令하였고 日支 申金에 失地된 中 年支 申金 時上 庚金이 合勢 金氣가 太旺하므로 身弱이 되고 있다。

多幸하게도 時支 寅木에 得長生하여 火氣가 완전하게 絶滅되지는 않고 있으나 그것도 福이라고 金剋木 受則에 寅申冲 받아 木生火가 시원치 않음이 흠이 된다。

또 한편으로는 年·月上의 丙火 丁火로 八字中 四對四라 中强格은 될 것으로 생각이 들겠으나 坐下에 病死地요 金多火熄되어 있으나 마나하며、寅木이 冲剋을 받으면서도 存在할 수 있는 것은 새벽으로 木火가 所生할 수 있기 때문이고、옛 글에는 劈甲引火라고 하였다。

여기에서 주의할 것은 이와같이 量만 가지고 對比하는 것은 위험천만이니 항시 質을 택하여 결론을 내리기 바라며 本命을 다른 면으로 비유하여 본다면 火 꽃도 피기 전에 結實부터 할라고 함이 欠이요、財多身弱格이라고 하여 富者가 아니라 多者無者에 해당하므로 돈이 없는 四柱다。

5、辛未
乙未
辛酉
甲午

이 四柱는 辛金 日主가 土旺節인 未月에 出生되어 土生金 印綬로 得令이 될 것 같으나 未土는 燥土라 土生金을 못하므로 오히려 失令이요 日支 酉金의 得地나 午未 火局에 年時上 甲乙木이 木生火로 合勢하여 失勢가 되고 보니 身弱한 四柱다。年上 辛金은 乙辛으로 막혔고 또 힘이 없어 日干의 도움이 될 수 없으며、金銅線은 弱한데 火 强烈한 電流를 감당하지 못하기 때문에 貴命이 될 수 없다。

6、己卯
辛巳
丁酉
辛丑

本命은 丁火 日主가 火旺節인 初夏의 巳月生으로 본시 得令이나 日時支 酉丑과 巳酉丑으로 金局이 되고 보니 百을 기준으로 할 때 三○%의 作用도 못하므로 완전한 財多身弱이 되고 있다。이러한 경우 月上에 丁火가 자리하고 있다면 巳火의 火氣는 그만큼 强하게 되며 또 年支 卯木이 濕木이 되어 木生火에 弱하고 보니 四柱는 더욱더 凶이 된다。

7、甲子
乙亥
壬寅
丙午

이 四柱는 壬水 日主가 亥月로 得令이나 年月上에 甲乙木이요 日支 寅木과 寅亥로 合 木局인데 寅木이 寅午 火局과 인접하고 있기 때문에 水生木 木生火로 水氣는 더욱 弱化라 완전한 得令으로 볼 수 없고 年支 子水로 得勢나 너무나 弱하여 身弱하고 있다。

十月中 날씨가 너무나 더워 다시 꽃이 피고 있으니 季節의 逆行이라 中和를 失道하였으므로 貴命이 될 수 없다。

4、最弱例

1、

癸丑
辛酉
丁丑
己酉

이 四柱는 丁火 日主가 金旺 當節인 八月로 失令하고 日支丑土에 失地요 柱中에 印綬·肩劫인 木火가 하나도 없어 失勢되고 보니 三者를 모두 잃어 最弱格이 된다。

고로 柱中 旺者인 金에 從하게 되니 이름하여 從財格이요、

地支가 酉丑으로 순수하게 三合 金局하였고 月上으로 辛金財 一位만 透出하여 아름다운 中 火生土 土生金이라 本人이 가고 싶은 길이 되어 錦上添花가 되고 있다。

또 한편으로는 日主가 最弱하여 의지할 곳이 없으니 出生되자 마자 生存하기 어려워 죽어야 한다라고 생각하기 쉬우나 앞에서 설명한 대로 弱者는 強者에 따라가게 되니 이 四柱는 弱者가 아니라 強者로 변화하여 群臨하게 되며

또 따라 갔다가 내 사람을 만들게 되니 處世는 가장 잘하고 있고 무서운 者라 하겠다。 다음 色으로 비유한다면 日主 丁火 赤色 주위에 모두가 白色이 되고 보니 아무리 혼자서 나는 赤色이라고 주장하여 보았자 白色으로 보기 때문에 白色으로 行

勢하여야 되며 또 赤色 하나에 白色 일곱을(七對一) 配合하면 白色이 되지 赤色은 안되기 때문이다。

2、戊申 이 四柱는 丙火 日主가 年 月 日 時에서 모두 申金을 만난 中 年月上에 戊土 庚

庚申 金이 地支 金에 合勢하고 있어 三者를 모두 잃어 最弱이 되므로 不得已 金에 從을

丙申 하여야 되는데 火日主에 金은 我剋者로 財라 從財格이라고 한다。

丙申 앞의 四柱와 비교하여 볼때 從財格으로서는 똑같으나 앞의 四柱는 三合局으로 사

심없이 大一合이 되어 큰 勢力을 형성하고 있는데 반하여 本命은 同合에 個體合이 되고 있어 前格이 銀行長이라면 本命은 支店長도 되기 어려울 정도로 차이가 있다。

3、戊辰 이 四柱는 乙木 日主가 金旺節인 八月 酉金에 失令하였고 日支 丑土로 失地요 柱

辛酉 中 無依處가 되어 三者를 모두 잃어 從金하게 되는데 乙木에 金은 殺이라 從殺格이

乙丑 되고 있다。 살펴 보건대 地支는 巳酉丑으로 완전한 大一合 金局이 되어 좋은데

辛巳 月·時上으로 辛金이 똑같이 透出되어 兩分되어 있으니 배는 하나에 船長이 둘이 됨이 흠이요、乙木이 年支의 辰中乙木에 根을 할 것 같으나 金局으로 변화하여 根을 할 수 없고、時支 巳火가 火剋金하여 金에 從하는데 妨害가 될 것 같으나 巳酉

丑合 金局이 되기 때문에 妨害하지 못한다。

參考

從을 할 때는 地支의 合局된 代表者가 透出되어야 하는데 이유는 地支는 部下요 天干은 大將이기 때문이고 또 透干者는 하나여야지 둘이 될때는 雙頭馬車에 또 똑같은 處地에 있는 그 중 하나를 버리기 어려워 決定的인 데서 망설여 기회를 놓치기 때문이다。

또 從財格에서는 傷食이 生財로 財를 뒷받침하여 주고、從殺格에서는 財星이 있어 財生官으로 官殺을 뒷받침하여 주고 있으면 더욱더 吉命이 되는데 이유는 財가 없어 진다 하여도 傷食이 다시 生財하여 財를 살려 놓고、官殺이 없어진다 하여도 財가 다시 生官殺하여 官殺을 살려 놓기 때문이다。

또 財와 官이 같이 있으면 혹 벼슬이 떨어진다 하여도 財産이 있기에 맡은 바 任務에 忠實할 수 있어서이다。

4、戊申 이 四柱는 丙火 日主가 地支全 申子辰 水局에 時上으로 壬水가 透出되어 失令 失
甲子 地 失勢라 三者를 모두 잃어 依持處가 없으므로 火가 汪洋之水 殺에 從하게 되어
丙子 從殺格이 되고 있다。
壬辰 月上의 甲木이 木生火 하여 從格이 안될것 같으나 濕木이요 凍木에 浮木되어 믿기 어려우며 또 年上의 戊土가 土剋水로 방해될 것 같으나 凍土요 水多에 土流되었고、坐下 申金에 土生金、金生水로 힘이 없어 방해할 수 없다。

주의할 것은 從殺이라 하여 殺字에만 執着한 나머지 凶命으로 보기 쉬우나 區分한다면 最弱이라 무서워 從은 하지만 從하고난 연후에는 나의 것이 되므로 다시 正官以上으로 좋은 作用을 하게 된다。

5、壬寅 이 四柱는 壬水 日主가 正月 寅木에 失令된 中 寅日로 失地요 年時 寅木으로 失
壬寅 勢되어 三者를 모두 잃었으니 最弱이면서 我生者 傷食이라 從兒格이 되고 있다。留
壬寅 念할 것은 年·月·日·時干으로 壬水가 넷이나 되어 從이 안될 것 같으나 日干과
壬寅 똑같은 입장으로 뿌리없는 물이라 乾水에 뜬 구름이요 寅 燥木에 吸收되었기 때문에 量的으로는 數가 같을런지 모르나 寅木에 對敵할 수 없어 從이 된다。

6、癸丑　이 四柱는 己土 日主가 辛酉月로 失令이나 年·日·時支에 丑土 있어 得地·得勢
辛酉　라 身旺이 될 것 같으나 凍土요 金之庫藏이 酉丑으로 완전하게 三合 金局이 되기
己丑　때문에 土가 아니라 金이 되어 一者를 모두 잃어 最弱이요 我生者 傷食으로 從을
乙丑　하였기에 從兒格인데 時上乙木은 旺한 金에 被傷되어 있음이 흠이다。

以外에도 實例를 들라면 수없이 많겠으나 차츰 공부하면서 더 많은 것을 배우기로 하고 이만 줄이기로 한다。

十五、五行生剋制化의 原理

이 五行 生剋制化의 原理는 앞으로 공부할 格局用神의 基礎가 되겠고 또 지금까지 단편적으로 익혔던 것을 여기에서는 종합 또는 상대적으로 대비시켜 吉과 凶 그리고 生死關係를 알기 쉽게 풀이하면서 四柱 전체의 흐름을 따라 區劃整理와 아울러 通變、病藥、調候、眞假 등을 쉽게 파악할 수 있는 기초자료가 되고 있으며、또 이치를 터득하는데 귀중한 역할을 하고 있으니 깊이 연구하기 바란다。

가、身旺官殺 反喜

日主가 强旺하면 我執이 대단하고 만용、獨走 또는 본인이 第一이라는 생각에서 發展이 아니라 退步가 되기 쉽고、또 太剛則折로 自滅하기 쉬운데 이러한 때에는 日主 强者보다도 더 강한 剋我者 官殺을 對立시켜 日主와의 경쟁으로 奔發케 하고、또 日主를 剋制로서 다스려 뛰는 者 위에는 날으는 者가 있고、또 日主보다도 똑똑한 者는 何時、何處를 막론하고 항상 많이 있다는 것을 인식시켜 日主를 유익케 함에 그 목적이 있는 것이다。

따라서 官殺은 尅 日主함으로 본래는 大忌하나 이와같이 日主 强에는 오히려 없어서는 안될 貴物이요 吉星인데 우리가 여기에서 얻을 수 있는 철학은 敵이 있음으로서 내가 發展하니 怨讐를 사랑할 수밖에 없고, 또 敵은 敵이 아니라 바로 恩人이 될 수밖에 없으며, 나를 채찍하는 者 貴人이요, 나를 刺戟하는 者와 사랑의 매는 이래서 좋고, 미워하는 者는 진실로 본인을 염려하여 준다는 것을 잊어서는 안된다。

세계관으로 볼 때 미국은 소련이 있기에 발전하고 또 소련은 미국이 있기에 발전하고 있으며, 사회에서도 견제가 있음으로 발전할 수 있는 것이니 알고 보면 고맙지 않은 것이 어디에 있으며 따라서 우리는 怨讐를 내 사람으로 만들 수 있는 넓은 아량을 이 시점을 기하여 다시 한번 다짐하지 않으면 안될 것이다。

다만 여기에서 주의할 것은 官殺도 역시 旺하여 日主를 충분하게 다스릴 수 있을 때에 한해서 좋은 것이지 만약 官衰가 되어 한낱 그림 속의 떡에 불과할 때는 차라리 없는 것 보다도 못할 때가 있는데 이러할 때는 정녕코 吉命이 될 수 없는 것이다。

다음 六親으로 살펴보면 本人도 똑똑하고 벼슬도 좋고, 子孫, 그리고 女命은 夫君이 똑똑하여 출세하니 더 바랄 것 없으며, 法·官을 지킴으로서 발전하고 무서운 官殺이라 하여도 身旺하여 나의 所用之物이 될 때에는 법의 支配를 받는 것이 아니라 법을 만들고 支配하며, 官의 指示를 받는 것이 아니라 官을 다스리는 편에 서게 되고 또 最强者를 좌우할 수 있다는 심리적인 쾌감을 맛볼 수 있기 때문에 最善하나, 身太旺에 官衰는 尅我의 능력이 너무나 부족함으로 앞에서와 같은 吉命이 될 수 없으니 一論으로만 고집해서는 안된다.

그리고 여기에 해당하고 있는 命主는 모두 身旺官旺格이라 하여 局長 이상 長官 이하의 職位에 오르게 되며, 또 冲이면서도 冲이 안되고 七殺이 아니라 權으로 변화하여 오히려 日干을 돕고 있으니 역시사람은 무조건하고 출세하고 볼 일이다.

다음 日主別로 다시 세분 한다면 金日主가 身旺하고 火官殺局을 만나면 强旺한 金이 爐冶之火에 製鍊되어 좋은 그릇으로 그 威容을 떨칠 수 있어 좋고 大器(金旺得火 方成器皿),

火日主가 旺하고 官 水局을 얻으면 가뭄에 단비를 만나 만물을 蘇生케 하면서 또 結實케 하니 萬人에 없어서는 안될 존재라 좋으며(水旺得火 方成相濟),

水日主가 旺하고 旺한 土官을 만나면 堤防으로서 물을 막아 湖水를 이루어 다목적으로 이용하니 좋고(水旺得土 方成池沼),

土日主 가 旺한 中 木官局을 얻으면 큰 山에 森林이 울창하여, 一國의 寶庫로서 이용케 하니 좋으며(國立公園)(土旺得木 方成疎通),

木日主가 旺하고, 官金局을 얻으면 깎고 다듬어 좋은 棟樑之材로 이용되니 이 모두가 尅을 당함으로서 오히려 귀명이 되고 있음이라 즉 죽는다는 것은 죽는 것이 아니라 다시 영원히 삶한다는 것을 말하여 주고 있는 것이다。

다시 말하여 나무가 金을 만나면 金尅木으로 折木이 됨은 분명하나 그 折木된 나무는 棟樑之材로 이용되어 다시 삶하게 된다는 것이며 따라서 이 이치만 잘 터득한다면 生은 물론이고 죽음도 초월할 수 있는 것이다。

四柱를 구성하여 이해를 돕고자 하니 잘 연구하기 바란다。

1、 癸丑 이 四柱는 庚金日主가 金旺當節인 八月에 得令한 中 年支丑土가 酉丑으로 金局인
辛酉 데다 年月上으로 癸水 辛金있어 득세라 身旺하고 있는데(中强格) 時上丙火가 日時
庚午 支 午戌火局에 得旺하고 보니 官도 역시 旺함으로(五對三) 身旺官旺格이 되어 귀명
丙戌 인데 一点의 財가 없음이 서운하다 하겠다。

또 頑金丈鐵이 烘爐에 의하여 멋지게 製錬된 中 年上에 癸水있어 强度 조절이 잘 되어 錦上添花요 아울러 크고 아름다운 귀중한 鍾이라 가히 普信閣 鍾에 비교할만 하니 그 소리는 세계 만방에 傳하게 됨으로 세계적인 인물이 틀림 없음으로 一國의 長官 정도는 안중에도 없지 않는가。

또 金은 銅線이요 火는 電氣라 크고 굵은 銅線에 강력한 전류가 흐르고 있는 것과 같아 國家 基幹産業에 기여하는 送電線이 되고보니 일국의 중추적인 인물이 되

겠고、또 金을 寶石으로 본다면 火는 빛、光線이라 좋은 보석에 빛이 返射되니 눈이 부시어 가히 쳐다 볼 수 없는 것과 같이 높고 귀한 자리에 臨하게 되며、계절 감각으로는 金旺이라 가을이 깊어 초 겨울과 같은데 旺한 火를 얻고 보니 따뜻한 시절이 됨으로 가장 살기 좋은 節氣와 같아 世上事에 구애받지 않고 삶을 영위하는 인물이 되고 있다。

따라서 이와같이 고귀한 인물은 國運에 의하여 出生되기 때문에 國家에서 데려다 가르치고 키워 국가에 奉事케 함으로 비록 내가 낳은 子孫이라 하여도 내 마음대로 할 수 없으며(무엇이든 좋은 것은 國家管理로 들어가고 또 登錄하여야 됨)、또 옛날에 지체 높은 분이 지나가면 正視하지 못하고 또는 엎드려 있거나 분명 내가 낳은 아들인데도 존칭어를 사용하였던 이유가 여기에 있는 것이다。

그리고 이 四柱가 빛을 보게 된 原因은 火의 功이며、金陰에 비하여 火氣(陽)가 아직도 부족되고 있는 것은 사실임으로 木火運을 만나 부족된 火氣를 보충、완전하게 中和 즉 균형을 이룰 때 비로서 眞貴人이 되는 것이다。

2、癸丑 이 四柱는 庚金日主가 得令에 酉丑 申酉金局으로 身旺이 되는 것은 앞의 四柱와
辛酉 같다고 할 수 있으나 火氣가 一無透出에 午火一点이 孤立된 中 金의 敗地가 되어
庚申 製鍊을 할 수 없음으로 下格이 되며、또 氣만 旺하여 眼下無人이 되기 쉽고、身旺
壬午 하여 體身은 크나 火官이 燈火로 너무나 작아 말단직으로서 만족하여야 되겠으며、
八月中 서리가 눈처럼 많이 내려 收獲을 눈앞에 두고 하루 아침에 망쳐 버리겠고、
또 八月中 日氣가 초겨울 이상으로 차가워 춥고 배고프지 않을 수 없구나。

3、丙寅 이 四柱는 丙火 日主가 火旺當節인 午月에 出生된 中 寅午가 火局이요 또 年月上
甲午 에 甲木과 丙火로 得令得勢하고 보니 火氣가 冲天하여 만물이 凋渴하고 있는데 다행
丙申 하게도 時上 壬水가 日時支 申辰 水局에 得旺하고 있어 매우 아름답게 구성되어 있
壬辰 다。

비교하건데 七年 大旱에 단비가 주룩주룩 내려 만물의 고갈을 해소시켜 활기를 주는 것과 같이 어디를 가든 歡待에 존경을 받겠고、또 단비의 값을 계산할 수 없는 것처럼 본명이 國家에 貢獻한바 지대함과 동시 一國에 없어서는 안될 인물이 틀림없으며、낮과 밤이 균형을 잘 이루고 있어 삶하기 좋은 運命이다。

이 四柱 잘못 추리하면 日主 丙火와 時上 壬水가 丙壬으로 相冲하고 年支 寅木과

日支申金이 寅申으로 沖하여 凶命이 된다 하겠으나 火旺에 水氣가 필요한 四柱가 되어 沖이 아니라 刺戟이요、凶이 아니라 吉이 됨으로 이는 沖이면서도 沖이 아니며(沖不沖) 또 寅午로 合하고 申辰으로 合하면서 午火가 중간에서 가로막고 있기 때문에 沖이 약화됨으로 흠이 될리 수 없으며 이러한 경우를 貪合忘沖 또는 有情之沖이라고 한다。

그리고 四柱구성이 좋아 貴命일수록 柱中의 조그마한 沖이나 刑殺 등 殺에 구애받지 않은데 이유는 높은 자리일수록 邪가 犯하지 못하기 때문이고 또 옛 글에도 聖賢君子의 八字라도 凶殺은 있기 마련이라고 하였다。

만약 이 四柱가 水氣가 虛弱하였더라면 理想은 크나 造化를 이룰 수 없는、龍이 못된 이무기와 같이 虛送歲月 하게 된다。

4、壬申
壬子
壬戌
庚戌

이 四柱는 壬水 日主가 水旺當節인 子月에 出生된 中 申子 水局이요 또 天干으로 金水가 透出하여 三者를 모두 얻고보니 최강격에 해당하고 있다。

然中 日時支에서 燥土인 戌中 戊土 官을 만나 刺戟을 받았고 또 身旺者가 좋은 財官庫、벼슬을 얻고보니 錦上添花가 분명하며、金生水로 原流가 풍부한 물을 日時支 下流에서 立地條件을 잘 選定하여 土剋水로 제방을 잘 쌓아 물 줄기를 막고 보

니 큰 湖水로서 東洋에서 第一가는 댐으로 東洋의 인물이요、또 다목적으로 이용할 수 있으니 八方美人에 버릴 것이 없겠고、水·冷氣를 土剋水로 제거하여 溫暖을 되찾았으며、冬至의 기나긴 밤이 삭제되어 밤과 낮의 균형을 꾀하니 살기 좋은 春分과 秋分의 시절과 같아 吉命이 틀림없으며、따라서 그 功은 바로 戊中 戊土 官에 있음으로 官을 喜하게 된다。

그러나 이 四柱 물에 비하여 土氣가 없어 완전하게 물을 가두지 못하고、水門을 항시 열어 놓아야 함이 흠이되고 있음이 서운하며(壬日에는 戊戌時가 없으나 만약 戊戌時라면 완전하게 막을 수 있음) 또 壬水 日主가 財庫·官庫를 둘이나 얻어 富貴兼全인데 한편으로는 滿水된 물을 一톤에 얼마씩 판다고 생각하면 奪財之性인 水自體가 바로 돈이 될수 있음으로 四柱構成에 따라 이와같이 보이지 않는 財 돈이 얼마든지 있다는 것에 명심하기 바란다。

5、

己巳
戊辰
戊辰
甲寅

이 四柱는 戊土 日主가 土旺節인 辰月에 出生된 中 年日에 火土가 많아 得令 得地得勢라 最强인데 巳火가 있어 陽地바른 南山이요 辰 濕土로서 나무를 잘 키울 수 있는 높고 넓은 고원지대로 木을 필요로 하고 있는데 다행하게도 時柱에 棟樑之木인 甲寅木이 자리하고 있으면서 寅辰으로 木局하여 山인지 아니면 森林인지 분별

키 어려운 좋은 형상을 하고 있으니 一國의 寶庫라 틀림없이 國益에 이바지하는 인물로 長·次官에 臨하게 된다。

또 肩刦으로 身太旺하여 방종하기 쉬운데 甲寅木을 만나 일깨움을 얻으니 더욱 분발하여 발전하는데 그 功은 木 偏官이기에 身旺官殺 反喜에 해당하고 있다。

또 흙은 나무를 키우고 나무는 뿌리로서 흙을 감싸 빗물에도 씻겨 가지 않도록 補護하여 줌과 동시 나무 잎이 떨어져 땅을 덮어 보호하고 또 부패하여 땅을 기름지게 함으로 相扶相助라 누구든 이 木과 土의 영역을 침범하기에는 매우 어려울 것이다。

參考

만약 이 四柱가 乙卯時라면 餘地는 있으나(陰木 弱木) 成長의 期間을 요하고 있으며 또 燥土라면 木旺이라도 着根할 수 없음으로 忌하게 되고, 木이 허약하게 되면 山에 나무가 드문 드문 있는 것과 같아 山이면서도 헐벗고 있는 것과 같아 吉命이 될 수 없다。

6、己卯
丙寅
乙巳
乙酉

이 四柱는 乙木 日主가 木旺 當節인 正月 寅木으로 出生되었고 또 年支 卯木과 時上 乙木으로 得令 得勢요、月上 丙火가 日主便에서 木을 돕고 있는 中(官殺이 있을 때 傷食은 日主便임) 日時支가 巳酉 金局으로 結成 官이 됨으로 强者가 좋은 벼슬을 안고 있는 形象이요 또 나무가 寅卯 木局에 튼튼하게 根을 하고 있어 어떠한 강풍에도 動搖됨이 없이 곧고 바르게 成長하였고、月上丙火로 아름답게 꽃 피워 巳酉 金局으로 완전하게 結實할 수 있으니 他에 依持없이 충분하게 自體 造化를 이룰 수 있음으로 어디를 가든 歡待받는 인물이 되겠고、

또 木에 金은 나무를 堅實하게 만들어 주고 있어 一擧兩得이요 官이 局을 形成하고 있어 高官이 틀림없는 四柱다。

그리고 年上 己土는 坐下 卯木에 木剋土 당하여 殺地라 土生金을 못하며、月上 丙火에서 火生土 받는다 하나 강열한 불이 되어 燥土가 되기에 土生金을 못하고、時上乙木은 坐下 酉金에 殺地나 寅卯에 뿌리를 할 수 있어 絶滅되지는 않는다。

또 이 四柱에서 서운한 것은 金이 透出이 없음인데 만약 透官金 하였더라면 더욱 더 좋은 吉命이 됨은 분명하고、年支 卯木과 時支 酉金의 卯酉相冲은 첫째、거리가 너무나 멀며 둘째、寅卯와 巳酉로 각기 合하여 貪合忘冲이라 冲의 작용은 解消되나 月日支의 寅巳 刑은 면하지 못한다。

參考

木旺에 金官이 强하면 큰 나무에 작은 열매가 되기에 고명이나 불행에 지나지 않으니 인간의 구실을 다할 수 없으며, 오는 四柱이든 身旺官旺하면 男女를 불문하고, 眞貴人됨은 물론 自己를 떠나서 국가와 민족을 생각하는 인물이 됨으로 평민들이 생각하는 것처럼 이롭고 좋지만은 않은데 이유는 자신의 삶을 자장하지 않기 때문이고, 만약 本命이 正月初生이라면 여하간 木氣가 弱하고 있는 것이다.

나、多生反害

多生反害라 함은 生은 印綬를, 印綬는 나를 生하여 좋으므로 좋음이요 源流가 되며, 또 基本이요, 뿌리요, 補給路요 收入이요, 어머니로서 없어서는 안될 가장 중요한 자리에 있으나 그렇다 하여 印綬도 너무나 많으면 害가 된다는 것이다.

다시 말하여 子孫에 대한 母情이 없어서는 안되는 것이 사실이나 그 母情도 지나치면 여하간 子孫의 成長과 自立에 해가 되는 것 분명하며 심하면 정신적인 불구자를 만들어 사랑하는 子孫을 영원히 敗沒시키고 또 어머니의 치마폭이 너무나 크면 어머니에 가리워 子孫은 消滅되

기 마련이요,

온상 속의 꽃과 같이 따가운 햇빛만 보면 枯死하는 것과 같아 어머니 곁에서는 행복할는지 모르나 사회에 진출한 날부터 고생이 따르게 되어 있으니 원인은 어머니에 있고 또 의지력이 많은 者 終乃는 그 의지력 때문에 敗亡한다는 哲學을 얻게 되는 것이다。

우리가 그동안 미국으로부터 많은 援助를 받아 왔으나 근래에 와서 보기 드물게 자립의 정신이 고조되어 있어 다행스러운 일이나 원조라는 것도 잘못 사용하면 우리도 모르게 主體思想이 힘없이 무너져 종내는 국가의 存亡마저 위태롭게 한다는 것을 유념하여 우리 모두가 정신을 차려야 되지 않겠는가。

생각하건대 해방과 더불어 三十九년, 그동안 六·二五란 호된 病魔에 시달려 성장의 장해를 받은 四年 戰爭을 감안한다 하여도 三〇을 넘은 靑壯年이 되었으니 남의 힘에 의존하지 않고도 국방에서부터 시작하여 모두가 자립할 때가 되었다고 본다。

다음 또 支出없는 수입은 飽滿 狀態를 誘發하여 終乃는 自爆되는 것과 같이 收入이라고 하여 무조건 좋은 것만 아니니 돌이켜 보건대 舊韓末에 日本이 우리의 화폐를 大量 印刷하여 경제의 혼란을 야기시켜 銃 한방 쏘지 않고 侵略하는데 결정적인 역할을 한것만 보아도 우리는 익히 알 수 있는 것이다。

요사이 국가적인 시책에 의하여 아들 딸 구분말고 하나만 낳아서 잘 키우자고 한것 까지는 좋으나 생활이 윤택하다 보니 子孫에 대한 사랑이 지나쳐 새장 속의 새와 같이 母情이 子孫을 버리게 하는 愚를 범한다면 안될 것이니 身旺官殺 反喜와 같이 적당한 감시와 채찍 그리고 刺戟으로서 子孫을 人間답게 키우는 데 吝嗇하지 말아야 하겠는데 그러고 보니 西洋 사회에서 子孫을 우유나 新聞 配達을 시켜서 自立精神을 키워주는 父母님들의 教育은 우리가 필히 본받아야 할 것이다.

앞으로의 전쟁은 武力보다는 精神戰爭이 앞서게 되고 또 더 무섭다고 보는데 개인으로는 정신적인 불구자가 되지 말아야 하겠고, 국가로는 국민의 정신을 총 집결 시킬 수 있는 媒體를 만들어야만이 우리가 존속할 수 있고 나아가서는 국가 발전에 기틀이 됨과 동시 세계의 강대국들과 어깨를 나란히 하게 될 것이다.

다음 印綬를 貴人 또는 학문으로 보아 많으면 많을수록 좋을 것으로 생각되기 쉬우나 무엇이든 적당을 요하는 것이지 太過者는 多者無者의 법칙에 해당하여 오히려 없는 것 보다 못하기에 凶이 되는 것이며,

주의할 것은 같은 印綬라 할지라도 三合局이면 大一合 즉 큰 하나, 부피로서 合이 됨으로 凶이 아니라 吉이 되는 것이니 이렇게만 된다면 오히려 眞貴人이 된다.

다음 日主別로 細分한다면 木日主가 水로부터 水生木 받는 것까지는 좋으나 水氣가 太旺하면 나무는 뜨게 되고, 떠내려가며, 또 뿌리를 썩게 하는데 亥水는 亥中甲木이 있어 나무와 일

맥이 상통함으로 뜨게는 할 수 있으나 漂木되지는 않으며(亥水는 停止水·子水는 流水) 주의할 것은 地支의 木은 水多라도 뜨는 법이 없다。(水多木浮)

다음 火日主가 木으로부터 木生火를 받아 삶을 維持한다 하나 木이 太旺하면 적은 불에 큰 통나무를 넣어 불은 꺼지게 함으로 忌하는데 이는 丁火가 卯木(濕木)旺을 만났을 때에 한하여서이고、寅木은 燥木이요 寅中丙火가 있어 發火之氣가 됨으로 絶對로 火熄되지 않는다。(木多火熄)

다음 土日主가 火生土받아 存在하기에 火를 좋아하나 火氣가 太旺하면 燥土가 됨으로 만물을 養育할 수 없음은 물론 뭉쳐질 수 없어 土의 생명을 잃게 되어 忌하는데 순수한 火局으로 결성되면 오히려 宗教界의 先驅者로서 群臨하고(火多土焦)

다음 金이 土로부터 土生金 받는 것까지는 좋으나 오히려 土가 지나치게 많으면 金이 흙속에 묻혀 빛을 잃어버리기 때문에 不利나 주의할 것은 土끼리 冲이나 刑을 하고 있으면 土自體가 흔들리고 있어 埋金되지 않으며

또 燥土는 土生金을 못하니 土多라 하여도 除外될 수밖에 없고、金이 地支에 得根하여도(肩劫) 또한 같은데 이는 辰酉·酉丑·酉戌·申戌 等으로 金局의 一圓이 되기 때문이며(土多金埋)、

水日主가 金 印綬로부터 金生水 받는 것까지는 좋은데 金이 많으면 철분이 과다한 물이라

水로서의 임무를 상실함으로 水生木도 못할 뿐더러 寒冷之水로 불리한데、癸水 日主가 地支 巳酉丑金은 淸水로서 貴人이 된다。(金多水過)

그러나 壬水는 陽이라 巳酉丑、陰局과는 陰陽이 달라 흠이되며 또 癸水가 申金을 만나도 陰陽 混雜으로 濁水가 되는 것이다。

1、 壬申
壬子
甲子
乙亥

이 四柱는 甲木 日主가 子月에 출생된 中 申子 亥子로 地支가 모두 水局이요 또 年月上에 壬水가 透出되어 가세하니 水氣太旺으로 浮木에 漂木이 되었고 또 水木凝結에 陰地의 나무요、柱中의 火가 없어 無花果에 凍木으로 꽁꽁 얼어붙어 나무로서의 임무를 모두 상실하고 말았는데 이는 水氣 太旺 즉 生我者 印綬가 지나치게 많음으로서 흠이 되고 있는 것이다。

또 年月日時가 모두 水生木으로 生만 하여주니 收入은 確保되어 있으나 支出處가 없어 支出하기 가장 쉬운 유흥장을 出入함으로서 人間口實하지 못하고、반대로 水를 기준하여 보면 水生木 子孫이 하도 귀엽고 예쁘서 生만 하다보니 木 子孫은 종내뿌리가 썩어 枯死하는데 역시 印綬 어머니로 因함이라 고로 生이라 하여 무조건하고 좋은 것만은 아니다。

參考

이와같은 四柱를 母慈滅子라고도 하며、정처없이 떠돌다 水鬼가 될까 염려인데 만약에 地支에 寅이나 卯가 있다면 浮木만은 면하고 또한 부자를 망하게 하는 방법은 재산을 빼앗는 것이 아니라 더 빨리 부자가 되게 하여야 한다는 것이고、또 繼母가 前室 子孫에게 밥을 많이 주어 멍청이를 만드는 방법이 이 多生反害와 통하고 있는 것이다。

2、戊申 本命은 癸水日主가 年月日時에서 全 金局을 얻어 得令 得地 得勢로서 身旺인 面

庚申 으로는 좋으나 최강이 되어 지나쳐 버렸고、또 金多도 철분이 過多라 水氣 自體로

癸酉 서 造化를 이룰 수 없으며、東西南北 둘러 보았자 모두가 印綬되어 어머니 밖에 보

庚申 이지 않음으로 세상 사람 모두가 어머니 하고만 삶하는 것으로 알고 있기 때문에 우물안 개구리로 발전이 없는데 이 모두가 어머니 金多로 인하여 水 自身이 (六對一) 소멸되어 水로서의 임무를 상실함으로 종내는 濁水라 印綬가 病이 되어 母慈滅子요 무능력자가 되어 버렸다。

3、辛巳
辛丑
癸酉
癸丑

이 四柱는 앞의 四柱와 비교하여 볼 때、金氣太旺으로는 같으나 地支가 全 巳酉丑 大一 三合으로 순수하였고、刑·沖이 없는 中 天干도 辛辛 癸癸로 中和를 잘 이루고 있기 때문에 淸白之水라 貴命이 틀림없다。

또 印綬 教育으로는 같으나 앞의 四柱는 方合局이 되어 初等교教育 先生이라면 本命은 三合局으로 純粹하여 대학교 學總長에 해당하니 濁水와 淸水의 差異는 바로 하늘과 땅이라는 點에 유의하기 바란다。

이와같이 같은것 같으면서도 같지 않은 경우가 많고 또 一点의 誤差가 엄청난 결과를 招來하니 항시 공부에 게을리 하여서는 안될 것이다。

4、戊午
戊午
戊午
己未

이 四柱는 戊土 日主가 地支 全 火局에 天干의 土로서 身旺이 된 것까지는 좋으나 燥土요 또 불에 달고、볶이고 있어 潤澤함을 상실하여 만물이 고갈됨으로 흙으로서의 몫을 다 할 수 없음은 물론 四方으로 분산되었고 또 불 먹은 흙이라 어찌 土로서 제 값을 기대하겠는가 말이다。

또 火局은 火局이나 丁火가 되어 강도가 약하고 보니 좋은 그릇이 될 수 없을 뿐더러 그릇이 된다 하여도 질 그릇 밖에 안된다。

따라서 이 모두가 多生·印綬·母·過多에서 起因하였음으로 印綬를 怨望하지 않

을 수 없으며、 이러한 四柱를 火土重獨格이라하고 宗敎에 歸依함을 원칙으로 하고 있다。(船長이 넷)

5、

癸巳 이 四柱는 己土 日主가 火旺 當節인 巳月에 出生된 중 또 年月日時가 모두 巳火
丁巳 요 月上 丁火가 있어 앞의 四柱와 같아 보이나 本命은 흙이 爐冶之火의 강도 높은
己巳 불에 잘 구워진 그릇이 巳中庚金에 의하여 철기처럼 견고하면서 쇠 소리까지 나고
己巳 또 행여나 깨질세라 고이 고이 잘 보관하여 받들어 모실 터이니 이것이 바로 지체

높은 四柱로 貴命이 된다。

이 四柱 잘못보면 年上의 癸水가 잇어 旱天에 甘雨로서 좋아지는 것으로 보기 쉬우나 根據가 없는 물에다 火旺에 의하여 증발되었고 乾水라 癸水의 功은 하나도 없으며 오히려 燥土가 水를 만나면 病이 되는데 이유는 土裂이되고 또 독실한 신자나 스님、신부가 돈과 여자를 가까이 하면 파계로 패망하는 것과 같다 하겠다。

비교하건데 앞의 四柱가 平 스님이라면 이 四柱는 住持 스님이 되겠고 또 앞의 四柱가 주지 스님이라면 이 四柱는 교주에 해당한다。

6、癸卯 乙卯 丁卯 癸卯

이 四柱는 燈·燭火인 丁火 日主가 木旺當節인 卯月에 출생한 중 年月日時가 모두 卯木에다 月上乙木이 가세하여 木生火로 좋을 것 같으나 木旺에 濕木이라 종내는 火熄이 됨으로 木多火熄은 이를 두고 한 말이다。

또 木旺 강풍에 의하여 火 燈燭이 꺼지고 말았으니 丁火는 木 어머니 때문에 沒하였으므로 印綬가 病이라 多生反害가 되고 있다。

돌이켜 보건대 해방이 되어서 北傀가 그들은 그네들의 貨幣를 따로 만들어 사용하면서 우리가 사용 중인 돈은 모두 수거하여 南勞黨의 地下 組織 工作金으로 내려보냈던 것은 우리의 경제를 多生의 법칙으로 혼란시키고자 하는데 목적이 있었으나 다행하게도 事前에 探知되어 禍를 면했던 기억이 아직도 생생하다。

이와같이 生我者 수입만 있어도 안되므로 언제든지 수입과 지출이 균형을 이루는데서 비로서 발전을 기약할 수 있는 것은 사실이나(국가의 발전에 따라 그만큼 통화량도 증가하기 마련임) 近來 七〇年代 후반 수출의 호조와 기술의 발달로 인하여 외화 보유고가 높아지자 수입문호를 개방하니까 너도나도 하면서 썩은 菓子類까지 수입하여 갑비싼 외화를 낭비하였다는 것은 우리 모두가 다시한번 생각하여 볼 문제요 또다시 같은 愚를 범해서도 안될 것이다。

7、 己丑 이 四柱는 辛金 日主가 戊辰 土旺節에 출생된 중 年月日時가 土印綬라 종내는 埋
戊辰 金되니 金이 아니라 土가 金의 役割까지 代役하여 주고 있으며, 또 辛 金은 金銀
辛丑 珠玉인데 흙속에 묻혀 採鑛되지 않고 있으니 무슨 소용이 있겠으며, 또 옛말에 구
己丑 슬이 세말이라도 꿰어야 구슬이라는 말이 실감이 난다。

色으로 비유한다면 日主 白色 金하나에 黃色 土 일곱을 배합하면 白色은 없어지고 黃色만 남게 됨으로 辛金은 土多에 의하여 빛을 상실하고 있다。

이와같이 環境이 얼마나 무서운가를 실증하여 주고 있는데 이 모두가 印綬太旺으로 多生反害에 해당하고 있는 것이다。

또 庚金은 埋金이 잘되고 辛金은 이미 製鍊된 金이라 埋金이 잘 되지 않는다고 하고 있으나 이러한 경우는 예외요 단 地支에 得根時는 埋金으로 볼 수 없는 것이다。

다、 我生過多害

我生者라 함은 내가 生하는 즉 傷官 食神을 말하는 것이며 이 傷官 食神은 子孫·犧牲·蔭德·支出·技藝·智慧 등으로 없어서는 안될 貴物이나 모든 것이 상대적이기 때문에 吉·凶이 있기 마련인 것이다。

고로 여기에서 論하고자 하는 것은 日主가 弱하고 傷·食이 太旺하고 있을 때에 한해서 일어나는 狀況을 말하고자 한다。

따라서 日主 나는 虛弱한데 子孫이 많으면 病弱한 어머니가 많은 子孫에 의하여 敗沒되고 犧牲 自體는 더할나위 없이 좋은 것은 사실이나 본인이 虛弱하면 마음만 있지 행동으로는 옮길 수 없으며,

또 蔭德을 베푸는 것도 좋으나 나 보다도 잘 살하는 者에는 오히려 우수운 꼴이되 고, 또 수입이 없는 곳에 지출이 과다하면 그 지출로 인하여 패망하게 될 것이며,

또 생활에 智慧는 필요하나 日主가 허약하여 나의 것이 되지 못할 경우에는 害가 되는 法이니 이 모두가 自己의 능력을 망각하고 행동하여 中和를 失道할 때의 결과가 어떠한 것인가를 가르쳐 주는 例라 하겠다。

또 日主弱에 傷食多는 허약한 産母가 旺한 子孫을 낳게되면 産母 日主는 더욱 허약하여져서 생명까지 위태롭게 됨으로 흉이 되고 本來는 傷食을 내가 生하여 도와주나 傷食이 旺하면 日主가 오히려 傷食의 도움을 받아야 됨으로 主客이 顚倒요

또 子孫을 낳은 것까지는 좋으나 日主 母가 약하여 養育을 제대로 못하면 오히려 罪를 짓게 되며 仁情은 좋으나 지나치면 病이 되고, 日主弱 貧者가 傷食旺 富者를, 弱者가 强者를, 弱小國이 强大國을 도와주는 결과가 됨으로 害가 된다는 것이다。

여기에서 주의할 것은 日主 强弱 구분에서 공부하였든 最弱格中의 傷食多로서 從兒格으로 구성된 命主는 除外되며 또 傷食多逢의 四柱는 무엇보다도 印綬를 만나야 中和를 이루기가 쉬운 것이다。

다시 日主別로 세분한다면 水日主가 木 傷官을 많이 만나면 旺한 나무에 적은 물이 吸水됨으로 害가 되고(木多水縮)、

火日主가 旺한 土를 만나면 火氣는 土多에 종내 晦氣 될 수밖에 없으며(土多火熄)(赤外線 紫外線 放財線은 土를 뚫을 수가 없다)、

金日主弱에 水氣가 旺하면 쇠붙이가 물에 잠기고 또 旺한 겨울에 가을의 氣를 찾을 길 없으니 종내는 金沉되며(水多金沉)

木日主가 약한 중 火가 많으면 약한 나무는 太旺한 불에 焚消되니 火多木焚이라 하고 土日主가 약하고 金氣가 太旺하면 土生金까지는 좋으나 旺한 金에 의하여 變色되며 또 虛土가 되고나니 이를 두고 金多土變이라 하며 凶으로 하고 있다。

다시 季節로 비유하여 본다면 겨울 水는 봄 木旺에 病死로 죽어가며、봄 木은 여름 火旺에 의하여 없어지고 여름 火土는 金旺 가을을 만나면 病死로 衰盡하며 金 가을은 水旺 겨울에 의하여 病死로 沒하는 것과 같고、

또 환경으로 본다면 木이 旺한 곳에 一點 水氣는 木으로 변화하며 火가 旺한 곳에 一點

의 木氣는 火로 변경되며, 土氣가 旺한 곳에 一點의 火氣는 土로 변화하고 金氣가 旺한 곳에 일점의 土氣는 金으로 변화되며, 水氣가 旺한 곳에 일점의 金氣는 水로 변화하고마는 법이니 희생도 좋지만 내가 旺하여야 비로서 가능한 것임을 명심하기 바란다.

1, 戊午
甲寅
壬寅
庚子

이 四柱는 壬水 日主가 木旺節인 寅木 正月에 出生된 중 月上甲木, 日支寅木이 寅午로 火局하여 失令 失地라 最弱에 가까우나 다행하게도 時柱에서 金水를 만나 힘이 되고 있는데 木火에 비하여서는 水氣가 허약하고 있는 것이 흠이 된다.

然中 寅 燥木에 의하여 水氣가 한없이 排出되는 것도 아닌데 다시 寅午火局으로 水氣가 증발되고 있으니 淺水요 濁水라 水로서의 임무를 상실하고 있는데 이는 柱中 木旺에 의하여 我生過多로 害가 되었고, 또 支出보다는 收入에, 仁情보다는 名譽에, 犧牲보다는 自己 보호에, 전파 보다는 修養에, 다 큰 子孫보다는 허약한 어머니 自身을 먼저 생각하여야 비로서 균형을 得하여, 가는 길이 순조로운 四柱다.

2、

丙寅 本命은 甲木日主가 火旺當節인 午月에 出生된 중 年上 丙火에 寅午가 火局하여
甲午 木生火로 泄氣가 太甚이요 木焚之象인데 다행하게도 2、 時支에서 亥水를 얻어
甲午 의지하게 되니 日干에 힘이 되고 있다。
乙亥 잘못 推命하면 年支寅木 月上甲木 時柱의 乙亥 水木을 합하여 다섯이나 되니 火

보다 木이 旺하다고 보기 쉬우나 寅木은 寅午火局으로 완전한 火가 되었고 月上甲木 또한 旺火에 泄氣요 木焚되고 있어 日干에 도움이 되지를 못함으로 日主는 약하게 되어 있다。

따라서 火旺木衰라、 木生火를 한다는 것은 弱者가 强者에、 貧者가 富者에、 弱小國이 强大國에、 못난 者가 잘난 者에 베푸는 格이 되어있어 이는 오히려 日主에 害를 自招하는 결과라 흠이 되는 것이다。(逆局)

또 木生火로 支出은 많은데 水生木 收入이 적어 收入이 支出을 堪耐(감내)할 수 없어 害가 되며、 午月 木나무에 火꽃이 방대하여 약한 나무가 破枝될까 염려요

또 午月火旺節에 火氣가 太旺으로 고갈이 심하여 있고 火 낮은 긴데 반하여 밤水가 너무나 짧아 흠인데 이 모두가 我生過多인 火로서 緣由되고 있는 것이다。

주의 할 것은 木生火를 할 수 없으면서도 木生火를 하여 준다고 약속하였기 때문에 旺한 火는 木을 보고 거짓말쟁이라고 밖에 할 수 없음과 이는 자기의 역량을 모

르고 행동하다 얻은 결과가 되기 때문에 그 누구도 원망할 수 없는 것이다.

3、己丑
戊辰
丙辰
庚寅

이 四柱는 丙火 日主가 土旺節인 春三月 戊辰月에 出生된 중 年柱에 己丑土 日支 辰土로 土氣가 極旺한데다가 모두 濕土라 젖은 흙에 一點의 불이 가물거리고 있어 금방이라도 窒息(질식)될 것 같은데 다행하게도 時支에서 寅木을 얻어 得長生하였고 또 寅辰으로 木局하여 火 日主를 木生火로 도우니 꺼져가는 불이 다시 所生하고 있음이 기쁘다.

그러나 辰土는 寅辰木局보다는 土氣가 旺하여 土의 작용을 더 많이 하게 됨으로 多土가 病이 되어 있고, 또 寅木이 木生火를 주도록 하여 준다 하여도 다시 火生土를 하니 이는 火만 죽는 것이 아니라 木까지 被害를 당하고 있는 것을 볼 때 언제든지 本人 하나만 희생하면 그만 아니겠느냐고 쉽게 생각하여 행동하기 쉬우니 連鎖反應으로 他에게까지 누를 끼치게 되어 있으니 實行에 있어서는 책임을 질 줄 알아야 하겠다.

또 火가 土에 꼼짝 못함은 放射線이 흙을 통과하지 못하고, 太陽이 강하다 하여도 山을 뚫지 못하는 이치와 같다.

4、癸丑 이 四柱는 己土 日主가 金旺 當節인 八月 酉金에 出生된 중 酉丑으로 金局하고
辛酉 또 天干으로 金水가 秀氣하고 있어 失令·失地라 日主가 한없이 허약하여지고 있기
己酉 때문에 金多가 病이 되고 있다。
庚午 다행한 것은 時支午火에 火生土받아 命脈만 유지하고 있으나 生土의 힘도 부족할 뿐더러 土日主도 火生土 받아 보았자 土生金 하기가 바쁘니 我生過多가 害요 또 밑 빠진 독에 물 붓기과 같아 賤格이 되고 말았다。

또 다른 측면으로 살펴본다면 金 철분이 과다하여 稼穡의 功을 이룰 수 없고 冷氣가 많은 밭이요 蔭地의 田畓이며、암석과 철광석이 뒤 범벅에 지층이 엷어 밭이면서도 버려진 전답이라 人間다운 대접을 한번도 받아보지 못하였으니 土弱에 金傷食 太旺이 미치는 영향이 얼마나 큰가를 다시한번 생각케 하는 四柱다。

그리고 만약 己未 日主이라면 金旺은 확실하나 午未로서 火局하여 日主를 補함으로 賤格은 면하게 된다。

5、 壬子
壬子
辛亥
戊戌

本命은 辛金 日主가 壬子 壬子 亥水旺에 金沉即前인데 다행하게도 時柱의 戊戌土가 土生金하면서 土尅水를 함으로 水多金沉에서 救濟되기는 하나 傷食 水多에는 부족되고 있음으로(五對二) 我生過多가 흠이 되고 있는 것이다。

또 水旺에 의하여 金 眞氣가 완전하게 빠져 나가고 있어 虛脫狀態(허탈상태)라 따라서 其母는 子孫을 낳고서 得病할 수밖에 없고、또 強旺한 冬將軍에 의하여 金 가을의 존재가 소멸되고 있으며、支出이 과다하여 收入에 의존하여야 되겠고、旺水와 대비하건대 時上 印綬가 부족이라 傷食이 病이 된다。

이와같이 傷食太旺은 항시 日主의 盜氣가 되며、또 子孫은 없어서는 안되나 子孫을 다스릴 수 없을 때는 오히려 그 子孫으로 因하여 敗家亡身은 물론 종내는 得病에 本人의 생명까지도 위협을 받게 되는 것이다。

따라서 中和를 失道하면 엄청난 결과가 온다는 것에 각별히 명심하기 바란다。

라、我剋他强害

我剋者라 함은 내가 剋制하는 것으로 財星인데、本來가 내가 勝利者가 되며 또 내가 다스리고 管理하며、밀어내고 나에게 구속되며、나보다도 弱者가 됨은 틀림 없으나 내가 虛弱하여 있고 剋을 받는 相對가 오히려 强旺하면 내가 傷함으로 害가 된다는 것이다。(知彼知己면 百戰百勝＝현실을 卽時하라 뭉치면 살고 흩어지면 죽는다。)

즉 상대를 알지 못하면 패망하는 법이며、적을 모르고서는 전쟁에서 승리할 수 없고、아무리 약자라 하여도 무조건은 통하지 안으며、또 약자라 하여도 뭉치면 강자로서 군림하고、내가 데리고 있는 자라 하여도 상대가 强旺하여지면 오히려 내가 다스림을 받아야 하며、내가 쫓아 냈던 자라 하여도 그자가 强旺하여 反擊(반격)하면 내가 쫓겨나야 하고、

남편이 妻를 다스려야 함은 원칙이나 처가 강하고 남편이 약하면 입장은 바뀔 수밖에 없으며 또 强旺한 처를 쫓아 내려다가 오히려 약한 남편이 쫓겨나야 되고、

金錢은 본래 사람이 관리하게 되어 있으나 내가 허약하면 돈에 좌우되며、日本이 美國을 침공하였으나 미국이 강하여 반격하니 일본이 패망하였고、北傀가 먼저 우리를 공격하였으나 우리가 强旺하니 오히려 패전하는 것처럼 모든 것을 겉만 알고서 속까지 알았다고 자부하겠는가 말이다。

따라서 우리는 이러한 이치를 알게 됨으로서 약자라고 하여 무조건 경시하지 않음과 동시 과거에 집착하지 않고 현실을 중시하여 그때 그때의 환경에 적응할 수 있는 마음의 자세가 갖추어지길 바라는 바이다。

그리고 生剋法에서 공부할 때 木剋土가 있는가 하면 土剋木이 있고 또 水剋土、火剋水、金剋火、木剋金 등은 이러한 경우를 두고 한 말이며、또 我剋者 財星이 旺하여 最弱으로서 日主가 無根이 되면 從財格이 되기 때문에 本欄에는 해당하지 않으니 주의하기 바란다。

다음 日主別로 세분한다면 水가 火를 능히 剋할 수 있으나 水氣가 허약에 火氣가 太旺하면 水氣는 증발 될 수밖에 없고(火氣旺에 水는 오히려 산소 공급의 효과가 나타남。火多水熱) 木이 土를 剋한다 하나 木이 허약하고 土가 旺하면 그 土는 암석과 같아 뿌리를 할 수 없을 뿐더러 종내는 부러지며(土多木折)

火氣가 金氣를 剋하나 金氣가 太旺하면 오히려 火氣가 소멸되는 법이니 이유는 적은 불로 큰 쇠를 녹일 수 없고、또 굵은 동선에 火 弱한 전류는 소멸되며 金氣가 旺한 가을에는 火 여름이 죽기 때문이다。(金多火熄)

土가 水를 剋한다 하나 水가 旺하면 弱한 土는 물에 씻기워 가며、또 본래는 흙으로 물을 막으나 적은 흙으로는 많은 물을 막지 못하고(水多土流)

金이 木을 剋하나 弱한 金에 木旺은 작은 칼로 큰나무를 자를 수 없으며, 또 봄에는 金 가을이 존재할 수 없는 것과 같이 金은 木에 의하여 敗將이 되고마는 것이다.(木多金欽)

1、丙寅 甲午 壬午 戊申

本命은 壬水 日主가 火旺當節인 午月에 出生된 중 寅午午火局에 年上으로 丙火가 秀氣요 또 月上甲木의 木生火로 火氣가 柱中의 旺者로 群臨하고 있어 强旺한 火의 영향에 따라 喜悲가 엇갈리게 되며, 또 실령 失地로 日主가 허약하고 있다.

다행한 것은 時支 申金에서 得長生 金生水로 得勢는 하였다고 하나 火에 비하여서는 너무나 허약하여 水가 傷하고 있는 中 時上의 戊土가 旺火의 火生土, 힘을 얻어 土剋水 日主함으로 壬水는 濁水에다 流塞이요 烝發 即前에 있어 病이 된다.

따라서 水가 火를 剋할려다가 종내는 火에 의하여 水가 굴복할 수밖에 없으며 또 이와같은 四柱를 두고 財多身弱이라 하며 炎天之節에 水氣가 많이 부족하여 가뭄에 시달리고 있으며,

또 낮과 밤의 격차가 너무나 심하고, 火財 女子는 旺盛하여 극성인데 水 男子가 허약하여 속수무책이요, 火는 富者에 水는 貧者라 先勝者 後敗라는 진리가 어떠한 것인가를 잘 알았으리라고 본다.

2、 己丑　이 四柱는 甲木 日主가 卯月로 得令은 하고 있으나 年柱에 己丑土 日時 戊辰戌土
丁卯　로서 失地 失勢라 日干이 虛弱하고 보니 木이 土를 다스리다가 오히려 土의 支配를
甲戌　받아야 하는 운명이 되고 말았다。
戊辰　財多身弱으로서 돈에 의하여 좌우되겠고 또 욕심이 앞서 모든 일을 그릇칠 수밖
에 없으며、

또 암석과 같아 부러지기 쉬워 흠이 되고 있는데 다행한 것은 卯月로서 木이 當權하고 있어 조금만 도와주면 發達할 수 있음이 다른 四柱와 다른 점이라 하겠다。

다음 卯辰木局이 形成될 것 같으나 辰戌冲으로 土가 破壞되어 旺者冲發로 土가 더욱 威勢(위세)를 떨치고 있어 土와 대적하려면 木의 세력을 규합하여야 비로서 균형을 이루어 발전을 도모할 수 있는 四柱다。

3、 癸丑　이 四柱는 丁火日主가 金旺當節인 八月 酉金에 出生하여 失令된 중 酉丑 金局에
辛酉　年上 癸水、月上辛金으로 失地 失勢라 身太弱으로 금방이라도 金에 從하여야 될 것
丁酉　같으나 時柱에서 丙午火를 만나 힘이 되어 從은 하지 않으나 金에 비하여 火가 너
丙午　무나 부족함이 흠이요 또 金이 두려운 존재가 된다。

따라서 허약한 火 여름이 旺한 金 가을에 病死宮이 되어 무릎을 꿇어야 하겠고、

또 약한 전류가 흐르는 동선에 의하여 자연소멸이 심하여 전류는 있으나 마나하며、또 辛金이 비록 연약한 金이라 하나 得局으로 頑金丈鐵(완금장철)과 같아 허약한 丁火로서는 製鍊할 수 없고、金多로 가을이 깊어 초 겨울 날씨와 같은데 火氣가 부족하여 寒冷이 尤甚이라 춥고 배고프며、

또 財星이 旺하다하여 부자가 되는 것이 아니라 日干보다 財星이 지나치게 太旺함으로 多者無者의 원칙에 따라 빈자가 되고 보니 현재는 金의 勢에 火氣가 순종할 수밖에 없으니 어찌 尅이라고 하여 무조건 승리라고만 하겠는가。

만약 이러한 상황 속에서 火尅金만 고집하여 치고 들어간다면 金多火熄될 수밖에 없고 또 强旺한 金을 섣불리 건드렸다간 보이지 않는 水氣가(金生水) 발생하여 水尅火 日主로 反傷되니(財生殺) 강압과 역행은 통하지 않을 뿐더러 예상하지 못하였던 災殃까지 발생함을 입증하여 주고 있으며、

또 본인의 밑에서 있었든 者라 하여도 현실은 나보다도 더 우위에서 군림하고 있음을 인정하지 않는다면 바로 火 自身이 敗沒(패몰)한다는 것을 말해주고 있는 것이다。

4, 癸亥 이 四柱는 寅寅亥로 木局인 중 天干으로는 甲乙癸로 水木이 當權하고 있어 日主
甲寅 庚金이 허약이라 비록 頑金丈鐵이라고는 하나 辛金만도 못하여 强旺한 木을 자를
庚寅 수 없어 金剋木은 커녕 오히려 木剋金이요 木多金缺로 金이 返傷될 수밖에 없고 따
乙酉 라서 木旺이 病이요 我剋他强 反害가 됨으로 貴命이 될 수 없다.

또 金은 도끼 木은 자루인데 木旺金衰라 작은 도끼에 자루가 도끼보다 커서 과분수라 도끼를 사용할 수 없으며, 財旺으로 욕심만 앞서있지 정신과 육체가 따르지 못하니 허욕에 불과하고

또 본인보다 못한 者가 더 잘되고 있음으로 반항심만 가득하며, 金木이 相戰이라 仁義가 俱無로 害가 되고 있는 四柱다.

마, 我强他生反害

我强이라 함은 身旺을 말함이요, 他生이라 함은 내가 生하는 즉 傷官·食神을 말함이라 日主가 旺할 때에는 他를 生하여 줌으로서 오히려 좋아진다는 것이다.

지금에 공부하였던 身旺 官殺反害와 혼동하기 쉬우나 身旺官殺反害는 身旺에 官殺이 있어

조화를 이루어 좋아진다는 것을 말하였고、 여기에서 我强他生反喜는 身旺은 하나 官殺이 없고、 또 있다 하여도 힘이 없어 官으로서의 임무를 상실하였는데 다행히 傷食이 있어 좋아진다는 例이며、

또 我生過多害는 日主가 허약하고 傷食이 과다하여 발생되는 것이니 주의하기 바란다。

다음 내가 강하다 함은 强大國·强者·富者·獨走者·健康한 者가 되고、 傷食은 子孫이요 支出·蔭德·犧牲·弱者·貧者·弱小國·虛弱者 등으로 대비되는데 다시 정리하여 본다면 강대국은 약소국을 도와 줌으로서 강대국으로 영원하게 군림할 수 있으며、 또 강자는 약자를 보호함으로서 영원한 강자가 될 수 있고、

부자는 빈자를 도와 주어야 비로서 그 富가 영구하게 되며、 收入이 있는 곳에는 적당한 支出이 병행되어야 발전을 기약할 수 있고、

건강한 모체는 子孫을 낳음으로서 더욱 건강함을 유지할 수 있으니 이는 身旺者 身旺할 때에 泄氣處를 만나야 犧牲이 更生으로서 삶할 수 있다는 것을 말하여 주고 있는 것이다。

한 예를 들어 본다면 근래에 보기드문 慶州의 崔 富者가 무려 十代를 걸쳐 富를 누려왔는데 이 집안의 철학은 十萬石을 기준하여 十万石을 더하지도 덜하지도 말라하여 가을 추수 時에는 十万石만 거두어 드리고、 나머지는 각기 小作者들의 능률에 따라 재분배하여 줌으로서 소작자들의 怨聲을 피함은 물론 더더욱 열심히 노력하게 함과 동시 主客間의 합심과 본인의 富를 지속시키는데 절대적인 역할을 하였던 것이다.

이와같이 中和를 지키는 것은 매우 어려운 것이지만 지키기만 한다면 이것이 큰 영약한 발전의 기틀이 된다는 것을 進富者는 시행으로 보여준 것이라 하겠다.

다음 犧牲을 한다는 것은 바로 내가 살기 위함이니, 미국이 우리를 원조하여 주었던 첫째의 목적은 미국 自信이 살기 위해서였고, 둘째는 우방으로서 共産主義와 대결하여 民主主義를 사수함에 있으며, 셋째는 우리의 힘을 키움으로서 미국도 살고 우리도 살게 한다는데 있으니 이 또한 희생이 전생이라, 그로 희생이라 하는 것도 궁극적인 목적은 보은의 약속함에 있는 것이다.

우리 인간은 기운이 없어 허탈상태에 빠져도 정신이 없어 보이지 않으나 때로는 육신이 나마나 지나쳐도 보이는 것이 없으며, 또한 한곳에 너무나 집착하여도 다른 것이 보이지 않으니 것처럼 偏食이 필요한 者가 육신이 지나쳐 生殺이 旺盛만 요구한다면 日主는 더욱 强旺하여지면서 반대로 泄氣處 偏食은 被傷되기 때문에 좋다는 보탕상태로 自滅하게 되니 여기에 필요하는 四柱는 모두 旺盛을 망하게 되는데 中和를 이루고 있으면 하나같이 반드시 대수로서 나를 희생하여 他를 구제하는 좋은 인물이 된다.

다음 偏食 泄氣處를 심리적인 면으로 살펴보다면 일단 한번 생각한 것은 마음 속에 자리하게 되며 그 생각은 다시 번뇌이 떠처여 이하여 가상보다 확장하면서 마음을 채우게 되면 가슴이 답답하여 버젓이 참을 수 없어 기도를 따고 얻리어 생각의 얼을 풍하여 말이라도 하여 답답함을 해소하여야 되는데 만약에 하고 싶은 말을 하지 못할 때는 다시 上氣하여 눈에 이르게 되며、여기에서도 시각적인 면으로나마 해소시키지 못할 때는 눈위를 넘었기에 보이는 것이 없어 자연 실수를 하게 되어있으며、여기에서도 지나칠 때는 精神異常까지도 유발하게 되는 것이다。

따라서 각자의 일급 비밀은 본인이 먼저 지키지 못하며 천주교에서의 고해성사가 더없이 좋은 것이나、비교한다면 傷食太旺처럼 말이 너무나 많아도 안되지만 傷食이 필요한 者가 하여야 할 말조차 참는 것도 病이 됨으로 中和를 이루기란 참으로 어려운가 보다。

다시 日主別로 살펴 본다면 水日主가 旺한 중 木을 만나면 水는 水生木 함으로서 항시 흐르게 되어 水의 生命을 유지할 수 있어 좋고、또 嚴冬雪寒이 木 봄을 만나 따뜻하여 지며、어둠이 새벽 光明을 만나 좋아지는데 다만 濕木은 水木이 凝結에 浮木이 됨으로 불가요、

木日主가 旺한 곳에 火가 있으면 木生火로서 火를 도와 世上을 밝게 하여 줌으로 木生火한 뜻이 가히 커 木도 살고 火도 살며、

또 木旺이 火를 만나면 경직되지도 않을 뿐더러 부러지지도 않고(强한 대[竹])무도 火를 만나면 휘어짐) 나무에 꽃이 만발한 형상이라 좋으며、(옛날에는 나무를 땅에 묻을 때 부패를 예방하기 위하여 뭍이는 부분을 불에 태웠음)

다음 土가 旺한 중 金을 만나면 단단한 땅을 부식시켜 稼穡의 功을 피함으로 좋을 뿐더러

또 철분이 있어 만물을 결실케 하며、산에 나무가 없는 것이 흠이 되나 금광으로 좋은데 燥土는 불가요

火氣가 旺한 중 土를 만나면 火生土로 强旺한 열기를 소멸시킴으로 좋고、또 방사능의 害에서 구출되어 좋으나 燥土는 火生土를 할 수 없음으로 불가하며、

金日主가 旺한 중 水를 만나면 銳鋒을 꺾어 좋고 또 가을이 겨울을 만나니 계절의 순환이 제대로 이루어져 좋아지는 것임으로 이 모두가 회생이 갱생이며 또 서로가 살게되고 자신의 존재를 영구하게 보존할 수 있는 길이 되는 것이기도 하다。

1、 壬申
壬子
壬子
壬寅

이 四柱는 壬水 日主가 子月에 출생된 중 申子子로 水局이요 天干은 壬水 일색이 되어 身旺은 물론 水氣太旺으로서 茫茫大海와 같고 또 캄캄한 밤이요 춥고 추운 겨울이 되는데 다행한 것은 沖이나 刑이 없어 순수함이 좋다。

然中 時支 寅木이 있어 水生木을 잘 함으로 水는 정지되지 않고 유유히 흐르게 되어 水는 살게 되어있고 또 木은 길고 寅中에는 丙火있어 표류하고 있던 배가 등대를 발견한 것과 같으며、칠흑같이 어두운 밤이 寅時로서 광명을 찾았으며、또 寅木은 水生木을 받아 木 역시 살게되니 이름하여 공생이요 生生不已라 한다。

다음 水는 木의 恩人이요 木은 水 恩人에 보답하기 위하여 木이 움직이게 되며

따라서 木生火가 자연 발생하게 되는데 火는 水의 財가 됨으로 木은 水 恩人에 대하여 보답한 결과가 되는 것이다。

이와같이 강자 즉 부자가 빈자를 도운 회생의 뒤안길에는 희생이 아니라 이득이 따르게 되어 있으니 돈이 있는 자 사회사업이나 모든 성금에 인색하지 말고 만인에 모범이 되어야 할 것이다。

그리고 주의 할 것은 寅木이 水多에 浮木될 것 같으나 地支는 浮木이 안되니 염려할 것 없으며 또 寅木 하나가 어떻게 그 많은 물을 흡수할까 염려하겠으나 燥木에 寅時 새벽이요、正月이라。능히 흡수하고 물러서며 解凍이 되고、또 아무리 强旺한 여자라 하여도 子孫에게는 꼼짝 못하기 때문에 걱정할 것이 없다。

그리고 만약 卯時라면 水木凝結인데 여기에다 욕심을 덧붙혀 金生水를 요구한다면 金剋木 當하여 숨통이 막히게 된다。

2、

癸未 이 四柱는 甲木 日主가 亥未 寅亥木局에 得令 得地 得勢라 身太旺하여 棟樑之材
癸亥 가 되고 있다。
甲寅 本來가 木旺에는 金 官殺을 얻어 깎고 다듬어서 좋은 材木으로 사용하는 것이 원
丙寅 칙이나 일점의 金도 없어 흠이 되고 있는데(혹 있다 하여도 木多金缺) 다행하게도

時上 丙火가 日時 寅木에 得 長生하여 有氣하니 旺者宜泄로 泄氣處라 强柔가 조절되어 있고, 또 十月나무에 丙火 꽃이 만발하여 그 향기가 天地를 振動하고 있으니 眞貴人이요,

또 木나무 自身을 불태워 丙火를 도와 온 세상을 밝고 맑게 그리고 골고루 비춰줌으로 이름하여 木火 通明이라 좋고, 또 火가 있어 陽地 나무라 진실하여 좋은데, 이 모두가 丙火의 功에 있음으로 我强他生反喜가 된다.(甘蔗樹)

만약 이 四柱가 丁卯時라면 虛火에 흉 꽃이 되어 下格이며 또 욕심을 부려 水를 貪한다면 水剋火로 꽃이 떨어지고 陰地의 나무가 됨으로 木의 生命이 다 하게 된다.

3, 丙寅　이 四柱는 丙火日主가 火旺當節인 午月에 出生된 中 寅午火局에 甲·丙이 合勢하
甲午　여 得令 得勢로 身旺하고 있다.
丙辰　火日主 火氣太旺이라 보이는 水氣가 필요하나 水氣가 없어 辰丑濕土에 시원스럽게
己丑　排泄하고 보니 火로서의 본연의 位置를 찾을 수 있음으로 좋고, 또 土는 火 恩人을

위하여 土가 움직이면 濕土가 되어 土生金을 겸하니 火生土 土生金으로 시원하고 同時 보이지 않는 火의 財 金까지 생겨 옴으로 日 一擧兩得이요, 火太旺 다음에 시

원한 金 冷房이 잘되어 좋으니 이것이 곧 회생이 更生이요 따라서 火는 土로 因하여 더욱 빛나고 있는 것이다。(旺者宜泄)

그리고 本命에서 주의 할 것은 辰中、丑中 兩癸水있어 水尅火로 도움이 될 것 같으나 雨露水요 入墓되었고 또 火多水熱로 증발되기 때문에 不用하고、

寅辰이 木局으로 行勢할 것 같으나 寅午 火局이 우선함으로 木局은 성립되지 않고 또 火가 火生土한 目的은 필요한 金을 土生金을 하여 오라는데 있으니 이는 主人이 고용인에 代價를 支拂함은 나의 忠僕이 되어 달라는 것과 財物을 받은 者 相對方의 請을 拒絶하지 못한 이유가 여기에 있고 또 이러한 四柱를 火土重濁、火土食神格이라고도 한다。

4、 己巳 戊辰 戊辰 辛酉

이 四柱는 戊土日主가 辰 辰巳와 年月上의 戊己土로 旺하여 크고 높고、넓은 山인데 木나무가 한그루도 없어 山 값이 下落之勢인데 다행하게도 時柱에서 辛酉 寶石 鑛脈을 發見한 중 또다시 辰酉 巳酉로 金局이라 온 山이 寶石으로 무진장하게 埋藏되어 있어 오히려 山 값은 하루 아침에 暴騰勢(폭등세)라 貴命이 틀림없고

또 旺土요 濕土에 적당한 金氣 鐵分이 있어 萬物을 結實케 하고 또 부식시킴으로 土의 氣를 영구하게 保存할 수 있는데 그 功과 德은 모두 辛酉 金의 德澤이라 따라

서 이 四柱에서의 辛金은 貴星 즉 核으로서 群臨하게 되어 있고 또 이를 두고 我强他生은 좋은 것이라 한다。

만약 庚申時라면 똑같은 金이라 하나 頑金丈鐵로 鐵鑛이 되기에 辛酉時만 못하니 무조건 食神은 좋고 傷官은 나쁜 것만도 아님으로 恒時 相對的이라는 點에 留意하여 推命에 錯誤없도록 바란다。

5、 戊辰
辛酉
庚申
丙子

이 四柱는 庚金日主가 辰酉 申酉로 金局을 얻었고 또 年月上으로 戊土와 辛金의 도움으로 身太旺이 되고 보니 金이 지나치게 太旺하여 金實無聲이 될까 염려된 중 또다시 土生金 받아 飽滿(포만)하여 있고 또 金多로 性格이 銳敏에 冷情하여 生覺같아서는 時上 丙火를 引用 中和를 꾀하고 싶으나 金多火熄이라 丙火의 存在는 있으나 마나 하다。

然中 다행한 것은 年日時支 申子辰水局 있어 金生水로 泄氣가 아름다워 飽滿症을 시원스럽게 없애줌과 동시 銳鋒(예봉)을 꺾어 안정을 찾았고、또 가을이 겨울을 生하면서 季節의 순환이 아름답게 이어지니 終而終不之理가 여기에 있는데 그 中和의 功은 水에 있는 것이다。

或者는 申子辰이 水局이라 水多金沉으로 오히려 身弱이 아니냐고 고집하겠으나 金

旺節로 가을이요 金氣가 當權하고 있어 水氣로 완전하게 변화하지 않으며、年柱의 戊辰土는 金多土變인 것만은 분명하나 너무나 淸白한 것이 本命의 흠이기도 하다。

바、我弱尅强害

我弱은 身弱을 말함이요 尅强은 나를 尅制하는 즉 官殺太旺을 말함이니 정리하여 본다면 日主가 弱한 곳에 官殺太旺은 害가 된다는 것이다。

다시 말하여 弱者는 强者에 의하여 빛을 잃게 되어 있으며、또 적은 것은 큰 것에 의하여 잠식 당하고 약소국은 강대국에 의하여 억압받으며、빈자는 부자에 의하여 탈취만 당하는 것처럼 언제든지 소수는 다수에 의하여 해가 될 수밖에 없다。

또 강자 속의 약자를 생각할 때 在日同胞들이 일본으로의 歸化를 마다하고 일본 속의 한국인으로서 존재하고자 하는 고충과 또 이민을 떠난 한국인들이 약자로서 뿌리를 내리기란 얼마나 어려운 것인가를 우리는 이 학문을 통하여 다소나마 이해하여 주었으면 한다。

아울러 일본이 우리와 우방이라고 하면서도 재일동포를 북송하고 있는데는 여러가지 이유가 있겠으나 가급적이면 한국인 한 사람이라도 일본이라고 하는 땅에서 추방하고자 하는데 가장 큰 뜻이 있는 것이다。

가상하여 본다면 재일동포들이 결속하고 고국의 지원아래 產兒制限없이 동포들의 人口를 급속도로 늘려 나갈 때 그 세력은 방대하여짐과 동시 일본의 국기마저 흔들어 놓을 수 있으니 종내는 저희를 마음대로 조종하던 한국인이 한국인의 도움 없이는 대사를 결정짓지 못하는 결과가 오지 않는다고 그 누가 장담 하겠는가 말이다。

이와같이 세력에는 당할 자가 없으니 우선 日主도 强旺하여야만이 財官·傷食을 다스릴 수 있으며 따라서 日主 强弱에 의하여 喜悲가 교차하게 된다는 것을 새삼 느꼈으리라고 본다。

그리고 官殺太旺으로서 最弱格이 된다면 從殺格이 되기 때문에 害가 아니라 오히려 貴命이 되는 것이니 혼동하지 말것이며、從殺格에 대하여서는 후단 格局用神에서 설명하기로 하고 여기에서는 日主弱에 官殺太旺만 기술하기로 한다。

다시 日主別로 세분하여 본다면 水日主弱에 土官殺이 旺하면 적은 물이 많은 흙에 의하여 流塞되고、흡수되며 또 濁水에 水深이 깊지 못할 뿐더러 종내는 물이 썩어 水의 生命을 잃어버리게 됨으로 害가 될 수밖에 없고(土多流塞)

木日主가 弱한데 金官殺이 旺하면 弱한 나무에 열매가 너무나 커서 가지가 찢어지고、또 많은 서리에 의하여 枯死되며、가을을 만나 낙엽지고 성장이 정지되며、箭枝는 가하나 지나쳐 나무를 죽이고、나무를 깍되 지나쳐 쓸모없게 만들기 때문에 害가되며(金多木折 万古風霜)

다음 火日主 弱한 곳에 水官殺이 旺하면 水剋火 당하여 沒火가 됨은 물론 낮보다 밤이 길어 陰地가 많아졌고 每事가 동결되며 어둠속에서 헤매이고 있는 것과 같고, 장마가 계속되어 만물이 부패하며, 정신이 혼미하여 분별 의식을 상실함으로 불리요, (水多火沒)

다음 土日主가 약하고 旺木을 만나면 木剋土 당하여 붕괴됨은 물론 밭 주위에 나무가 많아 蔭地의 밭이요, 또 가는 길이 가시밭이 되어 害가 되며(木多土崩 荒荊千里)

金日主가 약하고 火 官殺이 旺하면 火剋金 받아 쇠가 녹아 없어지고, 또 전류는 강한데 전선이 약하여 터지며, 氣溫이 너무나 상승하여 결실을 할 수 없고 웃사람이 많아 머리를 들 수 없기 때문에 害가 된다는 것이다。(火多鎖鎔)

다음은 四柱를 기록하여 이해를 돕고자 하니 잘 硏究하기 바란다。

1、丙戌 이 四柱는 壬水 日主가 土旺當節인 九月 戊土에 출생된 중 柱中 土多로 失令 失
戊戌 勢라 겨우 日支 子水에 得地하여 水氣의 명맥만 유지하고 있으나 금방이라도 燥土
壬子 에 흡수 될 것 같으며 또 산이 높아 물이 흐르지 못하고 水보다 土가 많아 濁水요,
丁未 孤立 無補로 의지할 곳 없으며, 水深이 깊지 못하여 송사리마저 살 곳이 없으니 어찌 水로서의 임무를 다 하겠는가 말이다。

따라서 이 모두가 土官殺이 많아 해가 되고 있으며 또 이와같은 四柱를 官殺火

旺、財殺太旺、殺旺身衰라고도 한다。

그리고 壬水가 비록 陽水로서 强旺하다고는 하나 本命에서는 약하고 있기 때문에 癸水보다도 못하며 또 丁壬이 합하여 化木이 될 것 같으나 土氣 當權에 壬水가 得根하여 合而不化요、未戌刑으로 土氣가 被傷되는 것이 아니라 旺者刑發로 더욱 旺盛하여지니 이를 두고 宿虎冲鼻(숙호충비)라 한다。

2、

戊辰
辛酉
甲申
丁卯

이 四柱는 甲木 日主가 金旺當節인 辛酉月에 출생된 중 辰酉 申酉로 金氣가 太旺하여 失令 失地라 最弱이 되고보니 금방이라도 金殺에 從을 할 것 같으나 時支卯木 羊刃에 着根함으로 從이 아니요 身太弱이 된다。

秋節之木으로 낙엽지고、根이 不實하여 영양공급을 제대로 받지 못함으로 가지만 앙상하며、또 열매가 과중하여 견디기가 어렵고、가을에 서리가 눈처럼 많이 내려 枯死即前에 있으며 암석위의 松柏이라 風折되기 쉬워 害가 되고 있는 四柱다。

그리고 甲木에 辛酉金은 본래 正官이나 身太弱되어 종내는 殺이 되었으며、財殺太旺에 殺旺身衰요 金木相戰으로 仁義가 俱無요、官殺 일복이 많아 헤어날 길이 없으며、金尅木으로 木이 殺傷되고 보니 自体造化를 할 수 없고、官局으로 좋은 버슬이 될 것 같으나 多者無者에 해당하여 오히려 직장마저도 없는 八字다。

3、 壬申
壬子
丙子
庚寅

이 四柱는 丙火日主가 水旺當節인 壬子月에 出生된 중 申子 水局이요 年月上의 壬水에 丙壬沖剋으로 쫓기고 있으며、또 水氣太旺으로 當場 沒火가 될것 같으니 다행하게도 時支 寅木에 得 長生하여 의지를 하고 있다하나 壬水殺을 감내하기에는 너무나 힘에 벅차다。

비유하건데 火衰 水旺이라。(殺旺身衰) 太陽의 열기는 식어가고 冬至달이 둘이라 자도 자도 밤중이며 꽁꽁 얼어 萬事가 동결이요、일식이 심하여 太陽이 보이지를 않고、꿈속에서만 헤매이고 있으며 짐은 무거워 한시가 급한데 가도 가도 茫茫大海요、丙火 꽃이 水多 냉기에 시들어 가고 있는데 저 머나먼 훗날 末年 時支 寅木에 가서야 겨우 항구를 찾아 정박하게 되어 있으니 철들자 망령인가 어렵고 어렵도다。

4、 癸卯
乙卯
戊戌
乙卯

이 四柱는 戊土日主가 年月時柱에서 木局을 만나 失令 失勢로 身弱이 된 중 겨우 日支戌土로 得地하여 명맥만을 유지하고 있으나 그것도 福이라고 卯戌로 합하여 코앞까지 나무 뿌리가 뻗어 금방이라도 쓸어질 것만 같다。

이와같이 구성되어 있으면 虛土에 陰地田畓이 되고、또 木 酸性(산성)이 過多하여 결실하기 어려우며、木 仁情에 얽매어 自己를 상실하였고 또 責任이 무거워 가도 오도 못하겠으니 어느 歲月에 土로서의 임무를 다 하겠는가。

本命에서 주의 할 것은 乙木이 正官이라 支障이 없을 것 같으나 身弱에는 正官도 殺이 된다는 것을 立證하여 주고 있으며 또 年上 癸水와 戊癸로 合하여 化火라。火生土 받아 힘이 될 것 같으나 合而不化로 불용하고 卯戌 合化火도 응용되지 않는다。

5、戊寅
戊午
庚午
乙酉

이 四柱는 庚金日主가 火旺當節인 午月에 出生된 中年 日支로 寅午가 火局하여 금방이라도 鎖鎔될 것 같으나 時支에 酉金있어 火旺 金衰라 身太弱이 되고 있다。

따라서 火氣가 太旺으로 金 견실이 어렵고、火電流는 强旺하여 넘치는데 金 전선이 약하여 휴즈가 나가기 一步直前이며 火剋金 敵이 많아 움직일 수 없고、모두는 火局으로 잘나고 똑똑하며 출세하는데 金 本人은 못나고 어리석으며、밑바닥에서 해매고 있는데 이 모두가 火 官殺太旺이 많아서 害가 되고 있는 것이다。

그리고 年月上의 戊土는 燥土가 되어 土生金을 못하니 日干의 힘이 될 수 없고 乙庚合化 金도 火剋金 당하여 성립되지 않는다。

參 考

지금까지의 설명은 日干에 국한하였으나 응용에 있어서는 柱中 어느 곳에 있든 같은 방법으로 추명할 것이며、다음은 공부 한 것을 모듬하여 기록하니 도움있기 바란다。

木、火多면 焚消되고、土多면 木折이요、金多면 削減되고 水多면 浮木에 木多면 硬化乃至는 曲直이 되며

火、木多면 火熄이요、火多는 炎上이며、土多는 晦氣되고、金多는 火熄되며 水多는 沒火가 되고、

土、木多면 崩壞요 火多는 土焦가 되며、土多는 稼穡이고 金多는 土變하고、水多는 土流라、

金、木多면 金欽되고、火多엔 鎖鎔이요、土多면 埋金되며 金多면 從革에 水多면 金沉하고、

水、木多면 水縮하고、火多엔 증발하며、土多면 流塞되고 金多면 水濁이요、水多엔 潤下가 된다。

이와 같으니 잘 기억하였다가 응용에 차질이 없도록 하고 또 이러한 것은 원칙론이라는 것도 부언하는 바이다。

十六、大運法

大運이라 함은 本命에 대하여 절대적인 영향력을 행사하는 것을 말하는데 비유한다면 本命四柱가 선천적이라면 大運은 후천적이요、本命이 車라면 大運은 그 車만이 갈 수 있는 전용로가 되고、本命이 모든 것에 준비과정이라면 大運은 결실이 됨과 동시 時節 즉 때와 같기에 本命과 大運은 밀접한 관계로서 서로가 떨어질래야 떨어질 수 없으며 따라서 大運을 모르고서는 정확한 추명을 기할 수 없는 것이다。

고로 本命이 아무리 좋아도 大運이 나쁘면 안되고、또 大運이 좋다 하여도 本命이 부실하면 소용이 없으니 運의 영향에 따라 어제의 平民이 오늘에는 長官도 될 수 있으며 또 어제의 貧寒한 者가 오늘에는 巨富로서 군림하고、어제의 長官이 오늘에는 낙향을 하여야 하며 또 어제의 거부가 오늘에는 부도를 내고 逃亡가는 신세로 전락되는 것이니 모든 것이 運의 작용에 의하여 희비가 엇갈리며、또 잘나기도 하고 못나기도 하는 것이다。

옛날 중국 三國時代의 將帥였던 項羽도 이 싸움은 내가 잘못하여 지는 것이 아니라 나의 運이 나로 하여금 敗將이 되게 하였기에 나는 이 戰爭에서 지노라 하며 칼을 놓았다고 하듯이

大運이 本命에 미치는 영향은 형용할 수 없도록 至大하며 또한 좋든 싫든 간에 피할래야 피할 수 없는 宿命과도 같은 것이니 공부를 하지 않으면 안된다。

이 運을 잘 연구하면 과거사는 물론、현재의 당면과제까지 表出되고、또 현 시점에서 방향전환은 어떻게 될 것이며、그것이 미래에 미치는 영향은 어떠한 것인가를 알게되니 過去·現在·未來가 거울 보듯 들여다 보이며 나아가서는 몇 十年、아니 몇 百年 後의 未來事와 後孫에 關한 것까지를 알 수 있는 학문이 바로 大運이요 易學이라는 것을 새삼 깨닫게 될 것이다。

다음 運에서도 여러 種類가 있으나 大運만은 따로 공부하여야 되고、年運은(歲運) 그 당해년도의 干支를 本命과 대조하여 운세를 판단하는 것을 말하며、月運·日運·時運 등도 月建·日辰·時間 등에 해당하는 干支를 찾아 무엇이 支配하고 있는가를 알아내어 本命과 대비·吉凶의 결론을 얻으면 되는데 大運과의 차이점은 누구를 막론하고 年月日 時運만은 똑같은 영향권內에서 움직이고 있다는 것이다。(시차에 따른 차이점은 있음)

또 전체적인 運을 百으로 본다면 大運이 차지하는 범위는 六十%에 해당 함으로 大運의 영향력이 제일 크고、그 다음에 年運인데 또 분류한다면 大運은 十年間을 年運은 一年間、月運은 一個月間、日辰은 하루、時運은 한時間을 주기로 하여 支配하고 또 교체되면서 순환하고 있는 것이다。

그리고 잘못 생각하면 時運이 가장 미약하다고 할 수 있으나 언제든지 적은 것이 큰 것이 되는 것처럼 중요하지 않은 것이 없으니 항시 적은 것이라고 하여 소홀히 하지 말고 또 큰 것이라고 집착해서도 안된다。

또 本命 四柱에서의 미비점이 大運에서 완전한 中和를 기할 수만 있다면 年月運의 구애없이 발전할 수 있으나 때로는 年運과 大運이 합쳐야 비로서 中和를 이룰 수 있는 命主가 있고 또 어떠한 運을 만나도 中和를 이루지 못하여 평생을 두고 빛 한번 보지 못하고 苦生만 하다 끝이 되는 四柱도 있으니 運이라 함은 바로 第二의 인생을 창조하는 귀중한 역할을 하고 있는 것이다。

그리고 三才原理로 대비한다면 命主는 天으로 時機요、大運은 地로서 장소가 되며、年運은 人으로서 노력이 됨으로 따라서 하나의 인간이 발전하는 데는 三者中 어느 하나라도 빠진다면 기약할 수 없어 세상을 살아가기란 그래서 쉽고도 어려운가 보다。

가、定運法

陽男陰女　未來節　(順行)
陰男陽女　過去節　(逆行)

陽男陰女 未來節이라 함은 甲·丙·戊·庚·壬年에 출생된 남자와 乙·丁·己·辛·癸年에 출생된 여자는(地支는 無關) 生日에서부터 앞으로 오는 節入日까지 總日數를 계산하고, 陰男陽女 過去節이라 함은 乙·丁·己·辛·癸年에 출생된 남자와 甲·丙·戊·庚·壬年에 출생된 여자는 출생된 生日에서부터 지나간 節入日까지 總 日數를 계산하여 定運한다는 것이다。

陽男陰女가 未來節로 定運된 이유는 남자 陽이, 陽이 支配하는 해에, 여자 陰은 陰이 支配하는 해에 출생되어 제대로 태어났기 때문에 未來節 순행이 되며, 陰男陽女는 逆으로 출생되어 역행 過去節로서 日數를 계산하고 또 節이라 함은 立春·驚蟄·淸明·立夏 등을 말하며, 正月中 出生人의 未來節은 驚蟄이요, 過去節은 立春이 되며, 二月中 出生人의 未來節은 淸明이요 過去節은 驚蟄이 되고, 또 節과 節 사이의 總 日數는 三十日間이 常例이나 특별한 경우에는 三十三日까지 나오는 경우도 있다。

나、運 計算法

出生 當日을 기준하여 未來節이든 過去節이든간에 總 日數가 計算이 되면 計算된 日數를 三

日에 運 一式을 定하는 法에 의하여 三으로 나누고 그 나눈 數로서 定運하면 되는데 가령 總日數가 十五日間이라면 十五를 三으로 나누면 五가 되니 運은 五로서 결정되는데 運을 호칭할 때는 한번 더 불러야 함으로 運一一、運二二、運三三 또는 三三運이라 하고、運이 十일때는 旬이라는 대명사로 호칭되며 한번 더 호칭하는 이유는 그만큼 정확을 기하여야 되기 때문이다。(十旬、二〇─乾、三〇─立、四〇─井、五〇─命、六〇─順、七〇─稀)

그리고 주의 할 것은 計算하다가 殘餘數가 一이 되면 切算하고 二數가 되면 이미 定하여진 運에다 一運을 가산하여 사용하는데 가령 日數 計算이 十四日間이라면 運 四四하고 二數가 남게 됨으로 一運을 가산하니 運은 五五로서 決定되는 것이다。

다음 大運은 運一一에서 運旬旬까지 있으며 運一一은 一歲에서부터 大運의 영향을 받으며、運二二는 二歲부터、運五五는 五歲부터、運 旬旬은 十歲가 되어야 비로서 大運의 支配를 받게 되는데 이전에는 歲運의 영향만을 받게 되며、

또 運이 三三이라면 三歲、十三歲 二十三歲 三十三歲 四十三歲 五十三歲 六十三歲 七十三歲식을 十年을 주기로 교체되고 大運을 기록할 때는 月柱를 기준하여 未來節은 六十甲子를 순행시키며、過去節은 逆行시키는데 月柱가 丙寅이라면 순행시에는 三歲부터는 丁卯 十三歲부터는 戊辰、二三은 己巳 三三은 庚午、四三은 辛未、五十三은 壬申、六十三歲부터는 癸酉가 支配

하는데、

逆行이라면 三歲부터는 乙丑、十三歲부터는 甲子、二十三세부터는 癸亥、三十三세부터는 壬戌、四十三세부터는 辛酉、五十三세부터는 庚申、六十三세부터는 己未 運이 十年을 주기로 순환하면서 각각 支配하고 있는데 이 大運도 자세하게 살펴보면 크게 분류한 季節의 작용이 四柱에 미치는 영향이 무엇인가를 살피는 것이 大運인 것이다。

따라서 運을 大別할 때는 東方運(寅卯辰)、南方運(巳午未)、西方運(申酉戌)、北方運(亥子丑)으로 호칭하고 있으며、四柱를 하나의 비행기나 선박으로 비유한다면 大運은 정하여진 항로가 되겠고、순행의 항로는 東東南·南南西·西西北·北北東이 되며 역행의 항로는 東東北·北北西·西西南·南南東이 되는데 이는 이미 정하여진 항로이기에 기류가 좋다고 하여(好運) 빨리 갈 수도 없으며、또 나쁘다고하여 회피할 수도 없고、항해도중 암초에 걸려 파선이 된다하여도 일정한 시간의 흐름에 따라 直面하게 되어 있으니 사람의 힘으로는 大運을 바꾸어 놓을 수 없는 것이 한스러울 뿐이다。

그리고 大運을 인생의 한 단면으로 견주어 볼때 평균 수명을 六〇세로 한다면 大運에서의 地支는 여섯밖에 적용되고 있지 않기에 六〇년을 줄이면 六년이 되고、또 줄이면 六년、六일、六시간 六초 밖에 안됨으로 四次元의 세계가 바로 여기에 있으며、따라서 七〇세를 삶하다가 가는 인생이라 하여도 살아 온것 자체가 잠시에 불과함으로 너나 할 것 없이 죽기가 쉽어 눈을 뜨고서 죽는가 보며 그래서 지나간 세월일수록 뜻없기만 하나 보다.

다음 定運할 때 주의 할 것은 순행시 戌時나 亥時生이 入節시간도 子時나 丑時이고, 역행일 때 子時나 丑時生이 入節시간 마저도 戌時나 亥時라면 二시간 내지 四시간 때문에 二일간이 계산되고 있어 좋다는 一運이 오차가 생기며, 또 출생시간이 午時인데 入節시간도 午時라면 만 十二시간 즉 一日을 가지고 二시간의 계산이 됨으로 이 또한 定運에서 주의 하여야 되는데 항간에서는 이러한 원리는 생각하지도 않고 무조건 定하여진 運에서 一運을 減하여야 맞는다고 고집하고 있으며, 또 계산 日數가 一日 미만일 경우는 ○세부터 三十三일간일 경우는 十一세부터 大運이 支配하는 특별한 경우도 있다는 것을 명심하기 바란다. (그로 때하나 황천한 생명임)

日數별로 알기쉽게 大運을 정리하여 보다면 다음과 같이 분류된다.

0, 1	2, 3, 4	5, 6, 7	8, 9, 10	11, 12, 13
運〇々	運一々	運二々	運三々	運四々

14,15,16	17,18,19	20,21,22	23,24,25	26,27,28
運五々	運六々	運七々	運八々	運九々

29,30,31	32,33,34
運旬｜	運十一々

다시한번 定運法을 간추려 보면

① 陽男陰女냐 陰男陽女를 구분하고

② 陽男陰女는 未來節、陰男陽女는 過去節로 총 日數를 계산하여

③ 三으로 나누어 나누인 數로 定運하되 남는 數가 一이면 절산하고 二數가 되면 一運을 가산하되

④ 순행에서 戌時나 亥時生에 入節시간이 子時와 丑時、역행에서 子時나 丑時生에 入節시간이 戌時나 亥時는 계산에서 제외하고

⑤ 大運의 기록은 月柱를 기준하여 未來節은 順行、過去節은 逆行으로 六十甲子를 기록、十년을 週期로 순환시키며

⑥ 四柱에 대비한 大運의 관계는 用神과 大運、日干과 大運 그리고 年·月·日·時支와 合·冲·刑殺·生尅은 물론 모든 吉凶神을 대비하여 결론을 내린다。

다、定運計數原理

天干은 열이 되어 十을 一週期로 순환하고 있기 때문에 옛날부터 十년이면 강산도 변한다。또는 勢無十年、花無十日紅 등 十을 기준으로 하여 많이 사용하여 왔듯이 모든 사물도 十을 기준으로 주기적인 변화를 하고 있음으로 우리 人生의 榮枯盛衰도 예외일 수가 없는 것이다。

따라서 六十甲子도 六旬(旬은 十) 즉 甲子旬·甲戌·甲申·甲午·甲辰·甲寅旬으로 十으로서 구성되어 있고 一旬이(60÷10=6) 十년식에 해당하여 순환하고 大運도 十년에 한번씩 교체되는데 이것은 바로 계절과 같이 봄이 가면 여름이 오고、여름이 가면 가을이 오면서 運行하고 있는 것과 같으며 또 그렇기 때문에 運의 行進 기준도 四柱의 月運 즉 月柱(月令)로 하여 시작하고 있다。

然인대 月節은 立春에서 驚蟄이 三十일간、驚蟄에서 淸明이 三十일간으로 그 三十일간을 기준하여 한번씩 교체되고 大運은 十년에 한번씩 교체되고 있기 때문에 대비하여 본다면 十年對 一개월로 3600÷30=120日이 되어 節運의 一日은 大運의 一二○日에 해당하고 이 一二○日은 三六○ 즉 一年의 3분의 1에 해당하여 節運의 三일을 모아야 大運의 一로서 一年 三六○日에(120×3=360) 해당하기 때문에 節運 三日에 大運 一식을 定하게 되는 것이다。

그리하여 節運의 三日은 運 一식으로 시작하여(30÷3=10) 節運 十으로 멋게 되어 節運 一은 大運 一年에 해당하고、節運 旬은 大運 十년으로 한번씩 주기적으로 교체하고 있다。

節運循環	一朔(三〇)	節運一日(三日)	節運十(三〇日)一個月
大運循環	一年(三六〇〇)	大運一年(三六〇〇日)	大運十(三六〇〇日)十年

이 도표와 같이 節運 一이 三日에 해당하여 大運 一年이 되고、節運 十이 三十日에 해당하여 運 十年 식으로 순환하기 때문에 三日이 運 一식이 되는 것이다。

라、定運例示

1、檀紀四二九一 西紀一九五八年 二月 十五日 酉時生 乾命

戊戌	運一～	一	丙辰
乙卯		十一	丁巳
庚戌		二一	戊午
乙酉		三一	己未
		四一	庚申
		五一	辛酉
		六一	壬戌

이 四柱는 戊戌生 陽男으로 未來節 즉 淸明 入節日까지(二月 十七日 申時) 總 日數는 三日間이 되며(만 二일간) 三日을 三으로 나누면 過도 부족도 없는 一이라 大運은 一로 결정되면서 月建 乙卯를 기준하여 一세부터는 丙辰運、十一세부터는 丁巳運、二十一세부터는 戊午運、三十一세부터는 己未運、四十一세부터는 庚申、五十一세부터는 辛酉、六十一세부터는 壬戌運이 支配하고 있으며 또 南南西로 航進하고、南方運、西方運의 영향을 받아야 하는데 大運이

四柱에 미치는 영향이 좋으면 吉運이요 나쁘면 凶運이라고 한다.

推命하건대 乙卯月에 庚金 日主가 土金이 旺하여 木火가 필요하니 己未運까지는 무난하겠는데 四十一세 庚申運부터는 金氣 當權으로 필요한 木火가 俱沒이라 二十年間을 不幸으로 살아야 됨은 물론 심하면 생명까지도 위협을 받게 된다.

그리고 大運의 주기가 十년이라고 하여 大運 干支의 天干을 五년간, 地支를 中運이라고 하여 五년간씩 구분하여 추명하는 학자들이 많은데 필자는 이 논법을 배제하고 있다.

그 이유는 庚申이나 辛酉運처럼 干支가 모두 金일 때는 구분할 필요가 없으며, 또 甲申이나 乙酉처럼 天干 甲乙木이 坐下 地支 金에 金剋木 당하고 殺地에 絶宮으로 死木일 때는 木剋土는 커녕 능차불 마저도 生할 수 없어 木으로서의 任務를 상실하였기 때문이며, 혹 甲 五年에 發하였다고 하면 이는 大運의 작용이 아니라 年運의 작용인 것이기 때문이다.

大運 推命에서 주의 할 것은

① 大運은 原命의 한 기능과 같고

② 原命의 全 五行은 大運의 영향에 支配를 받으며,

③ 大運의 天干이 地支에 殺地가 되었다 하여도 原命에서 힘을 얻으면 다시 살아나 행세할 수 있고,

④ 大運의 天干이 死地에 있으면서 原命에 受制되면 이는 完全被傷되나

⑤ 原命의 干支는 大運의 地支에 의하여 좌우되며

⑥ 原命의 地支와 大運 地支와의 合·冲·刑 등의 변화를 잘 살피고

⑦ 天干이 凶神이라 하여도 地支가 吉神이라면 天干은 凶神이 아니라 吉神으로 변화하며

⑧ 大運의 天干은 原命 地支에는 영향을 못주나 地支는 原命 天干의 生死를 좌우한다。

⑨ 大運의 작용은 吉과 凶만을 나타내나

⑩ 무엇으로 하는 것은 日干과 大運을 대조하여 五行、六親、吉·凶神、數理、方位、性質 등을 파악하여 결론을 내리고

⑪ 大運이 좋다고 하여 모두 長官이 되고 巨富가 되는 것이 아니니 原命과의 中和 즉 균형 관계를 잘 살필 것。

2、檀紀四三〇〇
西紀一九六七年 丁未 九月 初六日 寅時生 坤命

丁未　運〇~　〇 庚戌
己酉　一〇 辛亥
丙午　二〇 壬子
庚寅　三〇 癸丑
四〇 甲寅
五〇 乙卯
六〇 丙辰

이 四柱는 丁未生 陰女로 출생되어 未來節 즉 寒露 入節日까지 日數를 계산하면(寒露 出生 當日 巳時) 一日은 커녕 三時間 밖에 안됨으로 三三除之 할 수 없어 〇이라 〇運으로 시작하니 大運도 己酉 月柱를 기준、〇세부터 庚戌運、十세는 辛亥、二〇세는 壬子、三〇세는 癸丑、四〇는 甲寅、五〇세부터는 乙卯運이 支配하게 되어있고 특기할 것은 〇세부터 大運이 支配하기에 태아 시절부터 大運의 영향을 받았다는 것이다。

잠시 살펴 본다면 丙火日主가 金旺當節 八月로 失令이나 日支 午火、時支 寅木으로 寅午가 火局된 중 또 年支 未土가 午未 火局으로 합세라 得地 得勢하여 身旺하고 보니 八月中 火氣가

충만하여 결실이 다된 八月 酉金이 火剋金 받아 被傷으로 落果될 危殺에 놓여 있고、 또 八月中 기온이 상승하여 여름철과 같으며、旱害에 시달리고、木火陽에 비하여 金水陰이 부족하여 균형을 상실하고 있기에 당장 水氣가 필요하나 일점의 水氣도 없어 酉金을 믿어야 하니 酉金은 本命에 核이요 생명선이라 金水運에 發榮하고 木火運에 敗退하게 되어 있다。

따라서 本命은 三〇代까지는 全盛期이나 四〇代 甲寅運부터 乙卯運까지 二〇여 년간은 敗退하는데 원인은 東方의 三人과 합세하여 일을 시작한 것과 親庭 그리고 保證·文書로 인하여서이다。

이와같이 무엇 때문에 하는 것은 大運에 凶으로서 작용하는 五行이 日干 기준으로 六親이 무엇인가를 알아 그 六親의 性質을 따라 해석하면 되는 것이다。

3、檀紀 四三一二 西紀 一九七九年 己未 閏六月 十五日 未時生 乾命

己未　運旬～　一〇 庚午
辛未　　　　　二〇 己巳
丙午　　　　　三〇 戊辰
乙未　　　　　四〇 丁卯
　　　　　　　五〇 丙寅
　　　　　　　六〇 乙丑

이 四柱는 己未生 陰男이 되어 過去節 즉 小暑 入節日까지(本六月 十五日 丑時 入節 本六月大) 總 日數는 三十一間이며, 三으로 나누면 十이되고 一이 남게 되나 절산함으로 運은 旬으로 결정되고 大運의 기록은 十세부터 庚午、二十세부터는 己巳、三十세 戊辰、四十세 丁卯、五十세는 丙寅、六十세부터는 乙丑運이 支配하게 된다。

이와같이 閏月에 출생하였다 하여도 節氣를 따라 정하기 때문에 구애받을 필요가 없고 또 日數 계산에서 주의 할 것은 月을 넘나들 때는 大 小月을 구분하여 日數 계산에 착오없도록 바란다。

그리고 本命은 火日主 地支 全火局이 되어 炎上格이라 오히려 火를 도와주는 木火運에 發하고 金水運이 凶이 됨으로 六〇세 이후 乙丑運부터는 나쁘다。

4、檀紀四三〇一
西紀一九六八年 戊申 二月 十一日 午時坤命

戊申 運一~
乙卯
戊寅
戊午

一 甲寅
十一 癸丑
二一 壬子
三一 辛亥
四一 庚戌
五一 己酉
六一 戊申

이 四柱는 戊申生 陽 女가 되어 過去節 즉 驚蟄 入節日(七日 戊時)까지의 總 日數 계산은 五日間이 되나 戊時 入節로 二時間 때문에 一日을 계산할 수 없음으로 실제 日數는 四日間이 되고 四日을 三으로 나누면 運一一하고 一이 남게 되는데 근산 함으로 本命은 運一一로 결정되며 따라서 每 一세에 大運이 교체되고 月進 乙卯를 기준 역행으로 一세 甲寅 十一세 癸丑、二一세 壬子、三一세 辛亥、四一세 庚戌、五一세 己酉、六一세 戊申 순으로 十년을 주기로 하여 支配하는 것이다。

그리고 아직은 六十甲子가 순행으로도 암기하기가 어려운 처지인데 역행까지 암기 하려면 어렵겠으나 四柱를 구성할려면 어차피 萬歲力을 보아야 할터이니 기록된 月進을 참고하면 쉬우리라고 본다。

마、細密定運法

보통 生日對 入節日로서 大運을 정하고、출생 당일에 大運이 교체된다라고 생각하고 있으나 이 細密 定運法에 의하여 大運을 정하면 정확할 뿐더러 또 大運의 교체 시기까지 몇年 몇月 몇日 몇時인가를 알게 되는 것이다。

참고할 것은 좀 복잡하다고 생각이 된다면 보통 定運法으로 하여도 무방한데 단 大運이 교체되는 나이에 해당할 때만은 반드시 細密 定運法에 의하여 定運하여야 된다는 것을 잊어서는 안된다。

다음 細密 定運에서 알아 두어야 할 事項은

① 生日對 入節日時의 계산을 만으로 하고

② 계산하다 남은 시간은 一시간을 十日씩 계산하여 모두 적용하며

③ 運을 계산하다 남으면 生日을 기준 순행하고, 부족하면 역행으로 계산하는데 이것은 男女를 구분하지 않는다。

다음 이 細密 定運法은 時間까지 정확하게 계산하여야 되기 때문에 모든 것을 시간으로 환산하여 보면 大運 十年은 四三·二〇〇時間이요, 節運 一개월은 三六〇時間이 되니 30×12=360(時間), 43·200÷3600=120시간으로 節運의 一시간은 大運의 一二〇시간이 된다。

然인데 一二〇시간은 一日 十二시간임으로 一二〇시간은 十日에 해당하여(120÷12=10일) 節運 一時間은 大運에서 十日이 된다。

前法에서 三日에 運一식을 정하는 것과 같이 細密法에서는 一時間에 運十日식을 정한다는 것을 기억하여 주기 바란다。

節運	30×12=360시간	360÷360=1시간
大運	3600×12=43200시간	43200÷360=120시간(10일)

앞의 도표와 같이 節運 一시간은 大運의 十日에 해당하고 있다는 것을 알 수 있는데 다음과 같이 分析하여도 된다。

節運	一朔 (三〇日)	一日은 三〇일의 三〇分之一 (30÷30=1)	一日은 十二시간	一시간은 十二시간의 十二分之一 (12÷12=1시간)
大運	十年 (三六〇〇日)	三六〇〇日의 三〇分之一은 一二〇 (3600÷30=120)	一二〇일은 一四四〇시간 (120×12=1440)	一四四〇시간의 十二分之一의 一二〇시간 (1440÷12=120시간)

바、細密定運法 例示

1、檀紀四二五七 西紀一九二四年 甲子 七月 十三日 寅時生 乾命

甲子
壬申 運九~ (不足 十時間)
甲子
丙寅 每 壬年 四月 初三日 寅時 大運 交替

① 甲子年 七月 十三日 寅時에서 未來節인 白露 八月 十日 卯時까지는 滿 二十六日間이 되고 (七月 小)

② 八月 十日 辰時에 白露가 入節 하였으므로 만 二十七日間이 되려면 十時間이 不足되며

③ 節運의 一時間은 大運의 十日에 해당함으로 부족된 十時間은 一〇〇일이 되고 이 百日을 月로 환산하면(三〇일 기준) 三個月 十日이 되며、

④ 부족은 生日을 기준 逆算하기 때문에 三個月 十日을 逆行하면 四月 三日 寅時가 된다。

⑤ 고로 每 壬年 四月 初三日 寅時에 大運이 교체된다。

2、 檀紀四二五七 西紀一九二四年 甲子 七月 十三日 寅時生 坤命

甲子
壬申 運二一~ (부족 十一時間)
甲子
丙寅 每 乙年 三月 二十三日 寅時 大運 交替

① 陽女로 출생되어 過去節인 立秋入節인 七月 初八日 寅時까지 계산하여야 되니

② 七月 初八日 寅時에서 七月 十三日 寅時까지는 十一시간이 부족된 만 二三運이 되며

③ 十一時間은 一一〇日이요 一一〇日은 三個月 二〇日로 부족된 數이니 生日에서 逆行시킨다。

④ 고로 每乙年 三月 二十三日 寅時에 大運은 교체된다。

3、檀紀四二六〇
西紀一九二七年 丁卯 十二月 二十一日 午時生 乾命

丁卯
癸丑 運二~ (餘 七時間)
壬子
丙午 每 乙年 三月 初一日 午時 大運 交替

① 陰男으로 출생되어 過去節 小寒 入節인 十二月 十四日 亥時까지는 만 六日하고 七時間이 남게 되고

② 만 六日만 계산하면 運二가 되나 七時間이 남아 七時間은 七〇日이요 七〇日은 二個月 十日로 生日을 기준 二個月 十日을 順行시키면

③ 正月 二月로 二個月이 되고、十日을 가산하니 三月 初一日 午時에 大運은 교체된다。

④ 여기에서 주의할 것은 남는 數 계산에서 年度가 바뀌었기 때문에 본래는 二運이나 一運을 가산하여 運三으로 보아야 한다。

⑤ 고로 每己年 三月 初一日 午時에 大運이 교체되는 것이다。

參考

잔여수 계산에서 출생일을 기준 순행하다가 해를 넘기면 본래 계산된 運에다 一運을 加하여야 된다。

三番의 예를 살펴보면 運二三에 남는 시간이 七時間이니 運三三으로 계산하면 부족 二日 五時間으로(二九時間↓二九〇日↓九個月 二〇日) 출생된 十二月 二十一日에서 역생 시키면 정확하게 三月 初一日이 된다。

그리고 大運 교체 시기가 十二月 中이라면 한 해의 끝이 됨으로 運一을 가산하여도 무방하다。

4、檀紀四二六二 西紀一九二九年 己巳 正月 二十一日 酉時生 坤命

己巳
丙寅 運一~ (餘 八時間)
丙午
丁酉 每 己年 四月 十一日 酉時 大運 交替

① 陰女로 출생되어 未來節 驚蟄入節日 正月 二十五日 巳時까지는 만 三日하고 八時間이 남게

됨으로

② 八時間은 八十日이요 月로는 二個月 二十日이라、生日에서 순행시키면 四月 十一日이 된다。

③ 고로 每己年 四月 十一日 酉時에 大運은 교체된다。

이와같이 大運定法에서 보통과 세밀의 두가지 종류가 있다는 것을 알아두고、또 細密 定運法도 숙달되면 보통 定運法과 별 차이가 없으며、大運의 자세한 응용은 後而 格局用神에서 공부하기로 한다。

第五編

(神殺 및 吉凶神)

十七、十二神殺

이 十二神殺은 그 종류가 十二가지가 되어 十二神殺이라고 하며 또 일명 馬前神殺이라고도 한다。

十二가지가 되어 十二支에 대비하여 응용되고、본래가 神은 吉을、殺은 凶을 말하고 있으며、구성원리는 三合에서 原由하고 있음으로 三合과 대비하면 이해가 빠르리라고 본다。

그리고 四柱는 네 기둥밖에 없음으로 十二神殺中 넷만이 응용되며 때로는 같은 것이 重復될 수도 있고 또 이 十二神殺은 本命에만 응용되는 것이 아니라 大運、年運、月運、日運 할것없이 모두 해당하고 있으며 또 구분하면 大運은 각기 다르나 年運은 十二年마다 반복되면서 순환하고、月運은 每月이 같으며 日運은 十二日마다 반복되면서 순환하고 時運은 고정되어 있다。

앞으로 많이 응용될 터이니 잘 연구하기 바라며 十二神殺의 명칭은 다음과 같다。

刼殺·災殺·天殺·地殺·年殺·月殺·亡身·將星·攀鞍·驛馬·六害·華蓋로 되어 있는데 우선 十二神殺의 작용을 간추림하여 본다면

十二神殺	作用
劫殺	速敗 盜難 奪財 分財 破產浪費
災殺	(囚獄殺) 官災 訟事 拉致 拘束 亡命 포로 軍人 法官 수사기관 警察 刑務官
天殺	天災地變 冷害 旱害 水害 地震
地殺	地災 變化 旅行 轉出入 移徙 道路 車輛 海外出入 교통수단
年殺	(桃花殺) 風流 酒色 賭博 社交有能 愛嬌滿點 異性
月殺	(枯焦殺) 疾病 殘兵
亡身	亡身 口舌 損財
將星	主體强 固執大端 萬人群臨 統率力
攀鞍	登科 윗자리
驛馬	遠行 車輛 變化 奔走 轉出入 移徙 客地 旅行
六害	再發病 久病
華蓋	華蓋 宗教 信仰 學藝 勤勉 厚德

가、暗記方法

三合의 첫字 地殺　中間字 將星　끝字 華蓋

三合의 첫字 冲 驛馬　中間字 冲 災殺　끝字 冲 月殺

三合의 첫字 다음 年殺　中間字 다음 攀鞍　끝字 다음 劫殺

三合의 첫字 앞 天殺　中間字 앞 亡身　끝字 앞 六害

原書에서는 亥卯未生 劫起申、寅午戌生劫起亥、巳酉丑生劫起寅、申子辰生 劫起巳로 되어 있으나 三合을 이용함이 암기하기 쉽겠기에 三合을 기준하여 구성하였고、또 原書에서는 生年 즉 年支만을 기준하고 있으나 日支기준도 年支 못지않게 작용하고 있으며、각 위치별로도 작용되고 있다。

다음 三合의 첫字가 地殺이라 함은 亥卯未年、日生人은 亥、寅午戌年、日生人은 寅、巳酉丑年、日生人은 巳、申子辰年、日生人은 申이 地殺이 되며、

三合의 中間字가 將星이라 함은 亥卯未年、日生人은 卯、寅午戌年、日生人은 午、巳酉丑年、日生人은 酉、申子辰年、日生人은 子가 將星이 되고

三合의 끝字가 華蓋라 함은 亥卯未年、日生人은 未、寅午戌年、日生人은 戌、巳酉丑年、日生人은 丑、申子宸年 日生은 辰이 華蓋가 되며、

공통점은 寅 申 巳 亥는 地殺、子 午 卯 酉는 將星、辰戌丑未는 華蓋에 해당하고 있으면서 寅申巳亥는 四生之局이라 자연 靜中動이 되니 움직이어야 함으로 地殺이요、

子午卯酉는 각 계절의 중심에 四旺之局이 되어 將星이라 하였고、辰戌丑未는 四庫之局에 入墓요 土로서 信이 되기에 종교와 통한다。

다음 三合의 첫字와 沖이 되는 者 驛馬라 함은 亥卯未年·日生人은(이하 三合으로 통일) 亥와 沖하는 巳、寅午戌에는 申、巳酉丑에는 亥、申子辰에는 寅이 각기 驛馬가 되며、三合의 中間字와 沖하는 者 災殺이라 함은 亥卯未에는 酉、寅午戌에는 子、巳酉丑에는 卯、申子辰에는 午가 각각 災殺이 되고、

三合의 끝字와 沖이 되는 者 月殺이라 함은 亥卯未에는 丑、寅午戌에는 辰、巳酉丑에는 未、申子辰에는 戌이 각각 月殺이 되는데、地殺과 沖이 驛馬가 됨은 車와 車가 競爭을 하니 잘도 달리고 또 寅申巳亥는 間方으로서 東西南北을 연결하는 파발마에 해당하기 때문이고、

三合局의 旺者 將星이 沖敗되며 또 요새가 무너졌으니 災殺이 되며、끝字는 종교、신앙、노인、부처님이나 예수님같은 자리가 沖攻당하였으니 그것이 고민이 되어 마르기 때문에 月殺이다

다음 三合의 첫字 다음字가 年殺이라 함은 亥卯未年、日生人에는 子、寅午戌에는 卯、巳酉

丑에는 午, 申子辰에는 酉가 되며, 三合의 中間字 다음이라 함은 亥卯未에는 辰, 寅午戌에는 未。巳酉丑에는 戌, 申子辰에는 丑이 각각 攀鞍이 되고

三合의 끝字 다음 字가 劫殺이라 함은 寅午戌에는 亥, 亥卯未에는 申, 申子辰에는 巳, 巳酉丑에는 寅이 각각 劫殺이 되는데 공통점은 子午卯酉는 모두 年殺에 해당하고(總稱桃花) 辰戌丑未는 攀鞍에, 寅申巳亥는 劫殺로 해당하고 있으며,

子午卯酉가 年殺 즉 桃花殺이 됨은 地殺다음이라 움직이면 바람이 들기 때문인데(점잖이 있어서의 바람은 움직이면 없어짐) 또 旺宮이요 將星이라 大將, 將帥가 되어 본것 하나로는 부족함과 동시 子水는 腎氣가 旺하고, 午火는 紅艶에, 卯木은 風이요, 酉金은 미모를 갖추었기 때문이며,

辰戌丑未가 華蓋가 됨은 入墓요 庫로서 종음에 이르렀고 또 華麗와 寶王之象이므로서 만인에 선망의 대상이 되기 때문이고

寅申巳亥가 劫殺이 됨은 驛馬와 地殺이 같으니 움직이면 돈이 없어지며, 華蓋 다음이라 절에 가면 시주하고 교회가면 헌금을 내야하며 또 亥卯未 木局은 申金에 絶地가 되고, 寅午戌火局은 亥水에 巳酉丑金局은 寅木에 申子辰水局은 巳火에 각각 絶地가 되기 때문에 劫殺이 된다。

다음 三合의 첫字 앞字라 함은 亥卯未에 戌, 寅午戌에는 丑, 巳酉丑에는 辰, 申子辰에는 未로서 天殺이 되고 三合의 中間字 앞字라 함은 亥卯未에는 寅, 寅午戌에는 巳, 巳酉丑에는 申,

申子辰에는 亥가 亡身이 되며

三合의 끝字 앞字라 함은 亥卯未에는 午, 寅午戌에는 酉, 巳酉丑에는 子, 申子辰에는 卯가 되는데 각기 공통된 점은 辰戌丑未는 天殺, 寅申巳亥는 亡身, 子午卯酉는 六害로 통일되어 있고 災殺 다음이 天殺이 됨은 罪지은 연후에는 天災가 두려워서이며 또 亥卯未 木局 봄은 戌晩秋 九月 가을에, 寅午戌火局 여름은 十二月 丑 深冬에, 巳酉丑 金局 가을은 二月 辰季春에, 申子辰水局 겨울은 六月 未 三伏이 두려워서이며,

三合의 中間字 앞字가 망신이 됨은 亥卯未 木局의 大將인 卯가 寅에, 寅午戌火局은 巳火에, 巳酉丑 金局은 申에, 申子辰水局은 子 大將이 亥 陽水를 만나 빛을 잃고 있기 때문이다.

參考

寅申巳亥는 모두 地殺 驛馬 亡身 劫殺 등에 해당함으로 적은 車가 있으면(地殺) 큰 車가 있기(驛馬) 마련이요, 또 조금 돌아다니다 보면 많이 돌아다닐 수 있고, 적은 길이 있으면, 큰 길이 있으며, 돌아다니다 보면 亡身도 당하고 損財도 따르는데 유념할 것은 寅申巳亥는 무조건하고 驛馬와 地殺로 응용하여도 되며, 다음 子午卯酉는 將星·桃花(年殺) 災殺·六害 등에 해당함으로 간추려 본다면 將星으로 힘이 넘치니 年殺로 바람나더니 六害로 고질병에다 官災까지 발생하며, 現世는 性 開放時代라 법식에 관계없이 桃花로 보아도 되고, 다음 辰戌丑未는

華蓋·攀鞍·天殺·月殺 등에 해당하고 있음으로 天災之變을 예방하고자 신앙을, 또 높은 자리가 되어 신앙의 대상이 되고, 月殺로서 子孫이 귀하다보니 신앙에 의지할 수밖에 없는데 법식에 관계없이 華蓋로 보아도 된다。

그리고 이 十二神殺은 앞에서 공부한 十二運星과 같이 병행하고 있는데 亥卯未 木局은 木日主로, 寅午戌 火局은 火日主로, 巳酉丑 金局은 金日主로, 申子辰 水局은 水日主로 각각 비유하여 刼殺과 絶地를 함께 기점으로 순행시키면 모두가 일치하고 있으니 잘 參考하기 바란다。

十二神殺 圖表

十二神 / 年·日	刼殺	災殺	天殺	地殺	年殺	月殺	亡身	將星	攀鞍	驛馬	六害	華蓋
亥卯未	申	酉	戌	亥	子	丑	寅	卯	辰	巳	午	未
寅午戌	亥	子	丑	寅	卯	辰	巳	午	未	申	酉	戌
巳酉丑	寅	卯	辰	巳	午	未	申	酉	戌	亥	子	丑
申子辰	巳	午	未	申	酉	戌	亥	子	丑	寅	卯	辰

나、十二神殺의 應用

1、刼殺

刼殺은 奪財 浪費 盜難 速敗 심직破產 등에 해당하고 있음으로 年柱에 있으면 선조대에 月柱에 있으면 부모대에 日柱에 있으면 본인이나 배우자로 인하여、時柱에 있으면 子孫으로 인하여 刼殺에 해당되는 일이 발생하며、또 이것을 初年、中年、中末年、末年으로도 응용하고、地支로만 응용되는 것 같으나 天干도 같이 작용한다는 것에 유념하기 바란다。

또 六親에 의하여 활용할 때는 印綬에 刼殺은 어머니、外家、親庭、文書、保證 등으로、肩刼은 兄弟、親友、傷食은 手下人、女子는 子孫、財星은 妻妾、金錢、女子는 媤宅 食口로、官星은 子孫、職場、官事、여자는 夫君 또는 情夫에 의하여 刼殺의 작용이 발생한다라고 보면되나 주의할 것은 刼殺 자체가 原命에 미치는 영향이 凶이 될 때에 한하여서이며、또 大運、年運도 대비하여야 한다。

2、災殺(囚獄殺)

災殺은 일명 囚獄殺로서 官재、송사、납치、포로、감금、망명 등에 해당하고 있으며、따라서 年柱에 있으면 先代에 月柱에 있으면 부모 형제에、日柱에 있으면 본인이나 배우자에、時柱에 있으면 자손에 또는 子孫으로 인하여 災殺에 해당하는 사태가 일어나며、또 年柱는 初年、月柱는 中年、日柱는 中末年、時柱는 末年으로 적용되기도 하나 職業 자체가 법관、군인、경찰、형무관 등 사법권을 가지게 되면 災殺의 작용은 免한다。

다음 六親面으로 볼때 일일이 표출하기 때문에 특기 사항만 기재하니 추리하는 방법과 이치를 터득하는데 주안점을 두기 바란다。

印綬에 災殺은 刑法、筆禍事件、住宅저당설정、압류、學院소요로、肩刦은 형제나 친구로 인하여 官災가 발생하며、증인으로 출두하고、傷食은 자손에 남자는 부하에 사고 또는 배신당하며、財星은 財産의 압류나 金錢에 송사 또는 재산싸움、여자로 인한 송사요 좋게로는 군인、경찰、형무소 등을 상대로 事業하면 돈벌고、官殺은 上官、업무관계、여자는 夫君으로 응용하고 있다。

각기 직업일 때는 災殃은 면하나 運의 대비도 소홀히 하여서는 안된다。

3、天殺

天殺은 天災地變으로 水害、旱害、冷害、地震 등으로 人力으로서는 감당하기 어려운 재앙을 말하며 또 이 殺이 柱中에 있으면 그 위치에 따라、또는 六親에 의하여 추명하되 四柱에 미치는 영향이 吉이 되면 害가 없으며 運에도 대비하여 추명하면 된다。

4、地殺

地殺은 움직이는 것、차량、도로、여행、변화、분주、객지、해외、이사 등으로 해석되면서 驛馬와도 작용이 같으나 地殺은 적게 가까이、驛馬는 멀고、크게 하는 차이밖에 없다。

따라서 역마나 地殺을 동등하게 取扱하고 있으며 地殺이 年柱에 있으면 선조대에 이향이요、해외출입 또는 영주하여 왔고 모든 것이 객지와 인연이 있으며、月柱에 있으면 부모대에 이사가 많았고、타향이 고향이요、日支에 있으면 분주하고、타향은 물론 이민에 배우자가 먼 곳에서 혼인이 되며 교통이 편리한 곳에서 삶하고、生時에 있으면 자손이 해외 나가며、또 年柱는 初年、月柱는 中年、日柱는 中末年、時柱는 末年에 地殺과 역마에 해당하는 일이 발생한다。

또 六親面으로는 地殺 驛馬 印綬는 留學、洋品、洋屋、外國語、洋服、車庫、海外消息、旅券

등이요、

肩劫은 해외친우、형제가 되며、傷食은 자손이 해외 나가고、기술을 익히며、財星은 외화、양식、무역、해외결혼 등이요、官殺은 외교관、해외지사장、외국인상사、운전기사、남자는 子出해외、여자는 부군이 해외와 인연이 있거나 출장이 많으며、日支와 三合되면 변화있고 沖이나 刑殺이 臨하면 교통사고에 異國喪亡(客死)이요、기사는 人事事故、교통두절 또는 교통법을 위반하고、驛馬沖은 加鞭驛馬라 하여 잘도 달리며、車中연에 他鄕成功、運輸業、運動 등 여러 가지로 응용되고 있다。

5、年 殺(桃花殺)

年殺은 일명 桃花殺이라고도 하며 또 咸池殺이요 胞胎法에서의 沐浴宮 즉 敗地와 같은데 앞으로는 桃花殺로 바꾸어 호칭한다。

이 桃花殺은 風流、酒色、社交有能、애교만점、도박 등으로 응용되고 있어 年柱에 있으면(日支기준) 倒揷桃花라 하여 老郎이나 연상여인과 인연에 先代에 酒色으로 패망하였고、月柱에 있으면(年支기준) 月令桃花라 하여 母嫁再娶、庶出 또는 부모대에 風流요、日支에 있으면 作妾同居、배우자 風流、연애결혼 등에 해당하고、

時柱에 있으면 偏野桃花라 하여(들꽃) 妓生作妾、末年風流、年下男子、딸과 같은 女子、혹은 부하나 제자와 연애하며、日支기준 月令桃花는 園內桃花라 하여 유부녀、유부남과 通情한다。

또 桃花에 印綬는(印綬桃花) 母外有情、공부중 연애、妾母奉養、선생님의 사랑 또는 사모하고、애정소설、유흥업、妓生공부、옷걸이 좋고、

比劫桃花는 風流時 奪財、破産、兄弟風流、또는 못된 친구로 인하여 패망하며、

傷官桃花는 名譽損傷、削奪官職、子孫風流、不正胞胎、딸과 같은 여자나 처녀만 좋아하고 첩에는 후하나 본처에는 인색하며 工順이 또는 부하와 通情하고、

財星桃花는 作妾致富、妻外有情、연애결혼、의처증、父親風流、媤母風流에 甚則 賣姦得財요、

官星桃花는 作妾昇進、得子、연애결혼、女子는 夫君作妾인데 殺星桃花는 得病、傷身、亡身、官災、不安、背信、毆打 당한다。

다음 桃花에 刑殺은 性病、官災、不安、背信、매맞으며、또 訟事 手術 등이 따르고、天干合地支刑은 滚浪桃花라 하여 性病으로 呻吟하며、祿房桃花(正祿에 桃花)는 미모를 자랑한다。

또 大運에서 桃花가 支配하여도 本命에서의 추리와 같은데 다른 것이 있다면 그 運이 지나가면 작용이 안되며、年運에서의 桃花는 그만큼 支配하는 期間이 짧고、

本命에 桃花가 있을 때는 年運만 가지고도 충분한 桃花의 작용이 발하나 주의할 것은 신체상으로 性에 대하여 얼마만큼 발달하여 있는가를 살펴보아 결론을 내릴 것이며(身强 身弱、男

子는 財星過多、女子는 官殺過多、淸濁)

또 현세는 性 개방시대가 되어있고、여자는 자제력이 강한 반면、남자는 그러하지 못함이 다르며、桃花는 복숭아 꽃으로서 분홍색을 띄고 있는데 남녀가 사랑을 느끼면 홍조를 띄게 되어있고 또 옛날 새색시가 연지、곤지를、색시村을 紅燈街라고 한 이유를 알았으리라고 본다。

6、月 殺(枯焦殺)

月殺은 일명 枯焦殺로서 殘病에 마르며 또 枯焦日에(亥卯未月에는 丑日 寅午戌月에는 辰日 等) 씨앗을 뿌리면 발아가 안되며、달걀을 안기면 부화가 잘 안된다는 殺이고、또 擇日法에서도 이날만은 子孫이 귀하다 하여 피하고 있으며、생일과 생시가 모두 枯焦殺이면 長子가 蹇脚에 肥滿體軀가 되기 어렵다。

7、亡身

亡身은 글자 그대로 망신으로서 年柱에 이으면 先祖로 月柱에 있으면 부모나 형제로 인하여 망신이니 後妻 소생이나 母嫁再娶요 日支에 이으면 배우자 또는 이성으로 인하여 망신이라 夫

婦宮이 부실하고、時柱에 있으면 子孫 또는 末年에 망신당하며、印綬는 부모、肩刼은 형제、傷食은 子孫、手下、學生、財星은 女子、官星은 男子로 인하여 각각 망신이 발생한다。

8、將星

將星은 중심이 강하고 固執이 있으며 또 將師로서 힘이 있기에 年柱에 있으면 先祖代에 힘이 있었고、生月에 있으면 부모님의 고집이 대단하며、日支에 있으면 당사자의 고집을 꺾을 수 없고、時柱에 있으면 子孫에 해당하며、또 六親으로도 같은 방법으로 추명하면 된다。

9、攀鞍

攀鞍은 높은 자리 또는 말 안장으로 해석되고 있으나 별로 응용되고 있지 않으며、將星、驛馬와 같이 있으면 錦衣還鄕한다。

10、驛馬

驛馬는 앞에서 地殺과 같기에 생략하나 좀더 범위를 넓혀 추리하고、寅과 巳는 비행기、亥는 배、申은 鐵道나 자동차가 된다。

11、六害

六害는 再 발병과 긴 병에 해당함으로 年柱에 있으면 先祖代에、生月에 있으면 부모님이나 형제가、生日에 있으면 본인이나 배우자에、時柱에 있으면 子孫이 긴 병으로 고생하며 또 初年、中年、中末年、末年과 六親에 연계시켜 추명하고、

12、華蓋

華蓋는 종교、신앙、학문、예술、근면 등에 해당함으로 年、月、日、時와 初、中、中末年、末年 그리고 六親、大運 등에 연계시켜 추명하고、다음 華蓋에 沖이나 刑이 있으면 改宗이나 도중하차요 華蓋가 많으면 종교에 歸依하거나 獨身이 많고 學校財團이 종교계에서 운영한 곳과 공부가 인연되며、財星은 종교로 聚財하고(만물상、賣佛行爲)、官星은 직업이 종교나 信徒會長이거나 부부의 인연이 종교로 인하여 생긴다。

다음은 四柱를 기록하여 응용하기로 한다。

辛酉	將星	六害	正財	正財	死宮
己丑	華蓋	天殺	傷官	傷官	養宮
丙寅	劫殺	地殺	○	偏印	長生
甲午	桃花	將星	偏印	比劫	旺宮

이 四柱는 丙火日主가 年柱에 將星을 놓아 先祖代에 완고하셨고、月柱에 華蓋 있어 父母代에 信仰이 독실하시어 본인도 그 영향 때문에 신앙을 가지게 되었으며、日支에 劫殺있어 奪財가 많고 時支에 桃花殺이라 末年에 바람 난다。

또 年柱에 將星과 六害가 同臨하고 있어 병이 났다하면 크게 아프고 華蓋와 天殺은 天災之變 때문에 신앙을 믿게 되었으며、劫殺과 地殺은 길거리 또는 여행 중에 失物이 많고、將星桃花는 본인이 먼저 사랑을 請하며、財星에 將星은 妻가 고집있고、傷官 華蓋는 祖母님이 佛信者요、印綬 地殺은 외국어에 능통하고 洋屋에 해외와 인연 있으며、比劫桃花라 여자 때문에

損財 있다。

다시 살펴 본다면 正財 多逢에 桃花있어 바람 피우는 것 확실하고 中强格에 陽日主요 將星이 들이나 있어 我執이 대단하며、年柱 財星에 將星있어 先祖代에 부자였다고 하는 것처럼 복합적으로 살펴 집중된 面이 무엇인가를 알아 자신있게 추리하여야 된다。

壬申 地殺 長生 比肩 偏印
壬子 將星 旺宮 比肩 比劫
壬子 將星 旺宮 ○ 比劫
壬寅 驛馬 病宮 比肩 食神

이 四柱는 壬水 日主가 年支 地殺에 水氣가 太旺하여 先祖代부터 고향을 떠나 살아왔고 時支에 驛馬요 食神이라 客地 성공에 末年에 이민가며、將星 重逢에 日主 高强하여 그에 고집 꺾을 者 없는데 比劫으로 奪財神이라 고집 부리다 패망할까 염려요、地殺에 偏印이 臨하였으니 해양대학에 인연있고、官殺이 없어 본인 위에는 사람이 없으며 肩劫多逢되어 친구 주의하여야 되겠다。

丙寅	地殺	劫殺	正官	正財
戊戌	華蓋	攀鞍	正印	正印
辛酉	六害	將星	○	比肩
己丑	天殺	華蓋	偏印	偏印

이 四柱는 辛金日主가 年柱에 地殺있어 先代에 離鄕이요 月柱에 華蓋있어 父母代에 信仰인데 印綬가 加臨하여 母親에 더하고 日支에 六害있어 어렸을 때 잔병으로 고생하였으며, 時柱에 天殺인데 金氣가 太旺한 四柱가 되어 항시 冷害를 주의하고, 華蓋끼리 丑戌로 刑하고 있어 改宗이 염려되며, 華蓋에 攀鞍이라 큰 절과 인연있고, 地殺에 財星은 객지와 인연에 외화획득에 국제 연애요 연상여인에 처가 奔走하고 丙火 子孫있어 자손이 해외 출입에 공군과 인연있다。

參考

年日支에 華蓋는 출생 당시 목이나 어깨에 태끈을 걸고 나왔고 辰戌은 五日이나 十日、丑未는 十日이나 八日되는 날 스님이 다녀간다。

十八、吉神類

吉神은 그 구성 자체가 지금까지 공부한 合、六親、十二運星法 등에서 많이 이용되었기 때문에 이해와 암기가 쉽겠으나 生剋制化 原理가 吉神보다는 앞서고 있어 아무리 자체구성으로는 吉神이라 할 수 없으며 또 吉神도 너무나 많으면 종내는 病이 됨으로 合多合貴 좋다마소 사랑통에 죽어나니 紅燈街에 綠酒부어 기생 몸이 된답니다라는 말까지 나온 것이다。

1、正祿

甲祿在寅、乙祿在卯、丙戊祿在巳、丁己祿在午
庚祿在申、辛祿在酉、壬祿在亥、 癸祿在子

이 正祿의 구성은 地支 藏干이 天干과 같으면서도 같은 五行圈에서 성립되고 또 十二運星에서는 冠宮이며、六親으로는 地支 比肩임으로 자기의 위치를 찾아 得根하기 때문에 正字를 붙였고、冠宮으로 血氣 旺盛이라 국가에 봉사한 대가를 받으니 이름하여 國祿을 받게 됨으로 祿

字를 따서 正祿이라고 하였다。

고로 正祿을 놓은 者 정직하고、타의 모범이요、국가 공무원에 食福은 있으나 比肩이 되어 奪財가 많고 고집 있으며、夫婦宮에 흠이 있다。

그리고 辰戌丑未는 間方에 자리하고 陰陽이 혼합되어 있어 雜이라 正祿이 臨할 수 없으며、丙戊와 丁己가 공존으로 巳와 午에 正祿이 됨은 胞胎法에서와 같이 火土가 공존하기 때문이고 또 辰戌丑未土가 빠짐으로 숫자상으로도 맞게되어 있고、다음 正祿이 月에 있으면 建祿、日支에 있으면 專祿、時支에 있으면 歸祿 또는 日祿居時라 하며、또 天干이 地支에 자기의 正祿을 만나면 祿根하였다 하고、正祿이 刑이나 冲을 만나거나 他五行으로 변화되면 吉은 소멸될 수밖에 없으며、또 만약 正祿이 年月日時에 모두 있으면 이는 肩劫太旺 四柱가 되어 凶이 되는데 陰日主가 더욱 나쁘다。

2、暗祿

甲日 亥　乙日 戌　丙戊日 申　丁己日 未

庚日 巳　辛日 辰　壬日 寅　癸日 丑

暗祿은 正祿과 六合이 된 者로 甲日의 正祿은 寅인데 亥와 六合되고。乙日의 正祿은 卯인데 卯는 戌과 六合이 됨으로 暗祿은 正祿과 六合이 되고 있다。

즉 六合은 夫婦合으로서 夫가 있는 곳에 妻가、妻가 있는 곳에 夫가 찾아드는 것처럼 이 暗祿도 甲日主가 寅은 없고、亥만 있다면 寅 正祿이 亥와 合이 탐이 나서 寅亥로 찾아드니 이것이 바로 甲日主는 亥로 인하여 寅 正祿을 불로소득한 결과가 되어 暗祿이라 하였고 따라서 暗祿을 놓은 者는 어떠한 역경에 처하였다가도 보이지 않는 도움으로 좋아지고 또 금전에 궁함이 없다는 吉神이다。

그러나 正祿이 있을 때는 暗祿은 성립되지 않으며 또 暗祿이 刑이나 冲을 만나도 같다。

3、夾祿

甲日 丑卯、乙日 寅辰、丙戊日 辰午、丁己日 巳未

庚日 未酉、辛日 申戌、壬日 戌子、 癸日 亥丑

夾祿은 正祿을 끼고 있다하여 夾祿이라 하였으며、또 끼고 있다함은 地支의 순서로 볼 때 子와 寅은 丑을、丑과 卯는 寅을、寅과 辰은 卯를、卯와 巳는 辰을 각각 끼고 있다하며、이

끼고 있는 자체가 日主에 대하여 正祿이 됨으로 夾祿이라 하였고 夾祿을 놓은 者는 친구나 친척 또는 타인의 재물 혜택을 많이 받는다는 吉星인데 夾祿의 兩者中 하나가 冲 또는 刑을 만나거나、柱中에 正祿 또는 夾祿 자체가 凶神일 때는 吉神이 될 수 없다。

4、交祿

甲申日逢庚寅　乙酉日逢辛卯　丙子日逢癸巳　丁亥日逢壬午
庚寅日逢甲申　辛卯日逢乙酉　癸巳日逢丙子　壬午日逢丁亥

이 交祿은 자기의 正祿을 서로 바꾸어 놓고 있다하여 交祿이라 하였고、正祿은 食祿이요 본인의 몫인데 나의 正祿은 他가 他의 正祿은 내가 가지고 있어 이 교록를 놓은 者 貿易、交易、物物交換 商業 등에 좋다는 吉神이다。

구성은 甲申日生이 庚寅을 만나면 甲木의 正祿은 庚金이、庚金의 正祿은 甲木이 차지하였고、乙酉日生이 辛卯를 만나면 乙木의 正祿은 辛金이、辛金의 正祿 酉는 乙木이 차지하고 있어 交祿이 성립되나 알고보면 이들은 甲庚、寅申、乙辛、卯酉로 각기 干冲、支冲이라 철저하게 破壞되어 交祿이라 할 수 없고、

丙戊子는 丙子、戊子요 丁己亥는 丁亥、己亥를 합칭한 것이며、또 나머지 交祿은 본 구성요건이 炎天之節에 水를 얻었고、寒冷之節에 火氣를 얻어 조화를 잘 이루고 있어 더욱 吉命이 된다。

5、金與祿

甲日에辰　乙日에巳　丙戊日未　丁己日申
庚日에戌　辛日에亥　壬日에丑　癸日에寅

金與祿은 正祿에서 세번째 자리이고 金與祿을 놓은 者、妻의 助力에 妻家의 재물 혜택、또는 미모의 여자와 인연이 있다하고 있으나 金與祿 자체가 本命에 忌神 역할을 하면 凶이 될 수밖에 없으며 또 冲、刑을 당하여도 또한 같다。

첨언한다면 남자가 예쁜 여자와 인연이 될려면 반대로 미워야 하겠고、또 여자가 미우면 남자가 예쁘고、남자가 여자 같으면 여자는 남자 같아야 하며、남자가 目字型이면 여자는 田字型이라야 하고、남자가 작으면 반대로 여자는 커야 이상적인 夫婦가 되는 것이니 金與祿 하나만 가지고서 日可日否할 수 없는 것이다。

6、文昌貴人

甲日에巳 乙日에午 丙戊日에申 丁己日에酉
庚日에亥 辛日에子 壬日에寅 癸日에卯

이 文昌貴人은 正祿으로부터 순행 四位次요、六親으로는 傷食으로서 추리력、응용력、발표력、예지력、상상력이 되어 총명하고、문장력이 좋아 공부 잘한다는 吉神에 生前의 문장으로서 학계와 인연이 있으며、女命은 소녀시절에 문학에 심취하나 꾀로서 공부함이 흠이 된다。

7、文曲貴人

甲日 亥 乙日 子 丙戊日 寅 丁己日 卯
庚日 巳 辛日 午 壬日 申 癸日 酉

文曲貴人은 正祿으로부터 逆行 四位次요 六親으로는 印綬라 학문에 탁월하고 암기력이 좋으며 지구력을 가지고 파고들며、문장력에 깊이가 있어 읽어 볼수록 珍맛이 나고、특히 死後에도 더욱 빛이 나타나는 吉神이며, 학계와 인연이 있어 평생을 두고 공부와 씨름한다。

그리고 文昌貴人과 文曲貴人은 서로가 冲을 하고 있으며, 또 本貴星에 冲이나 刑殺이 倂臨하여 있으면 福은 半減된다。

8、學堂貴人

甲日 亥 乙日 午 丙戊日 寅 丁己日 酉

庚日 巳 壬日 申 癸日 卯

本 學堂貴人의 구성은 陽日主는 文曲貴人、陰日主는 文昌貴人으로 되어 있기 때문에 文昌이나 文曲이 없이는 성립될 수 없고、또 각 日干의 長生宮임과 동시、六親으로는 印綬와 傷食이 俱備되어 균형을 이루고 있으면 本 貴星과 같으며 작용은 학문과 인연이 있어 박사에 후배양성、또는 연구에 정성을 다한다。

다음은 正祿에 관련된 吉神만을 도표로 나타낸다。

學堂貴人	文曲貴人	文昌貴人	金與祿	交祿	夾祿	暗祿	正祿	吉星 / 日干
亥	亥	巳	辰	甲申 庚寅	丑卯	亥	寅	甲
午	子	午	巳	乙酉 辛卯	寅辰	戌	卯	乙
寅	寅	申	未	丙子 癸巳	辰午	申	巳	丙
酉	卯	酉	申	丁亥 壬午	巳未	未	午	丁
寅	寅	申	未	戊子 癸巳	辰午	申	巳	戊
酉	卯	酉	申	己亥 壬午	巳未	未	午	己
巳	巳	亥	戌	庚寅 甲申	未酉	巳	申	庚
子	午	子	亥	辛卯 乙酉	申戌	辰	酉	辛
申	申	寅	丑	壬午 丁亥	戌子	寅	亥	壬
卯	酉	卯	寅	癸巳 丙子	亥丑	丑	子	癸

9、玉堂天乙貴人

甲戊庚日 丑未　乙己日 子申　丙丁日 亥酉

辛日 午寅　壬癸日 巳卯

이 玉堂天乙貴人은 그대로 天乙貴人이라고도 하며、日干對 柱中에 대비함으로 甲日이나 戊日 庚日生人이 柱中에서 丑이나 未를 만나고、乙日이나 己日生人이 子나 申、丙日이나 丁日生人이 亥나 酉、辛日生人이 午나 寅、壬、癸日生人이 巳나 卯를 만나면 성립되고、작용은 中央官署에 근무한다는 것이다。

그러나 刑이나 冲 또는 合局으로 변화 되었거나 四柱에 미치는 영향이 忌神으로 작용하면 貴人이 될 수 없고、天乙貴人中 日柱 자체로 구성되는 者를 日貴라 하는데 癸巳日 癸卯日(日貴) 丁酉日 丁亥日(夜貴)로서 四日間이 있다。

그리고 甲戊庚을 天上三奇、壬癸辛을 人中三奇、乙丙丁을 地下三奇라 하여 柱中에 있으면 高官大爵이 되는 것처럼 알고 있으나 生剋制化와 中和가 우선이니 주의하기 바란다。

10、天厨貴人

甲丙日巳月　乙丁日午月　己日酉月　戊日申月
庚日亥月　辛日子月　壬日寅月　癸日卯月

天厨貴人의 구성원리는 日干對 月支가 六親으로서 食神에 해당하고 있으나 柱中에 食神이 잘 구성되어 있을 때도 바로 天厨貴人이 될 수 있고、또 이 吉神을 놓으면 衣祿이 풍족하다는 것이다。

11、進神

寅卯辰月　甲子日　巳午未月　甲午日
申酉戌月　己卯日　亥子丑月　己酉日

이 吉神은 出生月과 日干의 관계이므로 正月、二月、三月生人이 甲子日、四月、五月、六月生人이 甲午日、七月、八月、九月生人이 己卯日、十月、十一月、十二月生人이 己酉日에 출생

한 者는 進神으로서 매사가 順成하여 성공한다는 吉星으로 되어 있으나 전체적인 구성이 부실하면 작용되지 않는다。

구성 원리는 六十甲子를 四等分하면(春夏秋冬) 처음 시작하는 곳이 第一進神으로 甲子、第二進神 己卯、第三進神 甲午、第四進神 己酉로 되어 있어 각기 해당하고、또 하나의 사등분하는 이유는 一候는(節과 節 사이는 三〇日、節과 候의 사이는 十五日間) 十五日間이라 六十甲子를 十五로 제하면 四가 되기 때문이다。

12、天赦星

寅卯辰月	戊寅日	申酉戌月	戊申日
巳午未月	甲午日	亥子丑月	甲子日

이 天赦星은 正月、二月、三月生人이 戊寅日、四月、五月、六月生人이 甲午日、七月、八月、九月生人이 戊申日、十月、十一月、十二月生人이 甲子日에 출생된 者는 天赦星으로서 처세가 원만하고 大病이나 또는 災難을 당하였다가도 赦免되어 福貴를 누린다는 좋은 吉星이나 四柱에 미치는 영향이 凶이 되면 吉星이 될 수 없다。

13、官貴學館

이 官貴學館은 日主 기준 官星의 長生宮으로서 昇進이 빠르다는 吉星이나 실은 身旺官旺에 運이 좋아야 하고 또 官星 위주나 財星을 위주로 살펴보기 바란다。

14、天月德貴人

正丁丙 二甲甲 三壬壬 四辛庚 五亥丙 六甲申

七癸壬 八寅庚 九丙丙 十乙甲 十一巳壬 十二庚庚

이 天月德貴人은 天德 月德을 합칭한 말이며、正月에 丁은 天德 丙은 月德이요、二月에 申은 天德、甲은 月德이며、三月에 壬水는 天·月德이 兼全이요、四月生에 辛은 天德、庚은 月德이고、五月生에 亥는 天德、丙은 月德이며、

六月生에 甲은 天·月德에 해당하고、七月生에 癸는 天德、壬은 月德이요、八月生에 寅은 天德、庚은 月德이며、九月生에 丙은 天·月德이 兼全하고、十月生에 乙은 天德、甲은 月德이며、

十一月生에 巳는 天德、壬은 月德이요、十二月에 庚金은 天·月德이 兼全인데 작용은 선조의 遺德에 天祐神助로 災殃이 소멸되고 또 印綬가 兼備하면 素食慈心 한다는 吉星이다。

구성 원리는 三合에서 원유 하였으니 正月에는 火、四月에 金、七月에 水、十月에는 木으로 각기 長生宮이요、二月에 申甲、五月에 亥丙、八月에 寅庚、十一月에 巳壬은 天德은 暗藏끼리 暗合되고、月德은 旺宮에 각각 해당하고、三月에 壬水、六月에 甲木、九月에 丙火、十二月 庚金은 각기 庫藏으로 되어 있으니 암기하는데 참고하기 바라며、

또 이 貴星은 擇日法에서도 응용하고 있는데 가령 正月中 丁日이나 丙日에 擇日된 日辰은 혹 다른 흉이 있다 하여도 此、吉星으로 相殺되기에 사용할 수 있는데 다행히 다른 것도 吉日이 된다면 이는 吉日中에서도 吉日이라 하고 있다。

15、皇恩大赦

正月戌　二月丑　三月寅　四月巳　五月酉　六月卯
七月子　八月午　九月亥　十月辰　十一月申　十二月未

이 吉星은 正月生人이 見戌、二月生人이 見丑、三月生人이 見寅、四月生人이 見巳、五月生

人이 見酉、六月生人이 見卯、七月生人이 見子、八月生人이 見午、九月生人이 見亥、十月生人이 見辰、十一月生人이 見申、十二月生人이 見未로서 성립되는데 중죄에 처하여 있다가도 곧 赦免된다는 吉星이다。

그러나 皇恩大赦 자체가 日干에 미치는 영향이 忌神이 된다면 기대할 수 없으며、또 運이 좋아야 사면되는 것이다。

16、天喜神

正未　二午　三巳　四辰　五卯　六寅
七丑　八子　九亥　十戌　至酉　臘申

이 天喜神은 正月生人이 逢未、二月生人이 逢午、三月生人이 逢巳、四月生人이 逢辰、五月生人이 逢卯、六月生人이 逢寅、七月生人이 逢丑、八月生人이 逢子、九月生人이 逢亥、十月生人이 逢戌、十一月生人이 逢酉、十二月生人이 逢申으로 目前의 凶事도 變하여 吉이 된다는 吉星이나 天喜神 자체가 日干에 미치는 영향이 凶이 되면 성립 안된다。

17、紅鸞星

正丑　二子　三亥　四戌　五酉　六申
七未　八午　九巳　十辰　至卯　臘寅

이 吉星은 正月生에 丑、二月에 子、三月에 亥、四月에 戌、五月에 酉。六月에 申、七月에 未、八月에 午、九月에 巳、十月에 辰、十一月에 卯、十二月生人이 見寅으로 성립되며、天喜神과는 冲이 되고 또 正月生을 기준으로 丑을 역행 시키면 된다。

이 吉神은 厄이 감면하고 좋은 일이 연속 된다는 것이나 다른 吉神과 같이 冲이나 刑殺이 臨하거나 柱中에 미치는 영향이 凶이 되면 吉星이 될 수 없고、또 이 吉神들을 大運、歲運과도 한번 대비하여 볼만하다。

18、太極貴人

甲乙日生子午年　丙丁日生 卯酉年　戊己日生 辰戌丑未年

庚辛日生寅卯年　壬癸日生 巳申年

이 太極貴人은 甲이나 乙日主가 子나 午年、丙이나 丁日主가 卯나 酉年、戊나 己日主가 辰이나 戌 그리고 丑이나 未年、庚日이나 辛日主가 寅이나 卯年、壬이나 癸日主가 巳나 申年에 출생되면 성립하고 福氣가 집중에 惡氣가 소멸된다는 吉星이다。

이외에도 吉神은 많으나 이것 하나만 가지고 추명할 수 없기에 이만 줄이고 지금까지의 吉神을 도표로 나타낸다。

天厨貴人	天赦星	進神	紅鸞星	天喜神	皇恩大赦	月德貴人	天德貴人	吉神／生月
壬	戊寅	甲子	丑	未	戌	丙	丁	正
癸	戊寅	甲子	子	午	丑	甲	申	二
	戊寅	甲子	亥	巳	寅	壬	壬	三
甲丙	甲午	甲午	戌	辰	巳	庚	辛	四
乙丁	甲午	甲午	酉	卯	酉	丙	亥	五
	甲午	甲午	申	寅	卯	甲	甲	六
戊	戊申	己卯	未	丑	子	壬	癸	七
己	戊申	己卯	午	子	午	庚	寅	八
	戊申	己卯	巳	亥	亥	丙	丙	九
庚	甲子	己酉	辰	戌	辰	甲	乙	十
辛	甲子	己酉	卯	酉	申	壬	巳	十一
	甲子	己酉	寅	申	未	庚	庚	十二

太極貴人	官貴學館	天乙貴人	吉星／日干
午子午	巳	丑未	甲
子午	巳	子申	乙
卯酉	申	亥酉	丙
卯酉	申	亥酉	丁
丑辰未戌	亥	丑未	戊
丑辰未戌	亥	子申	己
寅卯	寅	丑未	庚
寅卯	寅	午寅	辛
巳申	寅	巳卯	壬
巳申	寅	巳卯	癸

十九、凶殺類

諸般凶殺이 柱中에 있다고 하여 모두 작용되는 것이 아니고 日主가 허약하거나 또는 太旺하고 있을 때와 日主가 凶殺로부터 剋을 받거나(官殺) 不運이거나 柱中에(用神) 미치는 영향과 日主에 미치는 영향이 나쁠 때 흉살의 작용은 더욱 두드러지게 나타난다。

때에 따라서는 이 흉살도 자체 구성으로는 흉살일 지언정 日主에 미치는 영향이 좋을 때는 凶이 아니라 吉이 되는 것이니 이러한 점에 주의하여야 하고 또 그렇다하여 흉살의 작용이 소멸되는 것이 아니라 潛伏하여 있다가 不運일 때에 발생함으로 언제든지 운이 나쁘면 나쁜 것으로만 連鎖反應을 일으켜 더욱 궁지에 몰리게 되는 것이다。

가령 柱中에 子水가 어떠한 흉살에 해당하고 있으나 전체 사주 상황으로 보아서는 子水를 필요로 할때는 子水가 흉살이 될 수 없다는 것이며、필요한 子水가 운에서 冲破 당하면 이는 필시 흉운이라 할 수 있고 또 이러한 때에 潛伏 되었든 흉살의 작용도 복합적으로 발생한다는 것이다。

그리고 吉神과 흉살을 對比할때 吉神보다는 흉살이 더욱 중요시되고 있는 것은 就吉避凶 하고자 하는데 목적이 있으나 일반적인 사람들의 심리가 좋은것은 모르고 지날뿐더러 적중율이 희박하여도 나쁜 것일수록 적중이 잘 된다는데서 기인함이라 할 수 있다。

그러나 吉神이든 凶神이든 적중율은 같은데 좋은 것은 지나쳐 버리기 쉽고 나쁜 것일수록 기억에 남게 되기 때문이니 비유하건대 손톱 밑에 가시가 든 것은 잘 알면서도 공기속 에 산소가 없으면 죽는다는 것을 망각하고 있는 것과 같다 하겠다。

어찌되었든 흉살에만 너무나 치우치지 말고 사주 구성을 잘 살펴서 균형을 찾고 五行의 과다와 生剋制化에 기본을 두고 계절 즉 때를(運 包含) 잘 참작하여 결론을 내릴 것이며 또 조그마한 殺 하나를 가지고 被鑑命者가 모른다 하여 엄청나게 불리어 誤導를 하여서는 절대로 안될 것이니 명심하기 바란다。

만약에 알면서도 오도를 한다면 이는 결코 본인은 물론 代代孫孫이 모두 불행에서 헤어나지 못할 것이다。

그리고 여기에서 기록하고 있는 흉살만이 흉살이 아니라 오행의 과다와 부족으로서 길과 흉이 분류되고 또 六親의 변화로 상대에 따라 얼마든지 흉신의 작용은 일어난다는 것을 添言하며 또 흉살에 冲이나 刑殺等이 併臨하면 흉이 더욱 가중되나 구성에 따라서는 合局으로 변화되여 흉살의 작용이 소멸될 때가 있으며 付託의 말은 현재는 모든 보험제도가 잘 실시되고 있으니만큼 상황에 따라 잘만 이용한다면 득이 많을 것이다。

1、急脚殺

正月 二月 三月生 亥나子 七月 八月 九月生 寅이나 戌

四月 五月 六月生 卯나未 十月 十一月 十二月生 丑이나 辰

2、斷橋關殺

正月 寅 二月 卯 三月 申 四月 丑 五月 戌 六月 酉

七月 辰 八月 巳 九月 午 十月 未 至月 亥 臘月 子

이 急脚殺과 斷橋關殺은 구성요건은 다르나 작용은 같기 때문에 한데 묶어서 설명하기로 한다。

급각살은 正月 二月 三月生人이 亥나子、四月 五月 六月生人이 卯나未、七月 八月 生人이 寅이나 戌、十月 十一月 十二月生이 丑이나 辰을 柱中은 물론 運에서 만나도 작용되며 또 六月生 九月生 十二月生은 자체로서 급각살이 작용되고

斷橋關殺은 正月生이 寅、二月生이 卯、三月生이 申、四月生이 丑、五月生이 戌、六月生이

酉、七月生이 辰、八月生이 巳、九月生이 午、十月生이 未、十一月生이 亥、十二月生이 子를 柱中은 물론 運에서 만나도 작용되며 正月、二月生은 자체로서 단교관살이 작용되고 있다。

그리고 무엇이든 原命에 있으면 先天的으로 가지고 出生되었기 때문에 언젠가는 한번은 치러야 할 홍역인데 이는 不運일 때에 나타나며 또 運에서만 작용되고 있는 것은 그 運만 지나가면 해당하지 않는 것이다。

다음 이 殺들의 작용은 심하면 奇型兒(곱추 난쟁이 언청이等)、小兒痲痺、高血壓、風疾、半身不髓、手足異常、產後風、骨折、風齒、傷齒、落傷、底能兒、쥐가 나고 팔과 다리를 잘 삐는데 이 殺이 殺局(官殺局)을 이루거나 또 四柱가 中和를 失道하면 가중되며 위치별과 六親等으로도 모두 응용되고 있다。

가령、선조의 자리에 이 殺이 있으면 조부모님이 수족에 이상에 있었거나 아니면 神經痛、血壓、風疾 等으로 고생하시다가 돌아 가셨으며

또 年柱에 偏財 부친이 急脚殺이나 斷橋關殺에 같이 있으면 부친께서 선영에 참배 갔다 돌아오시는 길에 다리를 다치셨다 할 수 있으며 또 財星 妻에 이 殺이 있으면 妻의 手足에 이상에 있거나 아니면 血壓、風疾、神經通等으로 고생하며

또는 手足에 異常이 있는 여자를 보아도 오히려 측은한 마음이 앞서게 되며 또 子孫宮에 이 殺을 놓으면 子孫 때문에 걱정이 끊일 사이가 없다고 할 수 있으니 이것이 곧 팔자인가 보다。

다음 이 殺에 관계없이 작용이 똑같이 나타나고 있는 것은 木日主木多、水木凝結、金水冷寒、過濕 그리고 지나치게 건조하고、또 驛馬、地殺이 刑이나 冲당하고 身太弱할 때 해당하고 있다。

이유는 木은 신경계통이요 太過는 경직됨이고 水木凝結은 냉풍이 심하며、金水冷寒은 응결되고 過冷이 되며、濕은 風으로 통하고 건조함은 火氣太旺으로 중화를 잃으며、驛馬 地殺의 대용은 팔과 다리인데 刑이나 冲은 故障이 생겼기 때문이다。

癸亥
甲子
乙卯
丙子

이 四柱는 乙木日柱가 亥卯 甲으로 木多요 癸亥子子水로 水多며 또 十一月 亥로 단고 관살에 수목이 응결되고 있어 흉이 가중이라 老來에 風疾로 고생하고 있다。

時上에 丙火가 있어 응결이 안될 것 같으나 濕木에 木多火息되여 丙火는 아무런 도움이 되지 않는다。

壬子
壬子
辛丑
戊子

이 四柱는 辛金日主가 子年子月에 出生하고 子丑으로 水局된 中 年月上에 壬水가 當權하고 있어 金水로 냉한한 四柱인데다 十一월 丑으로 日支에 급각살을 놓았고 金生水泄氣太甚으로 日主가 허약하여 자율 신경계통이 마비로 하반신이 불구되어 고생하고 있는 四柱다。

丁未　이 四柱는 辛金日主가 巳未未로 火局하고 年月上에 丁火요 時支戌中丁火가 가세한中
丁未　주중에 무일점 水氣로 지나치게 건조하고 未가 급각살에 未戌로 刑하고 또 巳未火局되
辛巳　여 尅日主 辛金하여(火尅金) 수족에 이상이 있다(小兒痲痺)。
戊戌　이와같이 殺이 局을 이루어 尅日主하면 더욱 가중되며 偏官이 둘이나 나타나 있어 회피
할 길이 없다(土多나 燥土되여 不能生金)。

丙寅　이 四柱는 甲木日主가 火旺 當節인 巳月에 出生하여 失令한中 失地 失勢로 最弱이라
癸巳　木이 의지할 곳이 없다。
甲申　然中 驛馬 地殺에 寅巳申 刑殺이 加臨하여 교통사고로 인하여 다리를 절고 있다。
己巳

參考

똑같은 殺이라 하여도 연령에 따라 작용이 다르고 있으니 기형아、소아마비 등은 선천적 또는 十歲以內가 되며 상치、골절은 二、三十대、풍질、혈압、신경통、산후풍 등은 五十代 전후、낙상은 六十代 전후로 區分하여 응용하여야 된다。

3, 鬼 門 關 殺

子酉, 丑午, 寅未, 卯申, 辰亥, 巳戌

이 鬼門關殺은 子日生이 逢酉, 酉日生이 逢子, 丑日生이 逢午, 午日生이 逢丑, 寅日生이 逢未, 未日生이 逢寅, 卯日生이 逢申, 申日生이 逢卯, 辰日生이 逢亥, 亥日生이 逢辰, 巳日生이 逢戌, 戌日生이 逢巳로서 柱中 또는 運에서 만나도 성립되며 앞에서 공부한 怨嗔殺과 비슷하나 단 寅未와 子酉만이 다르고 있다.

이 殺의 작용은 偏側하고 영특한데가 있으며 까다롭고 지나치게 기뻐며 저 신이상, 神經衰弱, 精神薄弱, 變態性, 不感症, 肝疾 同姓同本結婚, 神經質 심지어는 近親相姦까지도 이 殺의 작용에서 나타나고 있다.

그리고 이 殺도 역시 위치별과 六親별로도 응용되고 있으며 日主가 강하면 본인에 미치는 영향은 반감된 반면, 他六親 중 약한 六親에 나타나고, 日主가 약하면 본인이 직접 이 살의 영향을 받으며 또 木日主 水木凝結은 지능이, 말 더듬이 등에 많고, 水日主 水氣太旺은 神氣가 있으며, 火日主 火氣太旺은 정신질환 있는데 火土日主 甚弱과 官殺太旺에서도 많이 나타나고 있다.

이 殺을 응용하여 본다면 日支와 年支가 귀문관살이 되면 先祖때문에 신경써야 하고、조상을 怨望하며、동성동본의 결혼으로 번민하고 財星에 임하고 있으면 연상여인이나 유부녀를 사랑하며、

官殺은 유부남이나 老郞과 인연이 있고 女命에 殺星 鬼門關은 강간당하며 財와 印綬에 귀문관은 母妻가 불합하고、日時로 해당하면 자손 때문에 걱정이 많다。

다음 變態性과 不感症은 극과 극으로서 初學者로는 區分하기 어려우니만큼 남발하여서는 안되는데 단 변태성이 아니면 불감증이라고 몰아서 말할 수밖에 없으며 보통 金水冷寒과 身太旺 또는 身太弱은 불감증 환자가 많다。

甲	己	己	戊
午	巳	丑	辰

이 四柱는 己丑日生이 年支午火와 丑午로 귀문관살이 된 중 年上 甲木 正官 夫가 同臨하고 있어 유부남과 사랑에 빠져 고민하고 있는 四柱다(桃花兼備)。

戊	乙	辛	戊
子	丑	酉	子

이 四柱는 辛酉日主가 年時 子水로 鬼門關殺 된 중 金水가 냉한하여 불감증이 되였고 또 無官星火하여 부군을 빼앗기고 산다(夫宮 日支桃花)。

戊子　이 四柱는 甲木日主가 亥卯子子로 水木이 응결되였고 一點無火하여 저능아에다 肝疾
乙卯　까지 겸하고 있다。
甲子
乙亥

4、湯火殺

寅午丑

이 湯火殺은 飮毒、毒亡、重毒、悲觀、火傷、火災、暴發物、化工藥品、銃傷、破片傷등으로 작용되고 있으며 직업으로는 약사、독극물 취급、위험물 취급、소방관、소방설비등에 해당하는데 이 殺은 년、월、일、시 또는 六親 등으로도 활용하고 運에서의 작용 또한 같다。

이 湯火殺이 하나만 있으면 가벼우나 湯火가 局을 이루어(寅午) 日主를 剋하면 본인이 湯火殺로 인하여 被傷되고 따라서 他 六親도 湯火殺局에 의하여 被傷되면 해당된 六親 또한 같다。

가령 湯火殺국에 자손이 被傷되면 끓는 물이나 불에 의하여 자손 하나 잃어버리고、官星이면 夫君、財星이면 妻妾、부친 시모에 해당하고 있으며 다음 당화살에 타흉살이 併臨하면(冲、

刑等) 더욱 흉하게 작용되고 있고 그 중에서도 丑午는 六害、원진、귀문관살 등이 겹치고 있어 다른 것에 비하여 적중율이 높고 있으며 五行中에서 탕화살과 같이 작용되고 있는 것은 火氣太旺이나 水氣太旺 四柱이니 병행하여 推命하기 바란다。

庚午
辛巳
壬寅
壬寅

이 四柱는 壬水日主의 庚金 印綬 母가 午 탕화살에 임한中 巳午 寅午로 탕화살국이요 또 寅巳로 刑하여 화기가 폭발로 尅金 印綬 母하여 그에 母가 終乃 음독자살하였고 財星 또한 탕화에 日支 妻宮 탕화하여 其妻도 자살하였다(火는 多者無者)。

癸亥
甲寅
戊寅
甲寅

이 四柱는 戊日主가 탕화살 寅木을 三逢한中 寅亥 合木局으로 殺局하였고 天干으로 兩 甲木이 地支 木局에 得根하여 尅 日主함으로 자살을 세번이나 기도하였는데 다행하게도 살아난 것은 寅中 丙火가 火生土 日主한 덕택이다。

이와같은 경우를 두고 병주고 약준다 하며 또 살아나게 되여 있으니 자살은 포기하는 것이 현명한 일이 될 것이다。

参考

이 탕화살이 운에서 沖 또는 刑을 받거나 局을 형성하여 尅日主 또는 被傷되는 육친을 보아 거기에 따른 災亂、화재보험에 가입한다면 좋은 효과를 얻을 수 있을 것이다。

5、落井關殺

甲己日生 逢巳、乙庚日生逢子 丙辛日生 逢申 丁壬日生逢戌 戊癸日生逢卯

이 落井關殺은 甲日이나 己日生이 柱中에서 逢巳、乙日이나 庚日生이 柱中에서 逢子、丙日이나 辛日生이 주중에서 逢申、丁日이나 壬日生이 주중에서 逢戌、戊日이나 癸日生이 주중에서 逢卯한자는 우물、강물、맨홀、허궁、인분통 등에 빠져보거나 또는 벼랑에서 떨어지고 웃층에서 아래 층으로 떨어진다는 흉살이며 만약에 이 殺이 殺局으로 형성되어 尅日主면 溺死之厄이 두렵다。

이 殺과 같이 작용되는 것이 있는데 金水太旺 四柱나 土日主 水木 즉 財殺太旺도 횡사 익사에 해당하고 癸日生이 卯逢은 天乙貴人이 臨하고 있어 반감된다。

參考

이 殺을 놓고 金水太旺者는 더욱 가중하고 금각살 또는 단교관살이 倂臨하여도 또한 같다。

6、白虎大殺

戊辰、丁丑、丙戌、乙未、甲辰、癸丑、壬戌

이 白虎大殺은 七種으로서 주중 어느 곳에 있든 관계없이 해당된 六親으로 응용하는데 이 殺의 작용은 見血事故、橫死、急死、手術死、夭死、銃傷、車厄、産亡 等으로 예측할 수 없는 불의의 재난이 발생하는 凶神이다。

따라서 柱中에 白虎大殺이 많은 者 그만큼 조상이 시끄럽다는 말이 되며 또 戊辰生、丁丑生、丙戌生 등은 생년에다 백호대살을 놓고 있음으로 出生되면서부터 이 흉살을 가지고 태어났으며 또 현실에만 적용되는 것이 아니라 출생되기 전、그리고 훗날의 가족관계 흉사여부를 알아 내는데도 응용되고 있다。

그리고 戊辰하면 干支가 모두 土이기 때문에 推命하기가 쉽겠으나 丁丑 같은 경우는 火와 土를 모두 적용시키되 火土 중에서 가장 허약한 육친이 심하게 당으며 또 타흉살의 倂臨與否

와 刑、冲 空亡等을 잘 살필 것이며 또 白虎大殺끼리의 刑、冲은 흉살이 더욱 배가 되고 암장까지도 모두 적용시키되 항시 旺者는 전장함으로 피하게 된다는 것을 유념하기 바란다。

가령 柱中에 丙戌 白虎大殺이 있고 午戌 또는 寅戌을 만나 火氣가 旺하고 있으면 丙火는 상하지 않음으로 피하게 되여 있고 단 戌中辛金만이 旺火에 銷鎔됨으로 辛金을 가지고 논하게 된다。

그리고 壬水日生 男命이 柱中에서 丁丑을 만나면 丁火는 正財로 妻요 丑中癸水는 官으로 자손이라 처자에 모두 백호대살이 임하고 있어 凶變怪之象인中 丑 湯火殺이 加臨하여 火魔나 음독있다 하는 것이고 또 庚金日主 女命이 柱中에 丁丑을 놓고 있으면 丁火는 剋我者官星으로 夫君인데 丁火가 丑土에 晦氣로 심히 약화하여 夫君횡사로 추리하는 것이며 다음 언제、어디서、어떻게 하는 것은 운을 대조하여 丁火 官星이 재차 沒하는 年度에다 지적하면 된다。

構成

이 白虎大殺은 九宮法에 의하여 表出된 것이며 白虎라는 용어는 易經의 六獸에서 나온 것인데 甲乙 木은 靑龍으로 喜悅 경사 등에 해당하고 丙丁火는 朱雀으로 口舌、踈亂、達辯、爭鬪요 戊는 句陳으로 蹇滯 肥滿 久事、拘禁 等이며 己는 騰蛇로 虛驚、不實이고 「庚辛은 白虎로서 血光 肅殺 急變、橫死」이며 壬癸는 玄武로서 비밀 신음 盜失등에 해당하고 있는데서 기인하였으며 또 金은 가을로서 肅殺之權과 兵革之變을 장악하고 있기 때문이다。

그리고 九宮法은 본래 四柱와는 별도로 발전한 학문이며 심오한 이치가 이 속에도 담겨져 있는데 쉽게로는 이사방위 정하는데서부터 奇門에 이르기까지 활용되고 있다。

九宮法의 고정위치는 一天祿 正北(벼슬과 재수 있고)、二眼損 西南間方(눈병과 損財)、三食神 正東(衣祿豊足)、四徵破 東南間方(損財 破壞 解約)、五鬼 中央(病魔 人馬殺傷)、六合食 西北間方(財産增殖)、七進鬼 正西(不祥事 官災)、八官印 東北間方(就職 昇進 官事吉)、九退食 正南(損財 奪財 失物)으로 되어 있으며

도표로 나타 낸다면

二眼損	七進鬼	六合食
九退食	五鬼	一天祿
四徵破	三食神	八官印

이와 같이 되어있고 六十甲子를 六甲順으로 甲子를 一天祿에서부터 시작하여 二眼損에 乙

丑、三食神에 丙寅、四徵破에 丁卯、五鬼에 戊辰、六合食에 己巳식으로 順行시키면 五鬼에 임하는 것이 丁丑、戊辰、乙未、甲辰、癸丑、壬戌로 모두 白虎大殺이 되고 있다。

따라서 白虎大殺은 六獸와 九宮中의 五鬼를 합쳐서 작용한 凶殺이기에 忌하고 있는 것이다。

參考

이 구궁도는 數理가 從、橫、斜 할것 없이 모두 總數가 十五로서 해당하고 있으며 이 九宮은 天、人、地 三原理를 三昇한 것이며 十五는 五行을 삼승한 것이고 또 모든 이치가 세분하면 九變으로서 완성된다는(理氣學) 것을 말해 주고 있는 것이다。

그리고 이사방위는 男震(東方) 女坤(西南間方)으로 시작하여 연령 닿는데까지 순행하다가 해당 연령을 재차 入中宮(五鬼)시켜 순서대로 다시 九宮을 재 配列하면(流動위치) 이사방위가 된다。

가령 남자가 五十一세라면 震 正東에서 일세로 시작하여 二세는 巽方、三세는 中宮。四세는 乾方、五세는 兌方 식으로 나이대로 진행시키면 五十一세는 震方인 八官印에 해당하고 八官印을 다시 중앙에서(현재 살고 있는 집) 시작하여 九宮의 순서대로 九退食은 乾方、一天祿은 兌方、二眼損은 艮方、三食神은 离方、四徵破는 坎方、五鬼는 坤方、六合食은 正東(震)、七進鬼는 巽方으로 결정되니 五鬼方은 坤方·眼損인 艮方 徵破인 坎方、進鬼인 巽方、退食인 乾方은 피하여만 되는 것이다。

그러나 이것도 나이만 기준하여 정하는 것이기 때문에 너무나 의지하여서는 안되며 후이 공부할 用神을 알고 난 다음 결론을 얻기 바란다(震—正東 巽 東南間、乾—西北間、兌—正西、艮—東北間、离—正南、坤—西南間)。

庚申　이 四柱는 甲木日主가 火旺當節인 午月에 出生되여 泄氣가 太甚한中 午戌이 火局하여
壬午　火多木焚之象인데 다행한 것은 月上의 壬水가 庚申金에 金生水 받아 겨우 명맥을 維持
甲戌　하여 水生木 日主함으로 대단히 身弱하고 있다(無根之木)。
戊辰　부모의 자리에 午로서 湯火요 戊辰 偏財 父가 白虎大殺이요또辰戌로 相冲에 財殺이 지나치게 旺하여(多者無者) 그에 부친이 己未 독립만세사건에 왜경의 총에 횡사하셨다。

그리고 壬水 偏印 조부밑에서 성장하였고 正財 처는 午中己土로 하나이나 戊辰戌로 편재가 當權하여 정처가 소실에 밀리고 있는 형상이라 해로 못하였고 또 첩이 독하여 악처로 고민하였으며 특이한 것은 己未年에 부친이 돌아가시고 난 다음 出生하였으니 나는 부친과 인연이 없는 것으로 태어 났으니 참말로 운명은 피할 수 없는가 보다。

7、魁罡殺

庚辰、庚戌、壬辰、壬戌(戊辰戊戌)

이 魁罡殺은 日主에 있음으로서 더욱 심하게 작용하는데 他柱에 있을 때는 魁罡殺이 가중되고 있다.

男命보다는 女命에 한해서 적용시키고 있음은 남자는 양이므로 본래 强剛함을 위주로 하기 때문에 흉이 될 수 없고 女命에 魁罡殺 있으면 지나치게 강하기 때문에 婦道에 大忌함이므로 夫君이 拙致 無能力 家出 作妾 또는 사별이 亡하며 본인이 家口主 노릇을 하여야 한다.

따라서 성격 과정에서도 男児와 같고 男女공함을 擇하며 甚則 中性이여 때와 장소를 가릴 것 없이 주동이 되기를 좋아하나 하다 못해 賭를 하여도 王主가 아니면 하지 않으며 여자장에 직업여성이여 여군, 여경, 운동선수 등에 많은데 본인이 아니면 군인, 경찰 등에 종사하는 남자와 인연이 있으며 맞벌이 부부에서도 나타나고 있으나 만약에 身旺官旺 또는 財旺하면 이 殺에 관계없이 將星婦人이요 女傑로서 사회에 君臨하게 된다.

단 남자가 이 살을 놓고 있으면 武官으로 立身하게 되고 남녀 공히 全盛期를 지나면 再起不能하다는 것이 특이하다.

그리고 본래 魁罡은 辰은 天罡、戌은 河魁로서 冲이 되면 天地가 절멸되는 것이고 또 辰은 水之庫요、戌은 火之庫가 되여 天衡地擊이 되기 때문에 魁罡殺로서 군림하고 있는데 男命에는 옛 글에 魁罡四日이 最爲先인데 疊疊相逢에 掌大權이라 하여 오히려 吉로 하고 있다。

8、陰陽差錯殺

丙子、丁丑、戊寅、丙午、丁未、戊申、
辛卯、壬辰、癸巳、辛酉、壬戌、癸亥

이 差錯殺을 日主에 놓으면 남녀 공히 外三寸이 고독하거나 衰沒하고 여자는 시댁 형제가 불발이요 夫君이 作妾하고 時柱에 놓으면 처남이 고독하거나 또는 쇠몰한다는 살인데、앞으로는 모두가 하나만 낳기 운동에 참여하게 될 터이니 고독하다는 용어는 필요치 않을 것 같고 不發이라고 하면 가장 적당할 것이다。

그리고 이 殺 하나만 가지고 단정 짓기 어려우니 항시 六親을 재차 대조、外家는 印綬、처가는 財星、夫君과 媤宅은 財官을 중심으로 生死관계를 살펴 결론을 내릴 것이며 陽은 陽差殺、陰은 陰錯殺로서 陽差殺보다 더욱 강하게 작용되고 있다。

이 殺의 구성은 進神에서 연유된 것인데 進神 十二日 外에 있다하여 他家門으로 간주 妻家、外家、媤宅兄弟로 응용하고 있는 것이다。

9、孤鸞殺

甲寅日 乙巳日 丁巳日 戊申日 辛亥日

이 孤鸞殺은 日柱에 局限되어 있고 또 여자에게만 해당하고 있다고 原書에서는 말하고 있으나 年、日、時 어느곳에 있든 作用되고 또는 六親으로도 活用되고 있다。

이 日柱에 해당한 자 夫君이 作妾 또는 離別하며 일명 呻吟殺、공방살이라고도 칭하고 있는데 대개 결혼에 실패하면 再嫁하지 않겠다고 마음 굳게 다짐하는 것이 특징이며

이 살의 구성은 日支 즉 배우자의 자리에 肩劫 또는 傷食이 있어서 작용되는데 肩劫은 奪夫요 官星의 絶地로 부군이 의지할 곳 없고 傷食은 剋官으로 夫君이 피상되기 때문이다。

그러나 주중에 官殺이 잘 배열되어 있을 때에는 이 살에 관계없이 부부해로하고 出世시키며 화목하는데 鸞은 鸞鳥새로서 잉꼬、기러기、원앙새와 같이 부부의 금슬이 좋기로 이름난 새이다。

參考

옛 글에는 木火蛇無婿 金猪豈有郞 木虎定居孀 土猴常獨臥로 되었고 따라서 女命이 傷食이나 肩劫太旺者는 일단 孤鸞殺과 동일하게 취급하여도 된다。

10、喪妻殺·喪夫殺

寅卯辰生에 怕巳丑　辛酉戌生에 嫌亥未
巳午未生에 畏申辰　亥子丑生에 忌寅戌

이 殺은 상처하고 상부한다는 설로서 經할 때는 難別에도 해당하고 있는데 각나에 상부살이 있고 總角에 상처살이 있을 때는 相殺가 됨으로 흠이 없다라고 하고 있으나 역시 참용은 희박하다。

이 살의 구성은 寅、卯、辰生에 巳는 상처살、丑은 상부살이 되고 巳、午、未生에 申은 상처살、辰은 상부살이요、辛、酉、戌生에 亥는 상처살 未는 상부살이며、亥、子、丑生에 寅은 상처살、戌은 상부살인데 이유는 寅卯辰은 木으로 木을 기준할 때 巳申戌土가 木旺에 被傷되고 丑은 木의 官庫로 상처 상부가 된다 하였고

巳午未는 火를 기준으로 할때 火旺에 申宮庚金財가 파상되고 辰은 官庫로 상처상부가 되며 申酉戌은 金이요 금을 기준할 때 金旺에 亥中甲木財가 파상하고 未는 未中丁火官이 金多에 火息 되여 상처상부요, 亥子丑은 水요 水를 기준으로 할때 寅中丙火財가 水旺에 파상되고 戌은 土官庫로 상처상부살이 되고 있는데 日主가 아니 더라도 기준하고 있어 四柱學으로 볼때 기전의 기준으로 추정되기 때문에 오히려 日干을 기준하여 官庫를 상부살, 財庫를 상처살로 규정함이 타당하다고 본다.

또 이 殺 외에도 男命에 肩劫多達(剋財) 財星多達(多者無者)과 女命에 傷食多達(剋官) 官殺多達도 상처 상부살과 같다.

二、羊刃殺

甲日에 卯, 乙日에 辰, 丙戊日 午, 丁巳日 未,

庚日에 酉, 辛日에 戌, 壬日에 子, 癸日에 丑

이 陽刃殺은 正祿의 바로 앞자리가 되며 陽日主의 比劫이 陽刃殺이 되고 있다.

따라서 陰日主 즉 乙日에 辰、丁巳日에 未、辛日에 戌、癸日에 丑은 陽刃殺로서 작용이 안되나 단 丁未日 己未日 癸丑日과 같이 日柱에 직접 놓고 있으면 해당하며 실은 陽日主의 比劫이 陽刃殺이 됨으로 天干의 比劫도 작용이 같으며 또 戊日主의 午는 印綬가 되여 印綬羊刃이라 하고 午中己土가 羊刃이 되기 때문에 己未土도 戊日主에 羊刃이 된다。

이 살을 놓은 자、자연 身主가 旺하여 짐으로 財星이 파괴되기 때문에 剋父 剋妻 奪財 奪夫에 早達男兒요 장남 장녀에 臨戰無退며 매우 강하여 放從하기 쉽고 눈이 크며 구렛나루 수염이 나고 잔인한 반면 지나치면 불구되기도 쉬우며 심하면 고용살이、고기잡이가 되나 中和를 잘 이루면 의사、군인、경찰로서 立身하고 몸에 수술을 받아 보아야 한다。

다음 이 羊刃을 冲하는 자、飛刃이라 하여 羊刃살이 해소되며 羊刃은 총과 칼과 같아 잘만 사용하면 국가를 救出하나 잘 못 사용하면 人馬를 殺傷하는데 偏官이 있으면 양인을 剋制하기 때문에 오히려 길로 하고 있다。

이유는 偏官은 장수와 같아 羊刃이 있는 곳에는 偏官이 있어야 하고 偏官이 있는 곳에는 羊刃이 있어야 장수와 무기가 조화를 잘 이루기 때문이며 또 日支에 羊刃을 놓은 자 日刃이라고 하여 더욱 흉한데 丙午日、戊午日 壬子日이요 단 예외가 되는 것은 日主가 약할 때에는 오히려 길로서 작용되고 있으니 혼동하여서는 안된다。

12、旬中空亡

甲子旬中戌亥空　甲申旬中午未空　甲辰旬中寅卯空

甲戌旬中申酉空　甲午旬中辰巳空　甲寅旬中子丑空

이 旬中空亡은 旬은 十을 말하고 空亡은 비었다、없다、빠지다、망하다、정지되다、파괴되다、피상되다 등으로 응용되고 있는데 甲子에서 癸酉까지가 열이요、이 속에는 戌亥가 없고 甲戌에서 癸未까지가 열인데 이 속에는 申酉가、甲申에서 癸巳까지는 午未 각기 빠지고 없다 하여 空亡殺이 성립되는 것이다。

주의할 것은 空亡이라 하여도 旺者는 勿空인데 太强한 세력을 약화시키기 때문에서이고、衰者는 眞空으로서 空亡의 작용이 배가되며 冲 또는 刑等 흉살이 병립하여도 또한 같다。

다음 空亡 여부를 살피는 방법은 먼저 日柱를 기준하여 年、月、時를 살피고 日支空은 年柱를 기준하여 살필 것이며、이 空亡을 빨리 알아낼 수 있는 방법은 出生된 日柱의 六十甲子를 기준하여 순행으로 진행하다가 天干 癸로 끝나고 그 다음에 해당하는 地支의 두 자가 空亡이 된다고 알고 있으면 쉽다。

가령 壬申 日柱라면 壬申、癸酉로 끝나고 甲戌 乙亥가 되는데 바로 戌과 亥가 壬申日柱에

空亡이며 따라서 柱中에 戌이나 亥가 있으면 空亡이 있다하고 없으면 空亡이 없으며 運도 한 번 대조하여 볼만하다。

그러나 生剋制化의 원리에는 뒤지고 있으니 加減하는 것이 원칙이며 옛 글에 木이 空을 맞으면 부러지고(木空則析)、火가 空을 맞으면 더 잘 타고(火空則熱)、土가 空을 맞으면 붕괴되며(土空則崩)、金이 空을 맞으면 소리가 잘나고(金空則鳴)、水에는 空亡이 없다 하였으니(水空勿空) 참고하기 바란다。

다음 응용에 있어서는 年柱空亡은 先祖、족보、家門 등을 잃어버리고(김씨라는 것은 확실하나 몇 대손이며 어느 곳에 친척이 많이 살고 있는지 모르는 것)、月支空亡은 부모와 형제의 덕이 없음은 물론 고향 떠나 살고、日支空亡은 夫婦宮不實에 空房을 지켜야되며、매사가 뜻대로 안되고、時支空亡은 子손에 흠이 있는데 甚則 無子되기 쉬우며 또 年柱空亡은 初年에 고생하며、月柱空亡은 중년、日柱空亡은 중말년、時柱空亡은 末年에 고생하고

다음 六親으로도 印綬空亡은 早別兩親에 부모덕 없으며 학업중단에 계획이 부실하고 지구력과 인내력이 없으며、財星空亡은 妻德이 없음은 물론 金錢이 모이지를 않고 甚則 喪妻요、傷食空亡은 자손과 手下의 덕이 없으며、官星空亡은 직장의 변화가 많고 여자는 夫君、남자는 子孫에 흠이 있고、肩劫에 空亡은 형제 자매간에 異常이 있으며 地支空亡이라도 空亡 위의 天干도 똑같이 추명하여야 된다。

13、絶路空亡

甲己 申酉空、乙庚 午未空、丙辛 辰巳空
丁壬 寅卯空、戊癸 子丑空

이 絶路空亡은 時柱 天干에 壬癸水가 자리하고 있어 앞길에 강물이 있는 것과 같아 매사가 막힌다는 凶殺이다。

그러나 주의할 것은 時上의 壬癸水가 四柱에 미치는 영향이 吉일 때에는 凶이 될 수 없으며 따라서 時柱 天干에 惡神이 놓여 있으면 그것이 바로 絶路空亡과 똑같다 할 수 있다。

14、天轉殺

春生乙卯 夏丙午、秋生辛酉 冬壬子

天轉殺은 寅、卯、辰月에 을묘일생、巳、午、未月에 丙午日生、申、酉、戌월에 辛酉日生、亥、子、丑月에 壬子日生으로 구성되는데 일정한 직업이 없이 동서남북 轉轉하며 또 자연의 방해를 많이 받는다는 흉살이다。

15、地 轉 殺

春生辛卯 夏戊午、秋生癸酉 冬丙子

이 地轉殺은 寅、卯、辰月生이 辛卯日。巳、午、未月生이 戊午日生。申、酉、戌月이 癸酉日。亥、子、丑月生이 丙子日로 구성되는데 이 살을 놓은 자 事事件件 혼미하고 朝成暮破에 낭비가 심하며 발달이 늦고 불의의 地災로 실패가 많아 직업에 변화가 번다한 흉살인데 구성은 春節은 木인데 辛卯는 納音으로 木이 되고(庚寅辛卯松栢木)、夏節은 화인데 戊午는 納音으로 火가 되며(戊午 己未 天上火)、秋節은 金이요 癸酉는 納音으로 金이 되고(壬申 癸酉釗鋒金)、冬節은 水요 丙子는 納音五行으로 水가 되여(丙子 丁丑澗下水) 구성되고 있는데 알고보면 天轉 地轉殺 모두가 肩刼太旺으로 작용되고 있으니 어느 四柱를 막론하고 肩刼太旺은 天轉 地轉殺과 같이 보면 된다。

16、斧劈殺

子午卯酉月 巳　寅申巳亥月 酉　辰戌丑未月 丑

이 斧劈殺은 子、午、卯、酉月生이 逢巳、寅、申、巳、亥月生이 逢酉、辰、戌、丑、未月生이 丑을 만남으로서 성립되는데 이 殺의 작용은 破財、浪費、分財등으로 고생한다는 흉살이다。이유인즉 子午卯酉 四旺之局、寅申巳亥 四生之局、辰戌丑未 四庫之局으로 볼때 첫자는 生하고 두번째는 일어나며 셋째는 旺하고 넷째는 끝으로 終이 되는데 모두가 두번째 일어날라고 하는 곳에 比劫으로 방해가 된다하여 작용하고 있는 것이다。

즉 子午卯酉에는 巳火가 午火를 방해하고 寅申巳亥에는 酉金이 申金을、辰戌丑未에는 丑土가 戌土를 각각 방해하고 있기 때문인데 이 원리로 본다면 주중의 肩劫多逢이 斧劈殺과 同一하며 따라서 天轉、地轉、斧劈殺이 모두 肩劫太旺에서 작용되는 것이라고 생각하면 간편하다。

17、梟神殺

甲子日　乙亥日　丙寅日　丁卯日　戊午日　己巳日
庚辰日　庚戌日　辛丑日　辛未日　壬申日　癸酉日

이 梟神殺은 日支에 印綬를 놓은 자가 되며 작용은 모친과 인연이 없거나 또는 生母가 아닌 다른 어머니가 있으며 母妻가 不合한다는 殺이며 주의할 것은 柱中의 印綬를 재차 설명 결론을 내려야 한다。

또 이 梟鳥는 올빼미로서 어미새를 잡아 먹는다는 흉조로 옛날부터 東方之不仁之鳥라고 하였다。

그리고 유념할 것은 집안에 부엉이나 올빼미같은 조류가 있거나 하다못해 그림이 있으면 이 명주의 身上에 좋지 않은 일이 발생하게 됨으로 주의하여야 한다。

이외에도 잡다한 吉、凶神이 수도 없이 많으나 이것만으로는 四柱의 眞髓를 알 수 없기 때문에 이것으로 줄이고 지금까지 공부한 것과 또 공부하여야 할 것을 실예를 들어 가면서 例示하기로 한다。

甲申 食神 偏印 地殺 驛馬 長生 ㅗ 文曲貴人
壬申 比肩 偏印 地殺 驛馬 長生 月德貴人 文曲貴人
壬寅 ○ 食神 驛馬 地殺 病宮 月德貴人 文昌貴人 急脚殺 湯火殺
甲辰 食神 偏官 華蓋 月殺 入墓 空亡 斷橋關殺 白虎大殺

이 四柱는 坤命인데 壬水 日主가 年月支 申金에 月上 壬水를 얻어 得令 得勢로 水氣가 旺한 중 時支 辰土가 申辰水局으로 합세라 水日主가 印綬 傷食을 겸비하고 있어 지혜와 참모가 있고 陽日主에 身太旺하여 남자같은 성격이라 남장여인은 이를두고 한 말이며 따라서 세상남자가 눈에 차지를 않는데 자손에는 한없이 약한 허점이 있기도 하다。

七月중 水氣가 太旺하여 七月 장마라 쓸데없는 비가 내리고 있는 형상과 같아 숨은 걱정 많고 火陽이 필요하고 있으니 명랑이 생명이요 水氣가 旺할 때는 土尅水로 막아서 多目的으로 이용을 하여야 빛이나는데 時支 辰土 있다 하여도 天干 甲木에 木尅土로 受制當한中 寅辰木局이요 또 申辰水局되여 土尅水를 못함으로 그대로 흘려 보내야 水가 살게 되여 있다。

故로 집안에 갇혀 있으면 없는 병도 생김으로 직업을 가져야 되겠고 또 驛馬와 地殺이 뒷받침 하고 있어 분명한데 月上의 壬水 比肩이 있어 쓸모없는 친구 사귈까 염려된다。

月日支가 寅申으로 冲한중 申金 印綬가 病이 되여 친정과는 인연이 없고 火財星 媤宅이 필요한데 寅中의 丙火가 자기 자리에서 得 長生함으로 媤宅이 發興이나 辰中戊土官이 偏이요 백호대살에 空亡이며 寅辰木局、申辰水局에 斷橋關殺이 임하여 年下의 남편이 수영하다 쥐가나서 익사라 과부의 신세를 면치 못하였는데 자손 甲木이 寅에 正祿이요 局을 이루어 貴子가 되나 속되게 말하여 자손낳고 부군을 잃어 버렸다。

그러나 年上甲木子孫은 秋節木에 自坐殺地(申金)되여 첫 자손과는 인연이 없으며 日支 寅湯火殺있어 세상을 비관하고 急脚殺과 斷橋關殺에 습기가 當權하고 있어 신경통으로 고생하며 자손 寅木에 驛馬冲이라 자손車厄이 염려요 해외나간다。

時支 華蓋로 말년에는 신앙에 독실하나 공망과 變化되여 오래가지 못하겠고 東南運에 좋고 西北運은 大忌한다。

丙戌　傷官　正財 華蓋 天殺 白虎大殺 月德貴人
乙卯　○　比肩 正祿 桃花 將星 天轉殺
壬寅　正印　比劫 地殺 亡身 斷橋關殺
壬戌　正印　正財 華蓋 天殺 白虎大殺

이 四柱는 乙木日主가 寅月에 得令하고 卯日로 得地하여 身旺하고 있는데 時上 丙火가 寅戌

火局에 得根이라 비유하건대 정월 나무에 꽃이 만발하였고 日支 桃花殺 있어 인물이 준수하고 멋쟁이가 되어 인기의 남성이나 金이 없어 절제를 못하는 것이 서운하다.

따라서 본인의 雄志는 後世가 결실을 하게 되었고 木火通明으로 智謀는 좋으나 四柱가 재못하여 사장을 만드는 기계는 될 지언정 본인이 사장 노릇하기는 어려우니 사업하지 말고 후세를 위하여 두뇌를 제공하면 그 이름 길이 빛나게 될 것이다.

비록 戊土財가 있으나 燥土라 도움되기는 어렵고 돈은 모이는 한편은 부동산에 투자하여야 남는 것이 있게되며 華蓋가 重逢이라 신앙에 독실하고 斷橋關殺에 柱中 金이 없어 치아와 기관지가 부실하며 財星 戊申戊土가 白虎大殺에 임하여 父親이 횡사하였는데 또 戊申辛金이 官이로 자손이라 자손하나가 凶死하였다.

본래 木日主 인정이 많다시 木生火로 泄氣를 잘 하고 있어 인정은 한없이 많으나 金이 없어 의리가 부족하고 印綬 傷食이 조화를 잘 이루고 있어 문장력, 추리력, 응용력, 표현력등이 뛰어나고 항시 앞서 편에서 굿리함이 특징이라 하겠다.

다음은 흉신을 도표로 나타내니 참고하기 바란다.

第一表

生月＼殺名	急脚殺	斷橋關殺
正	亥子	寅
二	亥子	卯
三	亥子	申
四	卯未	丑
五	卯未	戌
六	卯未	酉
七	寅戌	辰
八	寅戌	巳
九	寅戌	午
十	丑辰	未
十一	丑辰	亥
十二	丑辰	子

第二表

生年＼殺名	喪妻殺	喪夫殺
子	寅	戌
丑	寅	戌
寅	巳	丑
卯	巳	丑
辰	巳	丑
巳	申	辰
午	申	辰
未	申	辰
申	亥	未
酉	亥	未
戌	亥	未
亥	寅	戌

第三表

日干＼殺名	落井關殺	羊刃殺
甲	巳	卯
乙	子	辰
丙	申	午
丁	戌	未
戊	卯	午
己	巳	未
庚	子	酉
辛	申	戌
壬	戌	子
癸	卯	丑

第四表

殺名	日柱自體
魁是殺	庚辰 庚戌 壬辰 壬戌(戊辰 戊戌)
梟神殺	甲子 乙亥 丙寅 丁卯 戊午 己巳 庚辰戌 辛未丑 壬申 癸酉
陽差殺	丙子 丙午 戊申 戊寅 壬辰 壬戌
陰錯殺	丁丑 丁未 辛卯 辛酉 癸巳 癸亥

第五表

殺名	柱中
湯火殺	寅午丑
白虎大殺	戊辰 丁丑 丙戌 乙未 甲辰 癸丑 壬戌
鬼門關殺	子酉 丑午 寅未 卯申 辰亥 巳戌

二十、六親의 活用

가、印綬

印綬는 正印偏印의 總稱이며 正印도 太過하여 病이 되면 偏印과 같고 偏印도 有用하면 正印과 같은 것이다。

다시말하며 正印은 무조건하고 좋고 偏印은 凶이 되는 것이 아니라 正印도 太過하면 母慈滅子로 日主에 凶이되며、偏印도 有用할때는 日主에 없어서는 안될 補給路(보급로)요 貴星이 되기 때문이다。

그리고 印綬는 本來가 日干을 生하나 身旺에는 不要하며 身弱에는 日干을 도움으로 가장 必要로 하고

다음 傷食을 尅制함은 좋으나 身旺 四柱에 傷食이 必要할 때는 倒食이요 傷官傷盡되어 終乃는 禍를 自招함으로 숨통이 맥히고 또는 不渡·倒產等 身上에災殃이끊일 사이 없으나 傷食이 많을 때는 오히려 印綬를 利用하여 傷食을 制하면서 日干을 도와야 하고

다음 官殺로 부터는 生助를 받으나 官殺이 太旺하면 印綬는 濁이 되여 不實하여지고、反對로 印綬가 太旺하면 官이 虛하여 作用이 不能이요、또 身旺에 印綬와 官殺이 있으면 官印相生이라하고、身弱에 印綬와 官殺이 있을 때는 殺印相生이라고 한다。

다음 財星으로부터는 尅制를 당하나 印綬가 太旺할 때는 病이 됨으로 오히려 財星이 必要하고、身弱에 印綬가 必要할 때는 壞印으로서 大忌하는데 또 天干에 財星이 當權하고 있을 때 運에서 印綬를 만나도 原命의 財星에 妨害받아 日干을 生하지 못한다。

따라서 倒食이되면 답답하고 石讀斗用이요、殺印相生은 어머님이 貴人이요、공부하여야 發展있고、官印相生은 公職生活이、제격이며 壞印이 될때는 貪財壞印이라하여 事業하면 敗亡하게 된다。

그리고 正印이 없을 때는 偏印으로 代用하고、偏印이 없으면 正印으로 代用하며 印綬가 없다하여도 柱中에 官星만 잘 俱備되여 있으면 官生印의 理致로 印綬가 없다 할 수 없으며、印綬가 混雜으로 太旺時는 多者無者의 法則으로 없는 것과 같고、印綬의 得局을 第一로 하고 있으나 陽日主는 偏印이、陰日主는 正印이 더욱좋으며 三合局을 우선한다。

그 理由는 가령 甲木 日主라면 壬 偏印에 依하여 더욱 堅固하여지나 癸水에는 終乃썩기 때문이고、乙木日主는 亥中壬水에 長生으로 좋은데 子中癸水 偏印에는 浮木에 漂木되기 때문이다。

다음 身旺官旺에 印綬가 加臨하면 高官이 職印을 가지고 있는 것과 같고(佩印) 또 原流 즉 뿌리가 튼튼하여 健康은 勿論 名門家에 出生이요 長·次官으로 立身하며, 財星과 같이 身旺하면 巨富요 傷食旺이면 學者에 博士로서 이름을 빛낸다。

다음 印綬가 得局(三合)하여 旺하고 있으면 좋은 家門에 위로는 祖父任의 遺德있고 長壽하셨으며 아래로는 父母任의 德望이 높고, 家庭敎育이 좋아 萬人의 模範이요, 正道가 아니면 行하지를 않고 人稟이 俊秀에 容貌가 端正하며, 金錢보다는 名譽에 于先하고, 持久力과 忍耐心이 强하여 무슨 일이든 有終의 美를 거두며 修養과 德望을 갖추고 있어 災殃이 따르지를 않는다。

또 創意力이 發達해 每事 自信을 가지고 臨하며 最高學部요 一流學校를 나오고 文筆正確에 文敎行政·敎育·文化·言論·政治 學園等에서 得名하는데

만약 印綬가 太旺하면서 混雜하면 祖父任에 異腹있고 어머니가 두분이요。甚則 偏母膝下가 分明하며 쓸데없는 我執에 每事를 本人 위주로 處理하고, 安逸無事에 他人을 蔑視하며, 理論이 앞서고 學業이 不振하니 이름하여 外華內困이요 技藝에 흐를까 念慮된다。

또 母親이 强旺하여 家權을 左右하여 어머니 마음에드는 新婦가 없어 결혼이 늦고 母妻不合에 어머님의 敎唆로 終乃는 夫婦離別이요。

印綬에 桃花가 倂臨하면 妓生오빠에 옷걸이가 좋고 遊興業所와 因緣이 있으며, 愛情小說을

탐독하고 先生任의 귀여움을 독차지 한다。

또 印綬太旺은、强旺한 어머님에 依하여 父親은 無力하여지고、祖父任이나 外家를 많이 닮게되여 있고、終乃는 印綬가 病이됨으로 어머니 때문에 걱정은 勿論 敗亡을 免할길 없으니 父母를 떠나 自立하는 것이 急先이며、妻의 말을 들어야 成功의 捷徑(첩경)이라、恐妻家가 아닌 恭妻家가 되여야 살 수 있는 길이요、健康은 太剛則折의 理致로 오히려 殘疾이 많아 藥局出入이 煩多하다。

그리고 印綬는 本來가 純粹(순수)하고 淸白한 中 財官과 傷食이 沒함으로 貧寒한 선비는 이를두고 한 말이니 過慾과 偏法을 使用하면 반듯이 敗亡하고 만다。

다음 女命은 媤母를 모시지 않고 夫君의 命令에 따르지 않으며 親家로 因하여 걱정이 떠날사이 없을뿐더러 甚則 親母를 모셔야 하고 때로는 親庭의 妨害로 夫婦生活이 互解되며 子孫이 없어 고민이요 딸 富者되기쉬우며、健康은 外實內虛며、職業을 가져야 하고、夫君보다는 子孫에 치우치며、

本人이 家口主를 하여야 되겠고、財·官·傷食이 沒함은 男命과 같으니 寒儒는 免할길 없음이라 차라리 独身주의나 宗教에 歸依함이 正道인지도 모른다。

다음 柱中印綬가 虛弱하면서 身弱하면 日干의 뿌리가 깊지 못하여 限없이 純하기만 하였지 持久力과 忍耐心이 不足이라 每事가 龍頭蛇尾(용두사미)요、依持力이 많아 恒時 他에게 欺瞞

(기만)당하기 쉽고, 귀가 넓어 眩惑(현혹)될까 念慮되며, 決斷力이 不足하여 機會를 놓치고, 平生을 두고 豪壯한 일을 하여 보지 못하며

또 父母를 떠나서는 自立하기 어려우니 이름하여 우물안 개구리요, 宗敎를 갖는다 하여도 盲從(맹종)하기 쉬우며, 主体가 없어 눈치만 보다가 좋은 歲月 다 보내며, 計劃에 一貫性이 없어 朝成暮破요, 健康도 不實하여 피로가 쉽게 찾아오고 따라서 일을 무서워함으로 世人에 歡待받기어렵다

다음 印綬가 生年에 있으면 할머니같은 어머니요 生月에 있으면 제자리를 찾이하고 있음으로 그에 어머니 똑똑하며 父母의 德이 있고

日支에 있으면 妻의 자리라 母妻가 不合하며 또 梟神殺이 됨으로 幼失慈母가 아니면 母外有母가 되기 쉽고 多逢印綬는 梟印이라하여 凶이요

生時에 있으면 어머니가 子孫과 같아 조그마한 일에도 토라지기쉬워모시기 힘들며, 때로는 나이어린 어머니가 있으니 그에 父親風流가 틀림없고, 日時에 印綬는 공부가 늦게 터지며 또 늦게까지 공부하는 運命이 된다。

다음 柱中에서 財印이 鬪戰하면 父母不合에 母妻가 不和하고, 財印이 暗合하면 其母가 再娶 또는 小室 아니면 父母가 연애결혼 하였거나 어머니에 情夫가 있으며,

印綬가 虛弱하고 刑·冲또는 受制當하고 凶殺이 併臨하여 있으면 印綬로서의 所任을 다하지

못함은 勿論 病들고 短命하며 추하게 되니 母親을 일찍 喪別할까 念慮된다.

다음 印綬에 急脚殺이나 斷橋關殺은 어머니의 手足에 異常이 있거나 風疾로 苦生하고, 鬼門關殺은 어머니가 까다로와 비위 맞추기 힘들뿐더러 甚하면 精神異常 湯火殺은 悲觀에 飮毒이요, 白虎大殺은 어머니에 凶變이 두렵고 空亡이 있으면 德이 없다.

印綬에 天月德貴人은 素食慈心(仁情많고 까다롭지 않다)하고 驛馬地殺은 旅行좋아하시고, 海外出入에 留學, 外交官, 洋屋, 車庫와 因緣있고, 華蓋는 信仰에 篤實하며, 將星은 固執이 大端하고, 亡身과 桃花는 母嫁再娶데 桃花印綬는 妾母奉養이 틀림 없으며 天乙貴人은 先祖와 父母任의 德을 입는다.

다음 印綬運에는 새집짓고 집사며 賣買가 成立되고 貴人에 昇進이요. 좋은 소식 받고 父母任에 慶事요 健康도 좋아 每事에 自信을 가지고 計劃이 잘 들어맞아 成功이 틀림없으며, 어머니가 보고 싶고, 故鄕과 故國을 訪問하며, 收入이 늘고

保證서는 일 있으며, 웃사람에 사랑받고, 표창에 상패가 들어오며, 살림을 작만하고, 새옷에 증권에 손을 대며, 집 장사를 하는 것도(건축) 모두 印綬運의 作用이라, 學生은 공부 잘하고 公務員은 教育받으며, 一般人은 學園出入을 하게된다.

그러나 印綬가 凶으로 作用하면 새집짓고 亡하며, 賣買로 因하여 크게 損害보고, 投資가 無理하여 不渡나며, 貴人이 아니라 원수요, 平時에는 一等이나 試驗에는 꼴지요, 收入이 아니라

숨통을 막으며 들리는 소식마다 不利하고 保證또는 手票바꿔 주고 亡하며、計劃하였던 것이 모두 不渡요 慾心이 敗亡의 原因이니 絶對로 一方的인 論法은 避하기 바란다。

그리고 運에 對하여 잠시 論하여 보면 가령 甲木 日主가 癸亥運을 만난다면 五行으로는 水이나 六親으로는 印綬가 되는데 重要한 것은 空氣中에는 五行이 모두 있으나 水氣가 가장 많이 支配하고 있음으로 이렇한 運에는 누구를 莫論하고 水氣가 呼吸과 同時 體內에 蓄積되며 또 外的으로는 皮膚에 접촉된것이 印綬라는 因紫로 바꾸어서 作用하는 것이다。

따라서 蓄積된 印綬에 依하여 印綬라는 磁場이 가장 많이 發生하여 放射됨으로 그 印綬에 따라 環境이 造成됨은 勿論 恒時 印綬에 該當하는 生覺이 支配하게 되여있고 또 만나고 헤어지며 行動으로까지 옮기게 하며 甚至於는 꿈까지 꾸게하는 것이다。

지난 몇해를 살펴본다면 壬子年은 干支가 水라 例年에 없는 장마와 洪水를 기록하였고、戊午年에는 黃沙와 가뭄으로 시달렸으며 庚申年에는 金이라 冷害로 因하여 凶年을 免키 어려웠고 아울러 해수욕장과 풀장마져도 안되었다는 것을 想起한다면 理解가 되리라고 본다。

다음은 印綬가 他 六親을 만나면서 變化되였을 때의 應用과 推理를 記述하니 參考하기 바라며 吉凶關係는 四柱 構成 自体와 運을 對照하여 決論을 내려야 한다。

印綬變印綬 적은 집이 큰집 되고 賣買數있으며
어머님이 强하여지고 분주하시며
집을 두고 또 집을 사고
計劃과 希望이 커지며
原流가 더욱 튼튼하여지고
外家 食口들의 來往이 많으며
學校를 옮기고, 轉科를 하며 공부 잘하고 책을 구입하며
文書가 動하였으며
移徙가 있게 되고, 每事에 自信이 있으며
東西에 貴人이 있다.

印綬變肩劫 어머니와 兄弟가 結束하고
어머니의 敎唆로 妻가 孤立되며
어머니가 친구 같고
어머니나 文書로 因하여 손해보며 金錢督促받고
賣買에 損害요 妨害받으며

始作은 좋으나 結果가 不實하고

同業으로 始作하며(株式會社)

文書上의 權利가 두사람이요

外家에서 돈 꾸러 오며

消息이 오나 結果는 不實하고

保證서면 손해요 用을 紛失하며

貴金屬을 잃어버리고

勞力은 하나 代價가 없다。

印綬變傷食 배운 즉시 應用하며, 收入과 同時에 支出이요

왔다가 다시 가고

貴人이 아니라 내가 도와주어야 하며

어머니가 젊어지고 上下가 바뀌며

喜悲가 雙曲이요

親家를 다녀오고나 移徙하면 孕胎하고

文書로 因하여 支出, 名譽損傷, 官災, 詐欺, 退職 等이 發生하며

頭腦回轉이 빨라지고
先生이 반대로 弟子가 되며
되로 받고 말로 준다。

印綬變財星

무엇이든 買入하면 돈이 되고
어머님의 遺產을 받으며
공부의 目的은 聚財에 있고、母妻가 和合하며
親庭과 始宅의 사이가 좋고
文書나 證書가 現金으로 變化하며
文書가 나가고 돈이 들어오며
賣買가 成立되고
보기에는 純朴하나 金錢에는 吝嗇하며
어머니가 妻의 役割을 代身하고
膳物이 들어오면서 父母가 和合하며
공부하다 연애하고
外家에서 中媒서며

공부하다말고 돈번다。

印綬變官殺 어머님이 엄하시며

공부의 目的은 官吏와 法官에 있고

住公 또는 市營住宅을 買入하며

공부하여 승진하고

親家와 夫君이 和合하며、연애하는데 어머니가 助力하고

移徙하면 愛人이 생기고 昇進하며

外家에서 成長하고

공부하다 시집가며、취직하고、

저당되어 있는 집을 買入하며

外家다녀오면 得病하고

도와주는 者에 拘束되며 脅迫당하고

도와주고 陋名(누명)씨우며

따라가면 拉致되고 몸 버리며

처음은 좋으나 結果가 不實하고

어머니로 因하여 每事가 禍根이요
文書로 인하여 官災가 發生하고
移徙하고 得病하며 文書에 陷穽(함정)있고
每事가 逆流한다。
以外에도 吉凶에 따라 얼마든지 變化시킬 수 있으나 하나의 方法만을 提示하니 修學者 여러분들의 力量을 十分발휘하여 더 좋은 應用있기 바란다。

나、肩刼

肩刼은 比肩比刼을 總稱한 말이며 吉凶을 區分하건대 比肩보다는 比刼이 凶한 것은 事實이나 이것도 日主가 陽이나 陰이냐에 따라 달라지는데 陽日主의 比肩보다 나으며 陰日主의 比刼은 그대로 凶하게 作用되는 것이다。(一名刼財)

理由는 甲日主에 比刼乙木은 甲 陽木에 가리워 行勢하기가 어려우나 乙日主의 比刼 甲木은 弱한 乙木이 强한 甲木에 妨害받기 때문이니 日干의 陰陽을 必히 區分하여 決論을 내릴 것이며、

또 肩刼에 身旺은 閑神으로서 病이되나 身弱에는 依持處요 뿌리가 됨으로 오히려 없어서는 안될 貴物이 되고 있다。

다음 肩刼은 本來가 印綬로부터 生助를 받으나 身旺에는 肩刼을 도와 尅財하고 또 官은 沒하기 때문에 不要며 肩刼太旺에 印綬는 自然 泄氣가 甚하여 病들게 되여 있고

傷食은 生하여주나 肩刼에 身旺은 好 泄精英으로 숨통이 트여 氣分이 좋고 또 子和力 推理力、想想力、應用力等의 發達도 他人보다 앞서게 되나、만약 肩刼弱에 傷食太旺은 泄氣太甚으로 盜氣요 病이 됨으로 終乃는 虛脫狀態(허탈상태)에 빠지게 되며

다음 財星은 肩刼으로부터 尅을 당함으로 大忌하는데 이 또한 區分한다면 天干의 一点財星에 肩刼太旺은 群刼爭財 또는 群比爭財로 凶이 되나 주의할 것은 地支로는 群刼爭財가 없다는 것이며

反對로 肩刼弱에 財星太旺은 財星이 病이 됨으로 肩刼에 依持하여 財를 다스려야 함으로 이러한 때에는 得比理財라 하여 肩刼이 藥이 된다。

比喩하건데 群刼爭財는 男子는 많은데 女子가 不足하고、또 食口는 많은데 밥은 한 그릇 밖에 없으며 妻는 病弱한데 夫君은 너무나 健康하여 欠이 되고 妻는 집안에 있어야지 밖으로 나가면 病이되고 있는 것과 같은 것이다。

다음 肩刼이 官星을 만나면 尅制當함으로 大忌하나 肩刼으로 身旺時는 官星이 反壞되므로

이러한 때에는 오히려 傷食을 利用하여 中和를 得하여만 비로소 빛을 볼 수 있는 것이다。

다시 말하여 肩刼에 官殺이 病이 됨은 肩刼虛弱에서이고、肩刼이 旺하여 있을 때는 官을 만나야 旺한 肩刼을 다스려 爭財를 豫防하여 財를 補護할 수 있고、또 肩刼보다 强旺한 者를 對立시켜 放從하는 肩刼을 더욱더 發展할 수 있는 기회를 만들게 되는데、지나치게 太强한 肩刼에는 官殺도 自然 沒하게 되므로 이러한 때에는 傷食이 必要하다는 것이다。

그리고 肩刼旺에 官星이 必要한 者는 職場이 제일이고、金錢管理는 妻나 銀行去來가 安全하며、男子는 子孫을 女子는 夫君을 만나야 비로소 安定을 찾는다。

다음 肩刼이 있다하여도 身旺財旺은 巨富요 身旺官旺은 高官이며、身旺傷食旺은 享福인데(自手成家) 重要한 것은 身太旺이나 身太弱에서 病이 發生하게 되는데 이는 中和를 失道하였기 때문이다。

그리고 比刼이라하여 無條件 凶이 되는 것이 아니라 有用할 때가 있으니 가령 甲木이 庚金七殺로부터 受制를 당하고 있을 때 乙木 比刼이 있으면 乙庚合에 貪이 나서 甲庚冲 金尅木을 잃어버리고、또 丙火가 弱한 곳에 壬水七殺이 있으면 丙壬冲 水尅火로 怯이 나나 丁火比刼이 있으면 丁壬合으로 壬水를 묶어 버리기 때문에 오히려 貴星으로 群臨하는데 여기에서도 一長一短은 있으니 男命은 本人이 出世하는데 妹氏의 희생이 따르고、女命은 奪夫되는 것을 免할 길이 없으며、또 이러한 경우를 羊刃合殺、妹氏合殺、權刃相停、殺刃相停、美人計라고 한다。

다음 肩刼이 太旺하고 官이나 傷食이 없어 中和를 失道하면 慢勇에 獨走하며、協同心이 不足하고、每事에 疑心부터 하며、處世가 圓滿치 못하여 他人에 敬遠되기 쉽고、人德이라고는 조금도 없으며 猜忌와 嫉妬가 많아 背信하고 背信당하며、가는 곳마다 競爭者요、하는 일마다 妨害받으니 終乃는 暴力아닌 暴力으로 發散이라 果然 따를 者 어느 누구 이겠으며 위로는 父母를 꺾고 兄弟德도 없으며、친구는 많으나 술친구에 不過하고、친구관계가 좋지 않아 敗亡하며、아래로는 子孫은 勿論 手下의 德도 없고、奪財·失物·盜失 等이 煩多하게 發生하니 잃어버리는데 名手요、어머니 殘疾에 本妻마저 偕老를 못하니 어찌 家庭이라고 平安하겠는가 말이다。

그러나 肩刼이 있으면서도 身弱할 때는 오히려 必要함으로 친구나 兄弟로 因하여 立身하고 따라서 나의 勢力을 擴張하는 것이 急先務며 또 每事에 勇氣가 必要하고 忍耐와 持久力으로 버텨야 有終의 美를 거두며、恒時 現實에 滿足하면서 慾心을 버려야 오히려 成功의 捷道가 된다。

다음 女命에 肩刼太旺은 媤宅이 亡하고、媤父母와 맞지 않으며、同婿間에도 猜忌와 口舌이 있고、奪夫、疑夫症、再娶、小室、再嫁等에 該當하는데 甚則 喪夫요、따라서 獨身이 제격이요、

또 稧하면 터지고、돈이 나가면 들어 올줄 모르며、親庭 兄弟로 因하여 苦心이 떠날 사이 없고、男子같은 女子에 活動하면서 太旺한 氣를 排泄시킴이 가장 賢明한 方法이 될 것이다。

또 異腹兄弟가 있는 것은 男子나 모두 같으며、男子는 妻가 逃亡가거나 바람이 나는데 알고 보면 本人의 八字에 있으니 그 누구를 怨望할 것이며、長男이나 長女가 아니면 兄이나 언니를 꺾게되고、지나치게 太旺하면 太剛則折로(多者無者) 健康마저도 좋지 못하다。

그러나 肩刼이 太旺하면서도 三合이나 六合으로 地支가 잘 構成되어 있으면 木日主는 曲道格、火日主는 炎上格、土日는 稼穡格、金日主는 從革格、水日主는 潤下格으로 貴命이 되니 混同하지 말 것이며 但 주의할 것은 他六親이 희생함은 免할 길이 없는 것이다。

다음 肩刼이 年柱에 있으면 父母같은 兄弟있는데 여기에 冲刑 等 凶殺이 臨하고 있으면 凶變이 두렵고、月支에 있으면 長男이나 長女요、日支에 있으면 兄弟에 同年輩가 있고、또 兄弟數多에 돈이 모이지를 않으며、時柱에 있으면 同生에 子孫의 浪費가 甚하다。

다음 肩刼이 結局하면 兄弟가 똑똑하나 虛弱에 刑·冲 空亡 등 凶殺이 臨하고 있으면 變故가 따르며 急脚殺이나 斷橋關殺이 臨하면 兄弟中에 手足이 異常이 있거나 風疾로 苦生하고、湯火殺이 臨하면 悲觀乃至 自殺企國 있어보며。自虎大殺이면 凶變이 두렵고。華蓋가 臨하면 信仰이 篤實하며 暗合이나 桃花가 臨하면 兄弟에 風流요。驛馬나 地殺이 있으면 兄弟中에 他國에 나가 있는데 冲、刑 等이 있으면 客死나 車厄이 念慮되고 手術받아 보며 羊刃이 되면 고집에 軍人이나 醫師가 있으며 傷食이면 姉妹에 寡宅이 있고 官殺이 많으면 再嫁하게 된다。

다음 身旺에 圓滿運은 헛친구를 만나나 利로울 것이 없으며 同業會나 親組織이 되어도 妨害者가 많고 同業하면 친구에 돈까지 잃어버리며 保證서면 責任을 免키 어렵고 내돈쓰고 남의 심부름 하여주고 辱먹으며

到處에 競爭者요 反目 嫉視에 背信당하며 나의 것을 빼앗기고 權利를 侵害당하며 눈 뜨고 도둑 맞으니 盜失, 失物, 浪費 等이 잇따라 發生하며 暗鬪가 계속되고 憂勇으로 敗亡하니 입이 열이라도 할 말이 없으며。빚 잔밑에 녹초가 된격이고。事業家는 不渡나며 職場人은 謀略으로 자리가 흔들리는데 甚하면 兄弟, 親友, 妻家까지 亡하게 한다。

家庭으로는 妻子에 疾病은 勿論 甚則 父親喪에 喪妻, 離別이 따르고, 妻가 바람나며, 逃走에 疑妻症이 甚하고

女命은 夫에 離婚이나 甚則 喪夫까지 당하며, 背信에 破財요 秘密이 露出하니 謹愼하여야 되겠고

또 나도 죽겠는데 親庭 食口마저 손씻이며, 친구 잘못 사귀어 身敗를 亡칠까 念慮며 行動에 주의 하여야 한다。

그러나 身弱에는 恩惠로운 친구요 財數있으며 每事自信에 勇氣百倍며 貴人이 스스로 찾아오며, 同業으로 成功하고, 到處에 慶事요, 世人에 認定받으며, 健康도 좋아 活動範圍가 넓어지고 절이 늘게 되어 있으니 사람 노릇 한번 하여 보며 家庭도 安定된다。

다음은 肩刼이 他 六親과의 變化關係가 어떻게 나타나는 가를 살펴보기로 한다。

肩刼變印綬 兄弟가 父母役割까지 하고
父母같은 兄弟 있으며
兄弟가 집사주고 공부시켜주며 獨學에 친구로 인하여 공부하고
친구가 貴人이요 保證서게 되며
共同投資에 會社設立하고 또 共同硏究하며
처음은 妨害받으나 後而 풀리고
兄弟中에 敎育者 있으며
兄弟와 父母가 和合하고
빼앗으로 왔다가 도와주며 先强後純하고
競爭한 것이 利益이 되며 兄弟로 因하여 故鄕찾고
兄弟나 친구때문에 昇進하며
兄弟로 因하여 膳物이나 表彰받는다。

肩刼變肩刼 異腹兄弟있고、兄弟가 動하나 제자리요

必要없는 親友가 많아지며, 兄弟가 따라들고
兄弟가 움직이면서 돈이 나가며
친구로 因하여 失敗요 背信 詐欺당하고
객식구 출입이 많으며 비밀이 노출되고
노력은 하나 그 공은 他人에 돌아간다。

肩刼變傷食

子孫같은 兄弟있고 兄弟로 因하여 支出이요
兄弟가 재주부리며 兄弟에 技術者가 있고
兄弟의 達辯은 당하기 어려우며
兄弟로 因하여 숨통이 트이고
兄弟에 育樂事業이나 敎育家가 있으며
妹氏가 孕胎하고
兄弟에 官災가 많으며
妹氏에 夫宮이 나쁘고 他子養育에 異姓得子가 있으며
兄弟로 因하여 恒時不安하고
兄弟때문에 名譽가 損傷된다。

肩刼變財星

兄弟로 因하여 聚財하고
兄弟의 것이 내것이요
兄弟와 妻가 和合하며
親友의 財物이 내것이요
親友로 因하여 女子가 생기고
親友로 因하여 연회석에 초대받으며
兄弟의 遺產받고, 兄弟가 나가고 돈이 들어 오며
兄弟가 妻의 代役에 氏族結婚하기 쉬우며
친구로 사귀다 결혼하고 묵은 돈 받는다。

肩刼變官殺

兄弟로 因하여 취직하고 승진하며
兄弟中에 公職者있고
兄弟때문에 名譽를 얻으며 친구가 취직시켜주고
兄任이 嚴하시며, 친구로 因하여 애인 생기고(女子)
또는 同性연애한다。(女命)
代理근무가 생기고

兄弟때문에 매맞고 拘束당하며 또 陋名에 협박당하고
친구가 背信하며, 아는 者가 恐喝에 위협하고
兄弟나 친구때문에 得病이요 官災가 發生하며
친구따라가면 陷井에 빠지고
옆사람이 강도로 변하며
친구와 싸우고 원수가 되며
他人의 벼락이 나의 발등에 떨어진다。

나、傷食

傷食은 傷官 食神을 總稱한 말이며 傷官은 正官을 尅制하고 偏財를 生하며 食神은 偏官을 制하고 正財를 生하고 있어 보통 傷官은 凶하고 食神은 吉하다고 할 수 있으나 食神도 太過하면 身虛가 됨으로 傷官과 같은 作用이 發生하고 또 傷官도 必要하면 食神과 같다는 것을 잊어서는 안된다。

가령 甲木日主에 傷官은 丁火인데 正官辛金을 尅傷하면서(陰對陰) 偏財戊土를 火生土(陰對陰)하는데 食神 丙火는 正官辛金과는 丙辛으로 合이되나 偏官庚金七殺을 火尅金(陽對陽)으로

制去하여 木을 보호하면서 正財 己土를 火生土(陽對陽)하는 것이 傷官과 食神의 差異이나 丙火 食神도 太過하면 丙辛合이 아니라 終乃는 火剋金으로 辛金히 銷鎔되고 火生土가 過多하니 正財가 아니라 偏財가 될것이며、日主 甲木은 火多木焚으로 虛脫狀態에 빠지게 됨으로 吉이라 할 수 없는 것이다。

그리고 木日主 身旺에 財官이 없어 泄氣를 바라고 있을 때는 傷官도 食神만큼이나 重要한 役割을 하기 때문에 凶이 아니라 吉이 되는 것이고 不要 할 때는 凶이 된다고라고 알고 있으면 된다。

또 좀더 區分한다면 같은 傷官 食神이라 하여도 陰日主보다는 陽日主의 食神이 强하고 陽日主의 傷官中에서는 戊土日主의 辛酉金이 더욱 빛을 내고 있다(寶石광산)

다음 傷官에는 眞傷官과 假傷官이 있는데 眞傷官은 傷食으로 日主가 虛弱할 때의 別稱이요、假傷官은 日干旺에 傷官이 必要할 때의 別稱인데、또 한편으로는 傷官이 弱하면 剋 正官할 수 없어 假傷官이라하고、傷食이 旺하면 眞짜로 剋 正官함으로 眞傷官이라하며 따라서 假傷官은 吉이 되고 眞傷官은 凶이 되는 것이다。

다음 傷食이 印綬을 만나면 受制 當함으로 大忌하나 傷食과 印綬가 均衡을 이루고 있으면 收入과 支出이 平行線을 維推하고、學識과 德望 智慧 等이 고루 갖추어져 吉命이 되나、傷食이 必要할 때 印綬太旺은 剋 傷食으로 核을 죽이기 때문에 不利하고(倒食、傷官傷盡、運에서는 破了傷官) 傷官太旺에 印綬逢은 補給路요 盜氣處를 막아 虛脫狀態에 있는 日干을 救濟함으로 曰貴人이라 없어서는 안될 貴重한 자리를 차지하게 되는 것이다.

다음 傷食이 肩劫을 만나면 生助를 받음으로 生命線이 되나 肩劫이 太旺時는 傷食自体가 混濁이라 欠이되는데, 주의할 것은 身旺에 傷食이 必要할 때 肩劫은 傷食를 生하여 吉이 될 것 같으나 旺한 日干에 合勢되여 病이 됨으로 期待할 바 못되고 또 傷食太旺時 肩劫은 日干을 돕는 것은 事實이나 다시 傷食에 泄氣가 됨으로 凶이 된다.

그러나 肩劫이 旺하여 尅 財星하고 있을 때 傷食이 介入하면 肩劫은 傷食을 生하고 傷食은 다시 財星을 生함으로 財를 補護할 수 있어 좋은데 이를 두고 貪生忘尅(通關)이라고 한다. 가령 木이 土財星을 尅하고 있을 때 火傷食이 있으면 木生火 火生土로 木이 土를 尅하지 못하기 때문이다.

다음 傷食이 財星을 만나면 生財함으로 傷食이 虛脫하여지는 것은 事實이나 財의 뿌리가 되어 生生不己라 積善之家에 必有餘慶은 이를 두고 한말이며. 또 財가 없어도 傷食만 잘 構成되어 있으면 自然 生財할 수 있어 財星이 없어도 富하게 되는 理由가 여기에 있고,

또 肩劫으로부터 尅制당함을 豫防할 수 있는데 이와같은 경우 財星을 없애면 傷食이 生財하여 놓고, 또 그렇다하여 傷食마저 없애면 日干은 生傷食하고 傷食은 또다시 生財하여 놓을 수 있으니 日干 自體를 없애기 前에는 財産을 沒收할 수 없기에 이름하여 七顚八起요 오뚜기 人

生이다。

故로 日主가 傷食을 生하는 것은 自體가 陰德을 쌓고 있는 것이며 또 傷食이 비록 尅 官殺 한다하나 財星이 있으면 傷食은 生財하고 財星은 生官殺함으로 이 亦是 貪生忘尅이라 傷食과 財가 併臨하면 官은 被傷되지 않는다。

그리고 身旺에 食神生財로만 잘 구성되여 있으면 이는 돈을 쓸수록 생기고、쉽게 돈벌며、베풀어 가면서 富者가 됨으로 自然 마음이 넓어지고、仁情이 많으며、肥滿體軀가 됨으로 이 食神하나만 잘 구비되여 있어도 尅 偏官七殺하여 災殃을 없애고 日干을 보호함과 同時 生財하여 옷과 밥이 생김으로 一名 壽星 또는 食神有氣 勝財官이라하여 柱中의 어설픈 財나 官보다 낫다고 하였다。

다음 傷食이 官殺을 만나면 自然 尅戰인데 여기에서도 傷食이 旺하고 官殺이 弱하면 傷食이 勝利하나、反對로 官殺이 旺하고 傷食이 弱하면 官殺이 勝利하는 法이니 무조건 傷食이 官殺을 尅한다 하여 傷食이 勝利한다라고 一方的인 해석을 하여도 안된다。

그러나 傷食과 官殺이 均衡을 잘 이루고 있으면 食居先殺居後(食神이 年月에 있고 官殺이 日時에 있을 때)라하여 무서운 官殺도 怯나지 않아 榮光의 자리를 누리는데(監査、監督) 念慮할 것 없으나 傷食이 지나쳐 中和를 失道하면(刑冲이 臨하면 더욱 凶)官食이 鬪戰이라하여(傷官見官에 爲禍百端) 大凶이 되는데 男子는 데모의 先峰長에 平生官災로 苦生하며 女子는 매맞고 陋名쓰고 疾病에 離婚까지 당한다。

또 傷食太旺에 官殺不足은 制殺太過 또는 盡法無民이라하여 法보다는 주먹이 앞서니 夕陽의 無法者요 또 暗殺、橫厄이 두렵고、官殺太旺에 傷食不足은 食神制殺(傷食同一)이라하 는데 이는 無條件하고 法에 따라야 하며 蔭德으로서 邪를 除去하는 것이 사는 길인데 때로는 복수를 하기 위하여 이 世上에 出生하였다고 하여도 過言은 아닐 것이다。

이 食居先殺後를 女子로 比喩한다면 傷食은 子孫이요 官殺은 夫君이라 傷食旺에 官殺弱은 子孫은 成長하였으나 오히려 夫君이 어리고 弱하며、反對로 官殺旺에 傷食弱은 夫君은 健旺하여 念慮없으나 子孫이 虛弱함으로 官殺弱은 夫君을、傷食弱은 子孫을 爲主로 삼하여야 되겠다。

따라서 官殺이 있을 때 傷食은 尅 官殺하여 日干을 보호함으로 依持處요 뿌리가 되며、또 傷食旺에 官木足은 사랑이 앞서고 官旺에 傷食不足은 子孫이 앞서는 것이다。

다음 傷食도 中和를 잘 이루고 있는 命主는 厚重하고 仁情이 많으며 智慧있고 伶俐하며 또 推理力、豫知力、應用力、想想力、表現力 等이 卓越하고 部下를 사랑하며 蔭德을 베풀고、目前보다는 遠大한 꿈을 가지고 한발한발 前進하는데 目的은 育英事業에 있으며 恒時 弱者便에서 本人을 희생하는 것이 特徵이기도 하다。

또 强者에는 强하고 弱者에는 弱하며 對話로서 說得하여야 通하지 强壓하면 할수록 反撥하나 一但本人의 마음에 들었다하면 얼마가 損害를 보든 아랑곳하지 않고 無條件 돕고 나서는데 反對로 家庭에 吝嗇하는 欠도 있다。

또 社長과 博士를 만드는 기계라고 할까 모두 이사람을 거쳐간 이는 박사에 社長으로 群臨하게되니 本人보다 더 成功하며、學校에서는 줄곧 首席이요 위로는 祖母任이 賢淑에 長壽하시며、아래로는 部下가 잘되고

職業은 敎育、言論、理工界가 아니면 自由職業으로서 할 소리 다하면서 삶하니 옆의 사람까지 속이 시원하며 事業으로는 育英、技術、加工으로 成功하니 巨富는 못되며 別稱이 博士로서 아는 것도 많으니 日 智識과 常識을 兼備한 사람이라。

妻德은 있으나 남의 子孫들보다 보니 나의 子孫農事가 不實할 수밖에 없고、

女命은 夫宮이 不美하여 夫君이 人家면 되는 일이 없고 夫出時는 平安에 財數도 있는데 子孫은 貴子가 될터이니 한번 기대하여 볼만하다。

다음 傷食이 旺하고 日干이 虛弱하면 母衰子旺 또는 子旺母衰라고 하는데 이렇게 되면 虛勢부리고 말을 함부로 하며 弄談이 甚하고、他人을 蔑視하며、남의 걱정에 늙어가고 죽도록 노력하여도 그 功은 他人에 돌아가며 反撥心에 是非가 잦고、下剋上의 所質이 있으며、一獲千金을 노리고 따라서 投機、密輸、賭博 또는 알콜 重毒에 收入보다 支出이 많으며、때로는 情이 많은 것이 欠이요

才操는 많으나 끼니를 걱정해야 되겠고、甚하면 背信 謀略 詐欺性에 二重人格者요、臨機應變은 잘하나 마음이 깊지를 못하여 속이 들여다 보이고 있으니 虛欲부리지 말고 每事에 順應함이 바로 살수 있는 길이 될것이다。

다음 家庭으로는 祖母와 丈母가 두분이요 日支로 合이되면 父母를 모셔보고、子孫代는 잘되나 官殺 子孫을 剋하기에 子孫은 不發이요、子孫의 근심이 떠날사이 없는中 甚하면 無子되기 쉬우며、生財를 많이하기에 妻宮은 不實하여 東西로 作妾이요、배짱하나 좋다하나 別볼일 없다。

또 女命에 傷食多逢은 첫자손 낳고 離別하며 甚則 寡婦되고 東西得子에 自然流産이요、小室이나 再娶之命인데다 子孫德도 없으니 이를 두고 男便德 없는 女子 子孫德마저도 없다 하였고 잘못하면 仁情아닌 同情에 이끌려 同伴自殺이 두렵다。

또 傷食太旺한 女子 夫君作妾에 獨守空房은 官星이 被傷되기 때문이며、乳母 補母 妓生 抱主 食順이 등 이름을 불리우는 八字로 職業女性이 많은데 運命을 잘 계도할라면 敎育界나 秘書職직에 立身함이 좋고

人體的으로는 傷食은 子孫이요 子孫과 關連된 것은 生殖器、子宮、卵巢、乳房이 됨으로 傷食이 貧弱한 者 子宮도 乳房도 모두 貧弱하여 子孫두기 어렵고、여기에 刑殺이나 沖等이 臨하면 乳腫、乳房癌、子宮破裂、子宮手術、子宮癌、子宮閉塞症、子宮外妊娠 等의 疾患이 念慮되

며 添言한다면 傷食의 過多와 前後를 區分하여 女性들의 가장 重要한 곳 까지를 豫知할 수 있으니 硏究하여 앞으로 宮合을 맞추는데 많은 參考있기 바란다。

다음 女命에 食神財局은 飮食솜씨 자랑하나 金錢에 執著하면 念慮요、夫君 官星과 傷食 子孫이 日支와 合이 되면 不正胞胎(處女、寡宅孕胎 또는 秘密子孫)하게되고、身旺者는 自力으로 充分히 出產할 수 있으나 身弱者는 他力으로 出產이니 除王坊開手術이 念慮된다。

그리고 傷食이 旺한 者 尅官함으로 無條件하고 寡婦가 된다라고 할 수 있으나 柱中에 財星이 있어 官星을 뒷받침할 수 있거나(傷食生財 財生官) 또는 運에서 官殺를(天干위주)만나지 않으면 寡婦는 免하는데 理由는 아무리 傷食이 尅官殺하고 싶어도 만나지 못하면 尅할 수 없기 때문이다。

다음 傷食이 年柱에 있으면 先祖代에 敗業이요。(傷官위주)月柱에 있으면 父母代에 破產이며。日支에 있으면 夫婦宮에 欠이되며。時柱에 있으면 子孫으로 傷心인데。理由는 傷官은 내가 生하여 줌으로 내가 도와주어야 하며 또 違法行爲가 되기 때문이나 但 傷官이 柱中에 忌神으로(病) 作用하여야 한다。

다음 柱中에서 傷食이 絶滅하면 祖母와 丈母가 없고 孫子代에 無後요、

女命은 子孫에 欠이 생기고、刑이나 冲이 臨하면 無子、不具 手術等으로 傷心인데 驛馬나 地殺은 海外出入에 外交官 또는 技術者요、刑이나 冲이 臨하면 失踪 重毒 車厄이 두렵고、桃

花가 臨하면 子孫風流요 柱中에서 暗合 또한 같고、華蓋는 信仰에 篤實하며、刼殺은 子孫으로 因하여 敗亡한다。

또 傷食火 子孫이 絶滅하면 視力에 異常이 오고、木이면 肝疾 土는 脾胃、金은 肺、大腸、水는 腎臟 膀胱 等에 病이오며、急脚殺이나 斷橋關殺은 手足에 異常이 있고、老來에는 風疾로 苦生하며 齒牙不實에 血壓이요、鬼門關殺은 神經衰弱에 精神異常이 念慮되며、湯火殺이 臨하면 火傷이나 飮毒、悲觀等이 두렵고、白虎大殺은 子孫橫厄 따르며 魁罡은 武官으로 立身이요 刑殺은 醫師 刑權 技術者에 많고 囚獄殺은 監禁 될까 念慮된다。

다음 男子가 傷食으로 不運하면 上官에 反撥하다 쫓겨나고 部下의 잘못을 責任져야 하며 職場에 나가기 싫어 辭表내고、一獲千金할라다 오히려 敗亡하며、人少用多에 詐欺、背信、失物、官災、訟事、口舌 等이 있고、또 焦燥不安에 조그마한 일에도 神經質이 앞서며、女子로 因하여 苦心이 따르고 또 社會에 對한 反撥心이 많아 爆發 一步直前이요、말 한마디 失手에 平生을 後悔하게 되며 投書에 謀略받으며、事業家는 工員들의 反撥에 勞組가 結成되고、機械故障이 많아 生産에 差秩(차질)이 오며、人事事故가 發生하고、

主客이 顚倒에 失望이 크고、先生任은 學生이 속썩히며、家庭으로는 夫婦爭鬪에 子孫으로 因한 傷心이요、計劃은 좋으나 結實이 어렵고、無理한 投資와 擴張이 終乃는 不渡를 불러들이며、健康또한 좋지 못하다。

女命은 夫君이 미워지고 말이 함부로 나오며 甚則 離婚하고, 子孫마저 속썩히는데 處女는 子孫을 孕胎하기 위하여 結婚을 서둘다가 詐欺結婚당하기 쉬우니 주의 할것이며 訟事 背信 損財等은 男子와 같다.

그러나 傷食으로 運이 좋으면 하는 일마다 쉽게 그리고 結實하며, 聚財에 子孫 手下 妻子 및 夫君에 慶事요, 健康도 좋고, 昇進에 投資 擴張하고, 人氣 上昇으로 慶事가 重重하게 된다.

다음 傷食으로 構成된 四柱를 吉凶으로 區分한다면

첫째 身旺에 食神生財요(傷官生財도 同一),

둘째 身旺에 傷食旺이며 셋째 官食이 均衡을 잘 이루고 있을 때에 限해서 吉命이나 만약 身弱에 傷食太旺은 밑빠진 독에 물붓기요 官食이 鬪戰은 爲禍百端하고, 食財가 混雜하면 夢中得金으로 虛送歲月인데 똑같은 狀況이라면 傷官보다 食神이 낳고, 傷官이 있다 하여도 印綬를 同伴하면 財 傷官으로 中和를 얻으니 念慮할바 못된다.

그리고 日干 最弱으로 從兒格이 되였을 때는 그 中에서도 土日主 金局이 第一이요, 다음은 水日主 木局이며 金日主 水局은 其三이요 火日主 土가 넷째이고, 木日主 火局이 가장 不實인데 여기에서도 三合과 方合은 區分되어야 한다.

다음은 傷食이 他 六親과의 變化가 어떻한 가를 살펴보기로 한다.

傷食變印綬 祖母가 어머님의 代役까지 하고, 丈母가 어머님과 같으며
丈母가 집 사주며 공부시켜주고, 貴人이며
가르치면서 배우고, 나갔다 다시오며 支出과 同時 收入이요
祖母任님이나 丈母任이 教育者며
처음은 나쁘게 보이나 볼수록 情이 들고
勞力의 代價가 틀림없이 찾아오며
처음은 不安하나 結果가 좋고, 訟事는 勝利나 和解하며
弟子한테 배우고, 手下나 弟子가 貴人이요
子孫이나 手下한데서 소식오며
子孫때문에 공부하고, 貴人이요 집 사주고 옷 해주며
子孫으로 因하여 故鄕이나 母國을 찾으며
子孫이 일찍 철이 든다。

傷食變肩劫 丈母로 因하여 損害가 있으며
丈母任이 친구가 되거나 同年輩가 있고

手下로 因하여 損財요 部下가 나와 同等하게 되며
나이 적은 친구가 많고
弟子와 手下가 背信하며 나와 같아지고、支出奪財 等이 있으며
기계를 도둑맞고、智慧를 도둑맞으며
奴僕 子孫의 손 버릇이 나쁘고 支出 失敗 等이 따르며
나쁜짓을 圖謀하고 엉터리로 가르쳐주며
겉으로는 좋으나 속으로는 나쁘고、支出되면 받을 길 없으며
주고서는 돌아서서 督促하고
一獲千金 노리다 敗亡하며、手下에 保證서 주고 責任지며
나쁜짓하고 친구 물고 늘어지며
子孫으로 失敗요 또는 친구가 생기고
子孫때문에 夫君을 빼앗긴다。

傷食變傷食 丈母가 旺盛에 極盛이요、子孫이 몰여 들고 극성부리며
手下의 變化있고、支出處가 많아지며
깊은 陷井으로 빠져들고、재주와 잔꾀만 늘어나며

官災와 訟事가 겹치며 不祥事가 連發이요
二重으로 詐欺 背信당하며、夫君이 더욱 미워지고
子孫으로 傷心이 더욱 커지며 子孫에 變化있고
工員들이 集團으로 움직이며
學生들의 轉 出入이 잦고、丈母任의 出入이 頻多하며
子孫이 생겨온다。

傷食變財星

祖母任이 遺産받고、말만하면 돈이 생기며
丈母任이 事業體 마련하여 주고、丈母任이 돈주며
아랫 사람들이 돈 빌려 주고
智慧가 的中되며 쉽게 돈 벌고
支出이 돈이 되어 들어오며
勞力의 代價가 있으며 利權에 介入하고
子孫이 財界에서 立身하며 部下와 연애하고
잃어 버렸다가 다시찾으며、子孫이 돈 벌어다 주고
아랫 사람의 연회에 초대 받으며

財産을 늘리고 投資 擴張에 有益하며
재주는 곰이 넘고 돈은 사람이 찾이하며
아들 낳으면서 財數있고、一獲千金있으며
利子가 倍로 늘어 들어오고
約束은 不安하나 結果가 좋으며、뇌물주고 권리를 찾고
訟事의 目的은 金錢에 있다。

傷食變官殺

丈母任이 就職시켜주고、部下들의 長 이 되며
子孫때문에 愛人이 생기고(女) 夫子가 和合하며
部下때문에 昇進하고、子孫이 官界에 立身하며
子孫때문에 名譽가 생기고
子孫이 무서우며
手下人이 背信 恐喝 脅迫하고
子孫 또는 部下로 因하여 官災가 일어나며
部下들에 事故가 連發이요
夫子로 因하여 傷心이요 結束하여 공격하며

子孫때문에 得病하고 年下의 男子가 괴롭히며 좋은 일 하여주고 亡身당하며 말을 잘못하여 官災가 생기고 部下로 因하여 충격받으며 監査받고 쫓겨나며 言爭이 官災로 飛火에 재주 부리다 亡한다。

라、財星

財星 또한 正財 偏財를 合稱한 말이며 我尅者로서 내가 다스려 管制하고 또 日干으로부터 다스림을 받아야 할 의무가 있다고 보아도 된다。

普通 正財는 吉하고 偏財는 凶이라 할 수 있으나 亦是 相對的이기 때문에 正財도 太過하면 病이 되기에 偏財보다 더욱 凶하고、偏財도 必要하면 正財보다 나으니 財星의 過多와 日干의 強弱을 알고난 다음 吉凶을 論하여야 된다。

가령 甲木日主가 柱中에서 己丑未 正財를 多逢하면 土多木折이요 財多身弱되여 凶이 되나 水多로 浮木이 되고 있을 때는 戊戌土 偏財로 土尅水하여 浮木을 豫防하기에 正財도 太過하면 偏財와 같으며 偏財도 有用하면 正財와 같은 것이다。

그리고 財星은 印綬를 尅하고, 官殺을 生하며, 傷食으로부터는 生을 받고, 肩刼으로 부터는 尅을 당하는 것이 原則이다。

다음 財星이 印綬를 만나면 尅印하기 때문에 一名壞印이라 하여 大忌하는데(貪財壞印)이렇게 되면 補給路가 遮斷(차단)되며, 貴人이 물러가고, 不渡나며, 父母不合에, 공부는 送中下車하게되고 因妻敗財에 慾心이 앞서 每事를 그르치며, 조그마한 賂物이라도 官災가 發生하고, 甚則 拘束되며 女子에 身勢를 져야하나, 만약 印綬가 太過하여 病이 될때에는 오히려 印綬를 制하여 母子滅子에서 日干를 救出하게 되므로 이러한 때에는 다시 없는 藥이 되는 것이다。

그리고 財多로 病이 될때에는 印綬보다는 肩刼이 좋은데, 理由는 印綬는 財星으로 부터 尅을 당하나 肩刼은 財星을 直接 尅制하기 때문이다。

다음 財星이 肩刼을 만나면 受制당함으로 大忌하는데 이렇게 되면 財星이 破壞되기에(肩刼太旺) 尅父, 尅妻, 奪財, 背信, 失物, 盜失, 喪妻, 喪夫, 奪夫, 奪妻, 疑妻, 疑夫는 勿論 돈이 모이지를 않아 貧寒하며, 每事가 龍頭蛇尾로 不實하고, 親友로 因하여 敗亡인데 이러한 때에는 傷食이 있어 肩刼生傷食生財로서 通關을 잘하여야 비로서 財가 所生하게 되는데, 아니면 官殺을 얻어 尅 肩刼으로 財를 補護함으로서 財가 살아나니 傷食과 官殺을 잘 利用할 줄 알아야 한다。

또 反對로 財星이 旺하고 肩刼이 弱하면 財旺에 依하여 肩刼이 反傷됨으로 肩刼이 있다 하여도 怯나지 않으니 모두가 相對的인 것이다。

다음 財星이 傷食을 만나면 財星의 源流가 됨으로 가장 좋아하는데 이렇게만 된다면 쉽게
돈 벌며 失敗하였다가도 멀지 않아 다시 成功하는 것이 特徵이요、頭腦와 智慧가 모두 돈이
되고 財産이며

또 目的은 돈에 있으면서도 他人보다 한 수가 빠르고 遠大한 計劃이 됨으로 現實에는 미치
광이라는 指彈(지탄)을 免할 길 없으나 지나놓고 보면 先覺者의 役割을 하였기 때문에 萬人에
尊待를 받게 되는 것이다(群鷄一鶴)。

그러나 身弱에 傷食이 財星을 生하고 있으면 日主는 더욱 弱化되기 때문에 仁情에 죽고 소
리없이 亡하며 才操가 너무나 많은 것이 欠이요、丈母를 모시게 되는데 이러한 때에는 印綬로
서 財星의 根源인 傷食을 除去하여야 均衡을 이루기가 쉽다。

다음 財星이 財星을 만나면 財가 한층 더 旺하여 짐으로 念慮가 되나 身旺時는 財를 充分하
게 다스릴수 있기에 이를 두고 身旺財旺이라하며、이렇게만 된다면 英雄豪傑에 巨富요、環境
을 支配하고、經濟界의 長으로 立身하며 開拓精神(개척정신)이 透徹(투철)하여 每事에 自信있
고、統率力(통솔력)이 있어 무엇이든 管理(관리)를 잘하며

또 어떠한 어려운 難關(난관)도 잘 克服(극복)할 수 있으니 무엇이든 장해(障害)가 될 수
없음이라 따라서 하면 된다라는 신념(信念)이 더욱 實感(실감)나고 慾心도 많으면서 聚財(취

재)하는데는 名手요、父母任의 有德에 本 바탕이 좋으니 出世가 빠를 수밖에 없고、어느곳을 가나 人氣이요、數値에는 빨라 經濟學 博士에 會計士며、妻德 또한 좋아 結婚하면서 부터 더욱 發展하고、또 財生官 할 수 있어 子孫까지도 貴子둔다。

父親도 똑똑하여 그 家門자랑할만 하며、또 身旺에는 正財 偏財할 것이 없이 모두가 財星으로 通하는데 이는 나의 所用之物이기 때문이며、좀더 細分(세분)한다면 陽日主는 偏財가 陰日主는 正財가 더욱 좋고 財星 得局을 第一로 하고 있다。

굳이 正 偏財를 區分한다면 正財는 正當한 代價(대가)로 虛慾을 부리지 않고 聚財(취재)하기 때문에 그 財産 恒久할 수밖에 없고

또 正妻요 俸給等에 該當하나 만약 柱中에 財가 둘이면 年柱나 月柱에 있는 正財가 正妻가 되고 그 外에는 愛人이나 小室이 되며、또 正財도 過多하면 偏財로 變化하는데 理由는 身弱하여 財를 다스릴 수 없기 때문이다。

다음 偏財는 偏妻로서 小室 愛人 再娶婦人 橫財가 됨으로 恒久하지 못하며、一攫千金에 速成速敗가 따르고 있으나 이것도 運이 따르면 念慮(염려)할것 없는데 特徵(특징)이 있다면 正財는 安全運行인데 反하여 偏財는 急하고 危險(위험)이 따르는 대신 偏財가 아니면 큰돈 한번 만져보기 힘들며

女子觀에 있어서도 婚前에 살림 차리고 初婚失敗가 아니면 作妾을 하며、또 正財는 比劫을

偏財는 比肩을 무서워하며、正財는 正道를 偏財는 偏道를 行한다라고 알고 있으면 된다。

다음 日主弱에 財星多로 完全破格이 되면 早失父母에 庶出(서출)이요、惡妻에 惡夫가 念慮되고、出生이 되면서 家產이 기울었으니 재수없는 사람은 이를 두고 한말이며、酒色으로 骨病들고、詐欺性마저 있으니 그 누가 歡待(환대)하겠는가 말이다。

또 다른 父母 밥 먹어보며、財는 많으나 다스릴 길 없으니 모든 것이 그림속의 떡일 뿐이요 目前의 것도 取得할 수 없을 뿐더러 내것을 내것이라고 主張할 수 없어 貧寒이 뼈에 사무칠수밖에 없고、慾心이 앞서 되는 일이 하나도 없으며

내가 다스리는 者에 依하여 오히려 내가 敗將(패장)이 되고보니 主客顚倒가 틀림없고、自己分數를 모르고 날뛰니 알아주는 者 없으며

마음을 풀겠다고 술을 마시다보니 過飮(과음)이 되여 終乃는 술이 사람을 먹게되며、印綬가 被傷되여 事理를 判斷(판단)못하니 뚝 성질에 앞뒤를 區分못하고

또 賤한 者 좋은 곳에 姻緣이 될 수 없어 가까스로 姑婚하고보니 보이지 않은 財가 添加(첨가)라 財는 더욱 旺盛(왕성)하여 극성을 부림으로 妻에게는 꼼짝 못함이 定然한 理致요、婚後에 失敗가 重重하여 妻에게 責任을 轉加(전가)하나 알고보면 本人의 罪가 더 큰데 그것을 認定(인정)한 者 果然 그 몇이나 되겠는가

거기에다 妻가 子孫을 (官殺) 낳으니 財官이 結束(결속)하여 尅身이라 妻子에 마저 따돌림

을 당하고 설 밥을 얻어 먹더니 한 人間으로서 태어나 사람 구실한번 못해보고 어느덧 壽命마저 西山에 기울고 있으니 누구를 怨望(원망)하리

또 財多者는 先天的으로 많이 먹고 태어나 体內에 飮食이 殘餘(잔여)하고 있기 때문에 먹지 않아도 배 부른 者가 되어 하루쯤 굶어도 끄떡없고, 到處에 女子로 젖구룹이다 치마만 둘러 붙어도 좋아하며, 家庭에서 생하여야 되기에 다른 것은 몰라도 色情福하나만은 주어서 여러 女子만나는데는 支障이 없고, 또 女子가 떨어져 떠고 살아야 하니 얻다가도 모를 일이다.

財星多逢者를 對比하여 보다면 八字中 財 가 여섯일 때 日主를 봄는 자 하나밖에 없으며 日主와 合해서 보아도 六對一 比率(비율)로 妻는 여섯을 生實하면서 對話를 하는데 夫君이 對答은 들밖에 나오지를 않음으로 말이 通할리 없고, 따라서 女子로 보아서는 夫君만 믿고 살기 어려워 干涉(간섭)하고 들어가니 夫君은 妻가 여섯이 男便을 잡는다 하므로 이를 두고 평계없는 무덤 없으며 處女가 애기를 배도 할말이 있다고 하는가

이렇듯 財多身弱은 財를 다스리는 것이 아니라 財에 隷屬(예속)되어 생활하여야 되니 金錢의 奴隷(노예)가 分明하고 甚하면 돈에 依하여 自己 몸이 팔려 다니며, 죽도록 일해주고 代價는 커녕 謀略(모략) 陋名(누명)쓰고 쫓겨나며, 돈이 들어오면 得病이요 돈 벌어 믿는데는 ㅣ筆이 된다.

다음 女子는 내쫓주고 뽑 없으니 이를 두고 我財生夫에 反成其辱이라하며 漢字이 亡하는데

女子는 本來 母性愛가 있어 男便이라 하여도 때로는 어리게 보이고 또 주고 싶은 마음이 있어 背信당할줄 알면서도 주게끔 되여 있으며、또한 주고 싶어 줄 때는 그 돈을 어느 곳에 使用하든 後悔하지 않는 것이 女子의 마음이기도 하다。

이와같이 財星 즉 돈과 女子는 삶에 있어 없어서는 안될 것이지만 그대신 가장 무서운 댓가를 치러야 하는 것이니 돈 많은 者는 現金으로 幾百萬원도 우습게 알지 모르나 生前에 처음 만져본 자는 떨리고 무서우며

또 돈이라 하는 것은 들어올 때는 아무 일이 없으나 나갈 때는 人馬를 殺傷하는 것이기 때문에 돈이 나갈 때 더 무서운 法인데 이것도 細分한다면 正道로 모은 돈은 곱게 나가고、偏道로 聚財하는 것은 凶하게 나가는 것이니 이것이 바로 本人이 뿌린 씨는 반듯이 本人이 걷우게 되여있고、또 佛家에서 말한 業報(업보)요 因果應報며 陰生陰、陽生陽이 아니겠는가。

또한 돈이라 함은 平生을 벌 수 있는 것이 있는가 하면 年 平均收入과 日 平均收入이 있는데 만약에 이 數値를 넘을 때는 災殃은 勿論 甚하면 生命마져 保存키 어려운데 돈 錢字 自体가 쇠 金변에 천할천字 몸이 되여 돈은 가장 賤한 代身 가장 貴하게 되여 있고、또 戈字는 창과 戰爭에서 목이 달아날 과 字로 돈이라는 것은 바로 本人의 生命을 위협하고 있기 때문에 돈에 對한 慾心도 타고난 分數를 넘어서는 안되는 것이다。

그리고 財星을 推理할 때는 財庫의 有無도 잘 살펴야 하는데 無財星이면서도 富하게 됨은

食神이 잘 構成되었거나 財庫가 있을 때인데 이 財庫는 財局과 同一하기 때문이며 또 正財가 旺하면 妻가 억세어 妾을 못얻고 偏財가 旺하면 妾에게 妻가 밀려나 客反爲主요(正財가 自旺하니 妻不容妾하고 偏財가 得位하니 妾勝於妻라) (妻는 安定되여 있는 女子요 妾은 恒時 서서 있는 女子)

또 四柱가 지나치게 깨끗하여도 돈이 따르지 않고、堅實하여도 또한 같으며 財多者는 混濁을 免할길 없고、貧者에 巨額이 한꺼번에 들어와도 財生殺이 되여 災殃이 일어나는데 甚하면 生命을 잃어 버린다。

또 같은 財라 할지라도 身旺에는 財生官이라하고 身弱에는 財生殺이 되는데 理由는 身旺者는 감내할 수 있고 身弱者는 감내할 수 없기 때문이고

또 比喩(비유)한다면 똑같은 賂物이라 하여도 高位職은 먹어도 끄떡없으나 末端職은 조금만 먹어도 禍가 따르며、將星은 妻를 同伴하여야 作戰도 잘 될 뿐더러 勝戰을 거듭하나 卒兵은 戰爭中에 女子와 돈을 알게되면 百戰百敗에 橫死까지 당하는 것과 같다 하겠다。

다음 財星이 官殺을 만나면 泄氣가 됨으로 남자는 本人의 財産이 官子孫에게 가게되여 있고、女子는 돈 벌어 夫君의 事業資金을 充當하여 줌은 勿論 財 飮食을 精誠(정성)껏 만들었을 때 夫君이 먹어보라는 말도 없이 맛있게 먹을 때는 本人이 배불리 먹은 것보다도 더 즐겁고 또 男子는 女子를 잘 만나야 出世하느니 內助니 하는 것도 모두 이러한 理致에서이다。

다만 주의할 것은 앞에서 指摘(지적)한대로 財生殺은 되지 말아야 하는데 만약 이렇게 된다면 豫測하지 못했든 災殃과 到底히 풀 수 없고 堪耐(감내)할 수 없어 終乃는 破局이 되니 사람은 이러할 때 아마도 自殺을 生覺하게 될 것이니 잘 區分하기 바란다。

다음 財星이 年柱에 있으면 先祖代에 富者요、年上女人과 姻緣(인연)있고、妻의 性格이 할머니와 같으며、月에 있으면 父親이 지나치게 頑固하시고、父代에 發興이요、遺産이 많고、年上女人과 姻緣이 있으나 身弱하면 反撥心에 偏法쓰다 亡하고、日支에 財星은 女子가 恒時따르며、돈을 깔고 앉아 있으니 하다못해 남의 돈이라도 떨어지지 않으며、中末年에 成功이요、時柱에 있으면 末年에 富者요、結婚이 늦으며、子孫이 事業으로 成功한다。

財와 印綬가 暗合하면 父親風流에 母嫁再娶요、財官이 同臨하면 總角得子가 分明하고、財와 傷食이 同臨이나 日支로 合이면 丈母를 모시며、財局은 妻가 똑똑에 妻家집 富者에 財星이 冲또는 刑破당하면 破産은 勿論 妻凶死가 두렵고 偕老 못하며、急脚殺이나 斷橋關殺은 妻에 風疾이나 手足에 異常있고、湯火殺은 火傷 悲觀 飮毒等이 念慮요、鬼門關殺은 神經衰弱이나 精神異常이 두렵고 本人 또한 女子 關係로 골치깨나 아프다。

다음 財星이 四柱에 有用한 中 財運을 만나면 無條件하고 財數大通이라 官者는 昇進에 俸給이 오르고、業者는 聚財에 묵은 돈 받으며、万人에 群臨하고、女子가 따르며、妻子에 慶事요、健康도 좋아 獨食을 하여도 탈이 없으며、總角은 結婚하고、每事에 自信있으며、氣分이 매우 좋아 콧노래가 저절로 나오며、橫財에 공부도 잘하고、父親慶事에 目的을 達成한다。

反對로 財星에 依하여 運이 나쁘면 먹은 것마다 걸리고 支出이 甚하며、主客이 顚倒(전도)요 計算(계산)은 빠르나 혼자서 損害(손해)보고 있으며 一得三失에 不渡나며 慾心이 앞서 보이는 것이 없고 慾心 부린것 만큼 損害보며 盜失에 失物、背信당하고 賂物(뇌물)에 禍가 따르며 家庭不和에 妻로 因하여 失敗요 돈 떨어져 신발 떨어져 愛人마저 떨어지며、女子때문에 失敗요 損財가 重重하고 詐欺(사기)당하며 喪妻에 離別이니 이 보다 더 凶한 것이 또 어디에 있겠는가

어린 時節에는 學業이 뒤지는 것은 勿論 甚하면 中斷하고 家産은 기울며 父母를 잃어버리니 依持할 곳마저 없어진다。

다음 財星으로서 日干이 最弱하여 從財格이 되였을 때는 從金이 其一이요 다음은 從水 從木 從火의 順으로 되고、같은 局이라 하여도 三合 六合이 우선하며、方合은 두번째 同合은 세번째가 되며、또 傷食을 同伴함이 가장 좋은데 이중에서도 三合으로서 從財格은 身旺財旺格과 똑같은 効力을 날아내며、古書에서 유독 丙丁日主 透金만 十中九富라 하였던 것은 金이 結實에 堅固하기 때문이다。

다음은 財星이 他 六親을 만나 變化가 어떻게 일어나는가를 살펴보기로 한다。

財星變印綬

아버지가 어머님의 代役까지 하고
妻가 어머님 같은 마음씨요 教育者가 되기 쉽고
妻家에서 집사주고 공부시켜주며 貴人이요
妻가 공부시켜주고 結婚하면서 철이 들며
아버지가 어머니한테 꼼짝 못하고
돈이 나가고 文書가 들어오니 買入하며
遺産으로 文化事業하고 經濟學을 硏究하며
겉으로는 慾心이 많으나 實은 清白하고
늦게 공부길이 열리며, 돈주고 祖上만들고
妻 때문에 父母와 故鄕을 찾게 되며
돈 받아 가라는 소식이요
現金주고 借用證받는다。

財星變肩刼

妻가 權利를 同等하게 主張하고
妻가 도망가고 離別하며
妻가 妨害者요 背信하고

돈이 모이지를 안으며、妻가 다른 주머니를 차고
돈이 나가면 들어올 줄 모르며、失物의 名手요
뭇돈이 푼돈되며 妻로 因하여 失敗요
金錢督促(금전독촉)에 財産(재산)의 權利者가 또 하나 생기고、
疑妻症(의처증) 있으며 殘疾(잔질)이 많다。

財星變傷食

妻로 因하여 支出이 많아지고
妻가 仁情이 너무나 많은 것이 欠이요
每事가 逆行(역행)하며 벌었다가 다시 놓치고
妻의 才操(재조)가 너무나 많으며 씀씀이 헤프고
妻가 항시 젊어지며 어려보이고
妻가 育英事業(육영사업)에 손대며
妻로 因하여 官災요、口舌이 따르며
妻는 나가고 丈母任은 들어오며
돈이 나가고 子孫이 생겨오며
돈 때문에 官災요 마음이 傷하고

내돈 쓰고서 口舌듣고 女子로 인하여 官災요
不安하며 違法行爲(위법행위)하게 되고
돈이 나가고 夫君 빼앗기며 殘疾 또는 退職(퇴직)하고
妻가 말을 잘하나 실속이 없는게 欠이다。

財星變財星 財產이 늘고 變化있으며
妻의 來往(래왕)이 많아지고
妻家가 結束하며 억세어지고 移徙(이사)하며
私債(사채)놀이하고 妻가 强하여지며
돈이 돈을 달고들어오며
女子가 女子를 소개하여주며 俸給이 引上되고
金錢에 集着하며
돈이 움직이면서 災殃이 發生하고
여자로 因하여 官災가 發生하며
妻宮에 變化가 온다。

財星變官殺

돈주고 벼슬사며 취직하고
聚財(취재)연후에 名譽가 따르며 벼슬얻고
妻家에서 또는 妻가 취직시켜주며
結婚卽時 子孫얻고 철들며 上司에 아첨하고
돈주고 시집가며 또는 돈벌다 애인 생기고
돈주고 승진하며 妻때문에 승진하고
妻와 子孫에 慶事요 職場에서 愛人생기며
妻家로 因하여 權力이 생기고 돈 때문에 愛人생기며
돈이나 女子로 인하여 亡身이요、女子만 보면 怯(겁)이 나고
돈때문에 官災요 女子 또한 같으며
結婚하면서 得病하고 내것 주고 背信당하며
女子가 협박(脅迫)하고 妻子에 蔑視(멸시)당하며
돈과 女子때문에 陋名(누명)쓰고 쫓겨나며
飮食때문에 得病이요 媤母때문에 매맞고
돈이나 女子때문에 監査(감사)받으며
妻가 背信한다。

마、官殺

官殺은 尅我者로서 正官 偏官을 總稱한 것이며 日干을 尅하기 때문에 가장 두려워하고 있다。

보통 正官은 吉하고 偏官은 凶하다고 하고 있으나 여기에서도 身弱하면 正官도 凶이 되고 身强하면 偏官도 吉이 되는 法이니 日干의 强과 弱을 잘 區分하여야 되며 아울러 正官도 柱中에 凶이 되면 殺로서 作用하고 偏官도 有用하면 權으로 化하여 吉이 되는 것이다。

다음 偏官을 一名七殺이라고도 하는데 理由는 日主를 基準(기준)하여 일곱번째가 되면서 仁情事情없이 尅身하기 때문이고、또 七殺보다 더 무서운 것이 鬼인데 이와같이 똑같은 것을 가지고서 호칭이 다르고있는 것은 日干의 强弱에 따라 區分되는데 다시 말하여 身弱할 때는 殺이 되고 좀더 弱하면 鬼가 되는데 尅身으로 나를 죽이기 때문에 殺이라는 名稱이 생겼고、鬼는 鬼神 즉 殺보다 더 무섭다는 意味에서 붙여진 것이다(病도 됨)。

그리고 柱中에 正官이 없으면 偏官으로 代用하고 偏官은 어디까지나 偏官일 수밖에 없으며 또 透干者를 爲主로 推命하여야 되는데 理由는 天干은 代表者가 되기 때문이고

다음 官은 官我之管으로서 官廳이요 官에서는 法을 制定함으로 法이요 規範(규범)이며 條例

가 되고 또 官職、名譽、職級、職場、權力 等으로 應用되고 있으나 正官은 行政官임과 同時 末端에서부터 昇進하며 正當하게 취직하고 삶하며、偏官은 偏되게 作用함으로 法官、武官、軍人、軍屬、警察、刑務官、司法權、臨時職 等에 該當함과 同時 돈주고 취직하며 昇進하고 벼슬사며 每年昇進에 때로는 하루 아침에 高官이 되기도 한다。

다음 六親으로는 正官은 正夫가 分明하나 正官도 둘 以上이면 나중의 것은 偏官으로 取扱(취급)되니 偏夫나 情夫가 될 수밖에 없고 偏은 偏夫로서 婚前에 살림하거나 두번째로 만난 夫君이요 愛人인데 또 한편으로는 交際(교제)하기쉬운 反面 오래가지 못하고、男命에 官은 子孫이나 陽子孫은 아들、陰子孫은 딸이 되는 것이다。

다음 日主가 旺하고 官도 得局하여 旺하고 있으면 身旺官旺이라 하여 最高로 좋은 吉命이라 一國의 長으로서 權坐에 올라 一個人의 일보다는 國益을 위하여 勞力하며、女命도 例外는 아님으로 國母之象이 된다함은 이를 두고 하는 말인데 이러한 運命은 모두가 國運에 依하여 出生하는 것이고

또 日主가 조금 弱하다 하더라도 運에서 日主를 도울 때는 身旺官旺과 다를 것 없고、日主가 强에 官이 조금 약하다 하여도 運에서 官을 도울 때도 身旺官旺과 똑같은 것이니 留念하기 바란다。

그러나 만약에 日主가 虛弱에 官殺이 混雜(혼잡)하면 賤格으로서 아무것도 없는 집안에 出

生되거나 出生되면서 家產이 敗退하였고、천덕꾸러기요、사랑한번 받아보지 못하고、成長하였으며 恒時 萎縮(위축)된 生活에 病疾(병질)로 苦生하고、四顧無親(사고무친)에 非夭則貧(비요직빈)이요 傷身、不具、陋名(누명)。拉致(납치) 訟事、爭鬪、背信、逐出(축출) 等으로 하루도 平安할 날이 없으며

또 結婚한다 하여도 財生殺이 되기에 헤어날 길이 없고、오나가나 일복이 많아 궂은 일은 도맡아 하면서도 좋은 소리 한번 들어볼 수 없음은 勿論 돈이 모여지지를 않으며 或 돈이 몽여진다 하여도 得病으로 모두 없애버리거나 아니면 代價마저도 받지 못하고 쫓겨나고 職場의 變化가 많아 안해본 것 없으니 賤한 직업이 될 수밖에 없고

家庭으로는 妻子의 德이 없음은 勿論 妻子에 蔑視당하고 또 妻子가 結束하여 背信하며 母妻不合에 子孫傷心이 있는 中 他子養育에 兩妻得子요、事業하면 百戰百敗요、末端職에서 헤매이며 或 昇進한다 하여도 力量이 不足하여 자리를 지킬 수 없고、창살 없는 監房신세인데 잘못하면 平生을 진짜 감옥에서 지내게 된다。

女命도 不實하여 出生될 때부터 밀림을 당하여 설땅을 잃어버렸고 婚後 得病이요、여러번 시집가나 平生을 두고 男便德은 없을 뿐더러 理由없이 매맞고、내것 주고 背信(배신)당하며、억지 결혼에 위협 결혼인데、甚하면 强姦에 陋名쓰고、頭痛、筋痛(근통) 骨痛에 精神疾患이 있으며 媤母不合에、낳으니 딸이요、小室에 妓生八字가 되고보니 世上살이가 가시밭 千里가

된다(貢荊千里)。

여기에서 주의 할것은 官殺太旺으로 身弱한 男命은 子孫을 낳으면서 (아들) 되는 일이 없고 財産減少(재산감소)에 退職(퇴직)이요 得病이라 子孫의 탓으로 돌리기 쉬우나 이는 子孫의 罪(죄)도 아니요 또한 本人의 잘못도 아니니 서로가 理解하고 讓步(양보)하면서 어려운 難關(난관)을 克服(극복)하여야 될 것이다。

다음 官殺이 印綬를 만나면 泄氣됨은 分明하나 그 印綬는 日主를 돕고 있기 때문에 오히려 日主의 源流가 되며 또 어머니로서 外祖母가 됨으로 日干을 尅하지 않으며(貪生忘尅)아울러 高官이 職印을 가지고 있는 것과(佩印) 같아 좋은데 印綬 太旺은 官殺을 無力하게 하므로 不利하고

또 똑같은 官과 印綬의 關係(관계)라 할지라도 身旺者는 官印相生이라 하며 身弱者는 殺印相生이라 호칭하는데 殺印相生中에서도 日主가 조금 약하고 運이 좋을 때는 官殺을 充分히 掌握(장악)할 수 있기 때문에 貴格이 되나 身太弱일 때는 賤格이 되고 만다。

가령 壬申年 壬子月 丙寅日 甲午時라면 日支에 寅木印綬가 能히 納水(납수)할 수 있고 日主가 조금 弱하기에 吉命이 되나 壬申年 壬子月 丙子日 辛卯時日 경우는 卯木印綬있다 하나 濕木에 水木이 凝結(응결)로 印綬의 口實을 할 수 없을 뿐더러 日干이 虛弱하여 賤命이 되는 것이다。

다음 肩刼을 만나면 絶地라 反傷됨으로 大忌하나 官殺이 旺하여 不要한 肩刼을 除去할 수만 있다면 妨害者(방해자)를 없애 줌으로 獨占할 수 있어 좋고 또 하나의 刺戟劑(자극제)로서 분발케 함으로 없어서는 안될 貴物이요、또 官殺과 肩刼은 合이나 冲이되기 쉬운데 區分한다면 必要한 官殺을 冲去나 合去는 不利하나 不要한 官殺은 冲去나 合去가 되여야 좋다。

가령 己卯年 甲戌月 戊辰日 丙辰時로 土日主 身旺하여 甲木官이 必要한데 甲己合이라 尅身을 못함으로 이러한 경우는 오히려 吉이 된다는 것이다。

다음 傷食을 만나면 官殺이 被傷됨으로 大忌하나 官殺이 太旺하여 尅身할 때는 오히려 官殺을 制壓(제압)하여 日主를 補護(보호)함으로 좋은데 만약에 官殺이 必要할 때 傷食이 있으면 官殺은 受制되여 終乃는 病이 되는 것이고

또 官殺이 年月에 있고 傷食이 日時에 있으면 殺居先 食居後格이라 하는데 各其得局을 잘하여 橫成되여 있을 때는 衣食이 豐足(풍족)에 身旺官旺과 같이 高官이 되는데 反하여、得局을 하지 못하고 散하여 濁亂이 되여 있다면 官食이 鬪戰이라하여 하루도 平安한 날이 없고、官災、訟事、口舌에 骨肉相爭(골육상쟁)이요、女子關係가 많으며、女子는 의심받고、매맞으며 삶하는 것은 傷食에서와 같다。

또 官殺이 많고 傷食이 적으면 食神制殺格이라하여 肩刼과 傷食運에 發하고、反對로 官殺이 弱하고 傷食이 旺하면 制殺太過格이라 하여 財와 官運에 發榮인데、甚하면 盡法無民(진법무

민)이라고 하여 法없이 죽음에 臨함으로(銃殺 暗殺 事故死) 大忌하는 것이다

가령 戊辰 辛酉 甲午 丙寅으로서 殺居先 食居後格이면서도 官食이 均衡(균형)을 잘 이루고 있어 吉命이라 大端히 좋으나、戊寅 乙卯 己酉 乙丑은 官食이 鬪戰으로 大忌요、癸丑 庚申 甲戌 己巳는 食神制殺이라하나 殺을 制하는 火가 微弱(미약)하여 濁으로 欠이 되고、

丙午 丙申 甲午 丙寅은 制殺太過로 申金 殺이 旺한 火에 지나치게 受制되고 있어 凶命이 되며、制殺太過格은 官夫君을、食神制殺格은 傷食子孫을 위주로 삼하는 것이 특징이고、官食鬪戰에서 나타난 狀況은 앞서 공부한 傷食에서 參考하기 바란다。

다음 財星을 만나면 官殺의 補給路(보급로)요 原流며 根이됨으로 大端히 좋아하는데 이렇게만 되여 있다면 財官二德이라하여 富貴가 兼全하고、또 天干의 官이 地支의 財星에 得位하고 있으면 이를 明官跨馬(명관과마 馬는 財를 指稱한 것임)라 하여 最上으로 하는데、理由는 財가 있어 生活에 구애받지 않고 所信껏 每事를 處理할 수 있어 他人보다 앞서며 認定(인정)받고、昇進하며、그 職場 恒久할 수 있고

또 무엇 보다도 家庭이 安定되여 있음과 同時 或 官이 없어진다 하여도 財星이 다시 財生官하여 官을 살려 놓기에 大喜하나 만약 身弱이 되여 財生殺이 된다면 賤命이라 不利하며

男命에 財官同臨은 總角得子가 두렵고 女命에 官食同臨은 不正胞胎데 여기에 冲이나 刑殺이 倂臨하고 있으면 落胎시킨다。

다음 官殺이 官殺을 만나면 合하여 强旺하여지기 때문에 日主이 自然 虛弱하여짐으로 凶이 되는데 그 中에서도 官殺混雜이나 財殺太旺은 賤格이 되기에 더욱 나쁜데 反하여、身旺者는 官의 다스림을 받는 것이 아니라 오히려 官을 操縱(조종)하기 때문인데 比喩(비유)한다면 平民은 法의 제제를 받으나(환경의 支配를 받고) 高官은 法을 만들고 부리기 때문이며 (治外法權) 또 身旺者는 어떠한 官殺도 侵犯하지 못하기 때문이다(環境을 支配함)

다음 官殺이 混雜하면서도 混雜으로 보지않는 경우가 있는데 첫째는 身旺할 때이고 두번째는 去官留殺이라하여 年月上의 正官이 合去나 冲去당하고 時上의 偏官만 있을 때와

(乙年 庚月 戊日 甲時)

셋째는 去殺留官이라하여 年月上의 偏官이 合去나 冲去당하고 時上에 正官만 있을 때인데 (甲年 己月 戊日 乙時) 添言한다면 이와같은 命主는 아무리 어려운 일이라 하여도 쉽게 해결하니 減員(감원)시키는데 名手라고나 할까 그러나 本人이 立身하는데는 반듯이 회생者가 있다는 것을 銘心하여야 한다。

다음 官殺이 많은 者 男女關係없이 職場의 變化가 너무나 많아 虛送歲月하니 女命에는 賢婦가 없는데 만약 透官에 暗藏官合이면 애기낳고 살다가도 逃亡(情通逃走)하니 믿지 못할 女子요 의심받으며 삶하고 必傾 敗亡하는데

사람을 나무로 비유한다면 아무리 肥培管理(비배관리)을 잘한다 하여도 자주 옮기면 반듯이

枯死(고사)하는 것과 같이 사람도 例外일 수는 없으니 職業도 자주 바뀌면 自然 成功하기 어려운 것이다。

다음 官殺이 아무리 무섭다 하여도 다스리는 方法이 세가지가 있는데 첫째 印綬로서 官殺을 印綬에 生하게 하여 剋我를 未然에 防止하는 方法인데 이를 두고 協相法 또는 殺印相生 貪生忘剋이라 한다。

가령 丙火日主가 旺한 壬子水 官殺에 剋制를 당하고 있을 때 寅木 印綬가 있으면 水生木 木生火로 오히려 日主의 根源이오, 또 火와 水는 水剋火로 本來가 相戰이나 木이 介入하면 火의 父母는 木이오 木의 父母는 水라 火의 外祖母가 되기에 相戰할 수 없는 것임과 同時 殺이 비록 災殃이라 하여도 印綬德 앞에는 꼼짝못하는 理由가 여기에 있으며

둘째 比劫 乃至는 羊刃으로서 合去시켜 다스리는 方法이 있는데 가령 甲木日主가 庚金 七殺로부터 冲剋을 당하고 있을 때 乙木比劫이 併臨하고 있어 乙庚合이 된다면 殺은 權으로 變化하는데 이를 두고 殺刃相停, 權刃相停, 羊刃合殺, 妹氏合殺 또는 美人計라 하며

셋째는 協相도 안되고 美人計도 通하지 않을 때는 食神(傷官도 同一)으로서 制殺하여야 되는데 이를 두고 擊退法(격퇴법)이라하며 이는 通하지 않기 때문에 戰剋으로서 싸워 이겨야 하는 것과 같은데 또 殺로서 罪지은 者가 傷食 蔭德으로 制殺하여 危機에서 救出되는 것과 같다。

가령 丙火日主 壬子 水 殺로 부터 冲剋받아 쫓기고 있을 때 戊戌土 食神을 同伴하고 있으면 土剋水가 무서워 水剋火를 못하며、또 壬水 偏官夫가 水剋火日主를 마음대로 할 수 있음은 事實이나 戊戌土子孫이 있을 때는 土剋水함으로 丙火日主 妻는 被傷되지 않기 때문이다。

故로 官殺이 있을 때(夫) 傷食은 (子孫) 日主便이되고、官殺이 없을 때 傷食은 다만 日主의 泄氣處요 盜氣라 비유하건대 夫君이 있을 때의 子孫은 本人의 依持處(의지처)요 防禦線(방어선)이되나 夫君이 없을 때의 子孫은 支出處요 盜氣處로서 日干만(妻) 괴롭힌다는 것이다。

다음 官殺多逢으로 日主 無根하여 從殺이 될때에는 첫째 三合局이 第一좋고、다음은 方合이요 個體合이나 散하여 있어도 안되고、또 天干으로 官과 殺이 透出되여 있어도 안되며、純粹(순수)한 從殺보다는 財星이 뒷받침하고 있는 命主라야 몇배나 좋은 吉命이 된다。

또 같은 從殺이면서도 從金殺이 其一이요、從水가 其二가 되며、從木이 其三이요、從土가 其四며、從火가 其五로서 이는 他日主의 從과 같으며、또 從殺格을 一名 妻從夫化라 하고 女命이 이 格에 該當하면 貞夫人이며 男命도 貴格으로서 高官이 된다。

다음 官殺이 年柱에 있으면 先祖代에 벼슬이요、月柱에 있으면 父母代에 官職인데 正官을 놓은 者 人稟이 俊秀에 家庭敎育이잘 되어있고 萬人에 模範으로 每事에 結實이 좋으나 身弱에 偏官者는 環境不實에 抑壓받고 삶하며 甚則 故鄕에서 쫓겨나오다 싶이 하였고、日支에 있으면 夫婦의 惜別인데 아니면 惡夫 惡妻로 苦心이 많고、時柱에 있으면 子孫이 官職에 進出하며

女命에 年柱官殺은 老郎이요、時柱의 官殺은 年下의 男子와 姻緣되기 쉽고、또 官殺에 沖、刑、空亡、自虎大殺 等 凶殺이 臨하고 虛弱하여 있으면 男子는 子孫에 凶死나 不具되기 쉽고、女命은 喪夫에 男便不具요、또는 無能力하여 本人이 家口主 노릇을 하여야 하며 또 官殺에 鬼門關殺은 子孫에 또는 子孫으로 因하여 精神疾患이 있고、急脚殺이나 斷橋關殺은 手足에 異常이 있으며、湯火殺은 子孫의 火災로 혼나보는데、女命은 男便으로 바꾸어 推理하면 된다。

다음 運에서의 官殺이 有用하면 쉽게 취직하고 榮轉하며、官事에 有益이요 子孫에 慶事며、健康도 좋고、財數있으며、상패에 훈장이 따르고、夫君경사에 좋은 곳으로 시집가며、媤宅이 잘되며、人氣 女性에 每事가 結實에 完熟(완숙)되나 反對로 凶으로서 作用되면 退職、左遷、陋名、恐喝、脅迫、得病、傷身、官災、拘束、離婚、子孫傷心、夫君傷心、業務屢積 監査、稅務査察、企業公開、虛夢、妖詐 等 凶死가 連鎖的으로 發生한다。

다음은 官殺이 他 六親으로 變化하여 나타나는 狀況을 알아보기로 하자。

官殺變印綬　職場에서 工夫시켜주고、教育으로 歲月보내며
夫君이 工夫시켜주고 夫君이 教育者요

親家와 夫君이 和合하고 親母를 모시며
夫君이 親母와 같고 사랑 받으며 仔詳하고 仁慈하며
官邸、社宅、公共住宅과 因緣있고
內勤으로 行政職이요、協相에 名手며
저당되여 있는 집을 買入하고 官廳의 소식이요
國、公立學校와 因緣있으며 制服을 좋아하고、怨讐가 恩人이 되고 웃사람의 사랑
받으며
官의 표창장 받고 官이 貴人이요
子孫이 孝道하며 夫君의 소식이요 名譽가 于先이고
官에서 父母를 찾아 준다。

官殺變肩劫

벼슬과 직장이 친구로 인하여 없어지고、情夫로 인하여 破産하며
官으로 因하여 損財요 官의 妨害가 생기고
夫君이 친구와 같으며、奪夫되고
子孫이 不孝에 損害가 따르며 夫君이 背信하고
夫君이 돈 쓰는데 名手요、無能力者가 되고

夫君으로 因하여 친구가 생기고、子孫으로 인하여 친구가 생기며、功勞를 他人이
빼앗아가고
官者가 찾아와 金錢을 要求하며
취직 부탁하면 詐欺당하고 約婚했다가 破婚한다。

官殺變傷食

官으로 因하여 옷과 밥이 생기고、職場이 없어지고 左遷하며、每事가 逆行이요
上司에 變動있고、꼼짝못하며 官때문에 支出이 따르고
남편이 어린애와 같으며、위법행위 잘하고、訟事가 많으며
웃사람이 아랫사람으로 바뀌고、예기치 않은 일이 發生하며
官이 파놓은 함정에 걸려들고、夫君、情夫 또한 같으며
夫君의 仁情이 過多에 돈 쓰는데 名手요
夫君이 育英事業하다 亡하고、年下의 남자와 인연 있으며
職場때문에 傷心이요 退職하며 喪夫에 離別하고
情夫로 因하여 口舌이요 不正胞胎하고
子孫으로 因하여 官災요 事故가 連發에 死亡이 두렵다。

官殺變財星

官에 依하여 돈이 생기고 職場에서 愛人 생기며
職場生活하다 事業하고 융자가 쉽게 되며、名譽를 돈과 바꾸고
아들이 돈 벌어다 주며、子孫 때문에 愛人이 생기고
夫君으로 因하여 돈이 생기고、夫君이 家庭爲主며
夫君이 돈으로 보이고、夫君보다는 돈이 우선이요
子孫때문에 妻家를 訪問하게 되고
子孫으로 因하여 飮食이 생기며、職場의 目的은 聚財에 있고
每事가 逆으로 進行되다가 다시 順理로 바뀐다。

官殺變官殺

名譽가 따르고 變化하여 보았자 같은 職種
子孫에 變化 있으며 夫君에 變化있고
골라 보았자 같은 남자요、夫君에 旅行있고
繼續하여 따라오고 협박에 공갈하며
山 넘어 山이요、일복만 많아지고
子孫과 夫君때문에 傷身이요 得病하며
夫君과 子孫이 무섭고 두려워 진다。

다음은 지금까지 공부한 六親을 種類別로 總整理하여 공부하는데 便利를 돕고자 한다。

<table>
<tr><td rowspan="6">印綬</td><td>六親</td><td colspan="3">父先丈叔伯姨外乳養繼庶母祖
母生人母母母家母母母母親父</td></tr>
<tr><td>性格</td><td colspan="3">知本持企發創固理表意精蒐名華平忍德修清純
人久
爲
識主力劃明造執論識慾神集譽麗安耐望養白朴</td></tr>
<tr><td>職種</td><td colspan="3">印證哲宗通文打設建寶衣修敎學文政出言文行文文
章券學敎譯房字計築石類學育園藝治版論化政公敎</td></tr>
<tr><td>吉</td><td colspan="3">補原貴證書故故修補硏保昇收賣結新擴投消始貴
給　重
路流品書類國鄉理護究證進入買社築張資息作人</td></tr>
<tr><td>凶</td><td colspan="3">逆下虛暗落背失紛忘虛沓縮抑左支得損個筆不倒
行落花黑鄉信手失覺脫沓少壓還出病財人禍渡食</td></tr>
<tr><td>六親</td><td>兄姉同親妻子
弟妹婿友姪婦</td><td>性格</td><td>競混嫉謀猜不模疑獨慢
爭濁妬略忌信做心走勇</td></tr>
<tr><td rowspan="2">肩劫</td><td>吉</td><td>獨인칠健昇保自逢慶貴依自代同防恩
食정이
不받든
可다다康進證信兄事人持立理業敵友</td><td>凶</td><td>盜分爭損奪喪喪詐陷敗不離失謀奪背尅尅
失財鬪財夫夫妻欺并將渡別物略財信妻父</td></tr>
<tr><td colspan="4"></td></tr>
<tr><td rowspan="2">傷食</td><td>六親</td><td colspan="3">他從手工部學孫子丈祖
人業下
의
子
孫員人員下生子孫母母</td></tr>
<tr><td>性格</td><td colspan="3">臨支弄欺反假悲違虛說表豫想推應仁加技才育蔭犧
機談
應
變出甚滿抗飾哀法勢敎現知想理用情工術操英德牲</td></tr>
</table>

星	區分	內容
傷食	職種	文公 教育 指導 企劃 創案 發明 文藝 社會 育英 技藝 生產 食品 機械 組立 學園 設計 說教 妓生 工員 從業員 食順
	凶	悔心 官災 訟事 是非 口舌 焦燥 不安 恐怖 下克上 爭鬪 退職 逆行 喪夫 離別 支出 子憂 背信 陷井 詐欺 夫君事故 手下事故 得病 投機 密輸 賭博 反抗
	吉	投資吉 始作不安 結果만족 말이돈 아이디어돈 뱃장좋고 시원하고 子孫경사 部下貴人 쉽게돈 기대以上 豫感的中 訟事승리 財數있고 指導 教育 發明 인정所生 氣分만점
財星	六親	父親 伯父 叔父 姑母 妻妾 愛人 妻男 妻兄 妻弟 媤母 媤家
	性格	群臨 管理 征服 克服 統率 開拓 計算 數理 慾心 混濁 기분상쾌
	職種	經濟 經營 財政 事業 食品 管理 經理 密輸 賭博
	凶	不渡 官災 訟事 離別 得病 詐欺 背信 失物 盜失 爭妻 分財 損財 破稧 父親喪別 賂物亡 過慾亡 女子失敗 賭博亡
	吉	自信있고 氣分만점 財數있고 萬人群臨 收獲 묵은돈入 妻경사 연애 옛인 遺產 財產증식 計算적중 結婚 子孫경사 父親경사 공부잘함 건강하고 유산받고 成功하고 용자쉽고 官에경사
官殺	六親	夫君 情夫 子孫 媤兄弟 媤家
	性格	名譽 正直 結實 堅固 秀麗 權力 責任感 雜務 伏從 强壓 小心
	職種	職場 行政官 武官 法官 代表者 別定職 臨時職 職業社長
	凶	剋戰 鬪爭 憎惡 官災 訟事 逃走 拘束 拉致 災殃 傷身 事故 得病
	凶	背信 謀略 陷名 受侮 蔑視 强壓 恐喝 損財 不渡 辭表 退職 退出 忘覺 冲突 離脫 離婚 夫婦爭鬪 子孫愁心 妖詐 魔鬼 逆行 失手 入院 破壞
	吉	昇進 榮轉 就職 結婚 名譽 감투쓰고 結實되고 財數있고 원수가은인 成功 目的達成 子孫경사 夫君경사 官有貴人 자극받고 책임감 重責 到處中心 人氣있고 존경받고 完熟 철이들고

印綬多逢(局)	吉	皓藏家寶外慈祖到政文文最學博創清性容德修每精 首書屋買家堂父處治藝筆高業士案白情貌望養事神 書之大有發賢長貴外之正學優得非之純端之之自充 生客闕益興淑壽人交人確部秀名凡人朴正人人信滿
印綬多逢(局)	凶	宗外石健言我他自獨夫不親父孫夫妻母母父祖偏母 教華讀康語執人己身尊奉母母宮宮宮妻之先父母外 歸內斗不不太蔑爲孤不翁奉不不不不不家之異膝有 依困用實實强視主立命姑養合實實美合權命腹下母
肩劫多逢(局)	吉	賢親兄早健每兄兄 妻友弟達康事弟弟 貴貴有男良自出和 子人德兒好信世睦
肩劫多逢(局)	凶	母異生每早太六獨自自吝左 外腹後事別剛親走作己嗇冲 有兄母疑父則無强自爲之右 母弟病心親折德壓禍主人突
肩劫多逢(局)	凶	同健事妨失妻散兄到獨自媤母東小夫奪疑妻妻喪孫 業康業害物宮財弟處身由家妻西室君妻妻家有夫宮 敗不失數盜不一不背主夫異不作之不奪疑蔑殘喪不 亡實敗多失實等睦信義人腹合妾命滿夫夫視病妻實
傷食多逢(局)	吉	先育健丈子孫祖名弟手弱舌頭博一每充理仁懷多心 出英康母孫子母之子下者端腦士讀事分想情牲才廣 後事良有有大賢講成之救生寶得知易活遠多更多体 得業好德榮發叔議功德濟金物名十成用大厚生能胖

傷食多逢	凶	祖母兩位 丈母兩位 孫得子沒 子得夫去 子孫不具 他子養育 兩姓得子 無子之命 小室得子 喪夫小室 到處美人 再嫁妓生 年下男子 奴俾연에 獨守空房 自然流産 子宮外妊 子宮之病 悲哀煩多 官災訟事 鳥合之卒 爲他盡力
財星多逢(局)	吉	父代榮光 長壽碩固 遺產數多 賢母良妻 家庭爲主 婚後大發 妻家巨富 女子貴人 媤宅發興 子孫榮華 受福之人 媤母和合 見見美人 到處勝利 慾心大端 聚財一等 數理透徹 經濟之通 事業成功 巨富之命 環境支配 健康良好
	凶	早失父母 庶出之命 母嫁再娶 生後破產 異腹叔姑 他家倚食 媤宅敗亡 媤母兩位 惡妻喪妻 婚後得病 到處女子 女子依持 過慾失敗 金錢奴隸 學業中斷 二重性格 骨肉相爭 詐欺背信 賭博暴飲 夢中得金 混濁之命 財生之殺
官殺多逢(局)	吉	名門家庭 兩代政丞 夫君大榮 媤家發興 父母有德 子孫貴奇 婚後成家 人稟俊秀 名譽爲主 責任完遂 清白之人 每事堅實 正直不屈 萬人模範 憂國憂族 到處人氣 職場第一 每年昇進 規律遵守 環境支配 健康之人
	凶	非沃則貧 四顧無親 平生殘兵 不具可畏 精神疾患 離婚喪失 惡妻惡夫 子孫不合 小室妓生 到處敗將 學業中斷 最下末職 事故連發 苩荊千里 貧寒之人 婚後敗亡 子得敗亡 到處雜務 人財得病 陋名攻擊 強姦摳打 蔑視受侮

다음은 用語에 따른 四柱를 記錄하여 공부하는데 理解를 돕고자 한다。

甲子 丙寅 壬申 甲辰

이 四柱는 壬水 日主가 日支 申金印綬로 梟神이 된다。

甲申 癸酉 壬申 己酉

이 四柱는 壬水日主가 日支 印綬에 月時로 印綬를 놓아 梟印이라고 한다。

壬申 壬子 甲子 丙寅

이 四柱는 甲木日主가 水氣太旺으로 身旺된 中 凍木이라 時上의 丙火가 필요한데 年月上의 壬水가 丙火 食神을 丙壬으로 冲剋하고 있어 偏印이라 하지 않고 倒食이라고 稱한다。

癸亥 癸亥 甲子 丁卯

이 四柱는 甲木 日主가 水氣太旺으로 身旺한 中 다행히 時上傷官을 얻어 泄氣하고 있는데 年月上의 兩 癸水가 丁癸로 冲剋하므로 傷官傷盡이라고 한다。(母慈滅子、水木凝結 陰地나무)

庚申 戊子 甲子 乙亥

이 四柱는 甲木日主가 年柱에서 庚申金 偏官을 얻고 있으나 子月子日에 庚金의 뿌리 申金이 申子로 水局하여 金이 아니라 水氣로 變化되고 있어 官이 無力하고 있다。(水木凝結、母慈滅子 陰地나무 無花果 凍木 浮木)

己丑 이 四柱는 丁火日主가 戌月에 年柱己丑土 時支戌土로 傷食이 太旺하고 있어 日干이 虛弱
甲戌 이라 母衰子旺 또는 子旺母衰라고 한다。
丁卯
庚戌

癸亥 이 四柱는 甲木日主가 年月日時로 木旺에(寅亥木局) 또 燥木되어 年柱의 癸亥水 印綬가
甲寅 泄氣太甚(水生木) 無力하고 있다。(肩劫太旺、曲直格 案山松栢 木火通明、食神有氣)
甲寅
丙寅

戊戌 이 四柱는 甲木日主가 年月日로 土旺이라 財多身弱이 되고 있다。
己未 雜木 根이 弱함 風折이 念慮됨。
甲戌
丁卯

乙酉 이 四柱는 丙火日主의 印綬 年月上의 乙木이 申酉金財星에 殺地요 尅木으로 被傷되어 壞
乙酉 印이요 또 時支 寅木은 申金에 冲尅받아 冲敗되고 있다。
丙申 (貪財壞印 財多身弱 劈甲引火 虛花無實)
庚寅

辛酉 이 四柱는 丁火의 印綬 寅木이 柱中의 旺한 金財星에 金剋木으로 被傷되어 壞印이 되고 있
庚寅 다。
丁酉 (午山之木 財多身弱 先淸後濁)
辛丑

癸亥 이 四柱는 丙火 日主로 年月의 癸亥水가 水剋火함이 두려우나 日支 寅木있어 寅亥合에 水
癸亥 生木 木生火라 官印相生이요 二德이 兼備로 貴命이다。
丙寅 (佩印、水火旣濟 身旺官旺)
甲午

壬申 이 四柱는 丙火日主가 年月에서 壬水 偏官七殺을 만나 두려운데 다행히 日支 寅木있어 水
壬子 生木 木生火라 殺印相生이 되고 있다。
丙寅 (寒者得爐)
甲午

壬申 이 四柱는 年月에 偏官이요 時上에 癸水 正官 있어 官殺이 混雜하고 있다。
壬子 (官殺混雜 財殺太旺)
丙寅
癸巳

戊辰 辛酉 丙寅 甲午

이 四柱는 丙火日主가 寅午火局으로 旺하고 있는데 財 또한 土生金에 辰酉合 金局으로 旺하고 있어 身旺財旺이라고 한다。

(食神生財、 開花結實)

戊辰 辛酉 乙丑 己卯

이 四柱는 乙木日主가 八月로 失時라 虛弱하고 있는데 戊辰丑土 財가 土生金 殺하고 있어 助殺 또는 財生殺이라고 한다。

(落葉之木 落落長松)

乙卯 己卯 甲寅 甲子

이 四柱는 甲木日主가 年月日로 木이 旺한 中 또 年時上으로 甲木 있어 月上의 己土 正財가 被傷(木多土崩)됨으로 群劫爭財 또는 群比爭財라고 한다。

庚辰 乙酉 甲寅 丙寅

이 四柱는 甲木日主가 年上 庚金 七殺이 있어 甲庚으로 冲剋하여 오는 것이 두려운데 다행히 月上 乙木이 乙庚으로 合去하고 있어 이를 두고 羊刃合殺 妹氏合殺 權刃相停 殺刃相停 또는 美人計라고 한다。

乙亥
庚辰
甲子
丙寅

이 四柱는 甲木 日主에 月上庚金七殺이 甲庚으로 冲尅하여 오는 것이 매우 두려우나 滋養之金하는 辰土가 子辰水局으로 變化하였고 庚金은 年上 乙木이 乙庚으로 合去하여 身旺이면서도 官殺을 사용할 수 없다。

丁未
丙午
乙丑
乙酉

이 四柱는 乙木 日主가 年月에 丁未 丙午로 傷食을 놓았고 日時로는 酉丑 官殺局을 놓아 食居先殺 居後라 하며 또 官殺 金에 비하여 傷食火가 旺하여 火尅金이 지나쳐 制殺太過格이라 한다。(官殺이 있을 때 傷食은 日主便)

丁酉
丙午
乙酉
庚辰

이 四柱는 乙木 日主가 月柱에傷食으로食居先殺 居後가 되는 것은 앞의 四柱와 같으나 火보다는 金이 旺하여 食神制殺이라고 한다。
(合而不化、官食鬪戰)

庚申
丙戌
甲寅
甲子

이 四柱는 甲木 日主가 年上의 庚金 七殺이 冲尅하여 오는 것이 두려우나 月上의 丙火가 火尅金으로 制压하기에 七殺이 아니라 權으로 化함으로 有制者 偏官이라고 한다。
(以殺化權)

壬申 이 四柱는 丙火 日主에 年月의 偏官 七殺이 두려운데 制하는 土가 없어(土剋水) 七殺이라
壬子 고 한다。
丙申 (無制者 七殺、財生殺、助殺、鬼)
庚寅

戊辰 이 四柱는 乙木 日主가 年月에 辛酉金이요 또 土生金에 辰酉로 金局되어 殺居先인데 日時
辛酉 로 午未火局 食神있어 食居後라 殺居先 食居後요 官殺 보다는 火氣가 약하여 食神制殺格이
乙未 라고 한다。
壬午

丁未 이 四柱는 乙木 日主에 年月日로 火局 傷食하여 食居先인데 時支 酉金殺이라 食居先 殺居
丙午 後로는 같으나 火氣 太旺에 金殺이 太不足하여 制殺太過에 盡法無民이요 官食이 鬪戰되고
乙未 있다。
乙酉

丁未 이 四柱는 丙火 日主가 柱中에 未戌土가 많아 火土重濁이라고 한다。
庚戌 (子旺母衰)
丙戌
戊戌

壬申 이 四柱는 庚金 日主가 地支 全 水局하여 金水双淸이라고 한다。
壬子
庚子
丙子

甲辰 이 四柱는 戊土 日主가 得令得地로서 身旺한 中 官 역시 卯辰木局으로 旺하여 身旺官旺이
己巳 라 貴命이 되는데 年上의 甲木 있어 官殺 混雜으로 방해가 되고 있다。그러나 다행하게도
戊辰 月上의 己土가 甲己로 合去 去殺留官으로 貴命이 된다。
乙卯

乙酉 이 四柱는 戊土 日主에 甲乙木 正偏官으로 흠이 되는데 年上乙木이 月上庚金과 乙庚으로
庚辰 合하여 去官留殺로 좋아진다。
戊辰 (冲去 또는 無根도 去가 된다。)
甲寅

庚辰 이 四柱는 乙木日에 正官 庚金이 年月上으로 있는데 또다시 兩巳中으로 庚金이라 明暗夫
庚辰 集이요 財殺이 많아 財殺太旺에다 時上偏官 있어 官殺混雜에도 해당한다。
乙巳
辛巳

己亥 이 四柱는 庚金日主가 得地 得勢로 旺하고 있어 月上의 丙火를 감내할만하니

丙寅 殺이 아니라 權이요 또 寅亥合 木局이 財生官을 잘하고 있어 明官跨馬라고 한다。

庚申 (寅申沖은 欠)

庚辰

壬辰 이 四柱는 天干으로 丁壬合多에 日支亥中 壬水와 暗合하고 있어 明暗夫集이라고 한다。

壬子 (丁遇壬而太過必犯淫訛之亂)

丁亥

壬寅

第六編

(應用과 推理)

一、先祖關係

先祖에 대한 모든 것을 알고자 할 때는 固定位置인 年柱와 流動인 偏印을 살펴 日主와 對照하여 日主에 미치는 영향이 吉인지 凶인지를 살피고 또 偏印 祖父가 月令에서 받는 영향과 偏印 自體로서 得根 與否를 잘 살펴 봄과 동시 吉·凶神 등을 파악하여 나쁜 것이 있다면 排除하고 바로 잡아 本人 以後로서는 다시는 發生하지 않도록 努力하여 代代孫孫이 吉祥事만 連發할 수 있도록 指導하며

또 좋은 것이 있다면 더욱더 發展시켜 子子孫孫에까지 榮光이 함께 있게 하고 나아가서는 뿌리를 찾아 敬祖思想을 고취시켜 上과 下를 維持하고 精神을 結束시킬 때 家庭의 安寧은 물론 社會의 질서와 나라 사랑의 根本이 될 것이니 이것이야말로 우리들의 幸福을 스스로 불러들이는 捷徑가 아니고 그 무엇이겠는가.

따라서 目的없는 行動은 있을 수 없으며 여러분들도 좀 더 많은 硏究를 거듭하여 陰으로 陽으로 社會에 이바지 하기 바란다.

1、年月에 財·官·印 또는 官印·財官을 놓으면 先代名門

2、年柱에 財庫나 財局이면 先代富者

3、年柱에 官局이면 先代 高官

4、偏印이 得局이나 長生하고 있으면 祖父任 長壽에 有德望

5、偏印이 混雜하면 祖父 異腹에 平民

6、偏印이 虛弱하고 凶殺再臨이면 祖父凶死 또는 短命

7、年日이 不合하고(沖刑等) 또는 空亡이면 先祖奉祝 無誠意

8、年月에 傷官 놓고 忌神이면 父祖代에 敗亡

9、傷官이 得局이거나 得長生하면 祖母任이 長壽에 賢淑

10、傷官이 虛弱하고 凶殺加臨은 祖母任이 凶死나 短命

11、傷食이 混雜하면 祖母 兩位

12、年柱華蓋는 先祖代에 信仰篤實하고、驛馬나 地殺은 離鄕

解說

1、年柱는 先祖의 자리요 月柱는 父母의 자리인데 印綬는 生我者로 나의 根源이 되며 官은 印綬의 根源이고 財星은 官의 根源이 되므로 日干의 뿌리가 깊고 깊어 名門이 되며 또 財는 富요、官은 貴가 되고 印綬는 享福으로서 年月에 財官印(三奇·三般物) 또는 官

印·財官(二德)을 놓으면 富貴家門을 자랑하고

2、先祖의 位置 年柱에 財庫 즉 돈 倉庫를 놓았고 財局者는 財産局을 놓고 있기 때문에 先代에 富者가 되며

3、年柱는 先祖의 자리이고 官은 벼슬인데 官局은 官이 得旺하였으니 高官이요

4、偏印은 祖父요 得局은 健旺이며 長生은 힘이 있고 뿌리가 튼튼하고 있기 때문에 長壽하시고 德望이 있으시며

5、偏印은 祖父任이신데 混雜은 여러 가지로 섞이어 있으므로 合衆國과 같아 여러 祖父가 있는 形象이라 배다른 祖父任이 계시게 되고(雙童)

6、偏印은 祖父任인데 虛弱은 依支할 곳 없이 힘이 없는 中 여기에 또다시 凶殺 즉 刑·冲·空亡·白虎大殺·湯火·六害 등이 있으면 凶이 加重되어 祖父님이 凶死가 있게 되고

7、年柱는 祖上의 자리요 日柱는 本人인데 여기에 冲·刑·怨嗔·六害·鬼門關殺 등 凶殺이 臨하면 離脫 爭鬪 不睦·怨望·刑罰로 不和가 되어 先祖奉祀 無誠意하게 되는데 이렇게 되면 自然 先祖와 멀어지기 때문에 先祖·族譜·文集·墳墓 등을 잃어버리기 쉽다。

8、年月은 先祖와 父母의 자리인데 傷官은 官을 傷하는 者로 官災 訟事가 끊일 사이 없어 財物이 損壞되고 또 盜氣로서 日主를 도와 주기는 커녕 日主의 도움을 받는다는 것은 亡했기 때문에 父祖代에 敗業인데 傷官 自體가 忌神이어야 하며

9、傷官은 祖母任이요 得長生이나 得局은 힘을 얻고 勢力을 얻어 旺하고 있으므로 祖母任이 長壽하시고 賢淑하며

10、傷官은 祖母任이요 虛弱은 病疾인데 거기에 또 다시 凶殺이 臨하여 있으면(刑·沖 空亡·白虎大殺 等) 凶禍加重되어 祖母任이 凶死나 短命할 수밖에 없고

11、傷官은 祖母任인데 混雜은 여기 저기 많아 섞이어 있으므로 祖母任의 合衆國이라 祖母任 兩位가 되며

12、年柱는 先祖의 자리인데 華蓋 信仰이 臨하여 있으면 祖母任 信仰이 篤實하였고 驛馬나 地殺은 움직이는 것이 되어 先代에 故鄕을 떠나 오셨고 또 이와같은 方法으로 吉凶神을 六親에 의하여 얼마든지 推命하면 된다。

實例

1、己丑 이 四柱는 甲木 日主가 年柱에 己丑土
癸酉 正財요 酉丑 金局 正官에 癸水 印綬 있
甲寅 어 財官印 俱全하여 名門에서 出生하였
乙亥 다。

戊辰 이 四柱는 甲木 日主에 財官 土金이 年
辛酉 月로 있으면서 辰酉로 合局이라 二德을
甲寅 兼備하여 名門에서 出生하였다。
丙寅

2、己丑 이 四柱는 丙火 日主의 丑財庫가 酉丑
癸酉 으로 金局하면서 月柱에 財가 있어 名
丙午 門이요 先代가 富者였다。
乙未

3、乙亥 이 四柱는 戊土 日主의 正官 乙木이 年
己卯 柱에 있으면서 亥卯木官局에 得旺하여
戊戌 祖父가 正三品까지 올랐다。
丁巳

4、癸丑 이 四柱는 癸水 日主의 偏印 祖父가 酉
辛酉 丑 金局에 辛金이 秀氣하여 祖父 長壽
癸亥 에 德望이 대단하였다。
甲寅

5、乙卯 이 四柱는 丁火 日主의 偏印 祖父가 年
己卯 上 乙木 兩卯中乙木 未中乙木 寅中甲木
丁未 으로 多逢되어 祖父에 異腹 있다。
壬寅

辛酉 이 四柱는 丁火 日主와 財星 辛酉 金이
癸巳 年柱에 있고 巳酉로 財局하여 先祖代에
丁未 巨富로 잘 삶 하였다。
丙午

辛酉 이 四柱는 甲木 日主의 正官 辛酉金이
癸巳 年柱에 있으면서 月支 巳火와 巳酉로
甲寅 金局官하여 先代에 高官大爵이었다。
丁卯

壬申 이 四柱는 甲日主의 偏印 祖父가 申子
壬子 水局에 壬水 透出하여 조부님이 長壽
甲寅 하셨다。
丙寅

壬子 이 四柱는 甲木 日主의 偏印 祖父가 年
壬子 月上의 兩壬이요 年月支의 子中三癸로
甲子 印綬 混雜하여 祖父에 異腹이 있다。
丁卯

6、癸丑 이 四柱는 庚金 日主 偏印 祖父가 戌中
壬戌 戊土로 있는데 白虎大殺에 丑戌刑이요
庚申 年支 空亡되어 祖父가 미친개에 물려
丙戌 世上을 떠났다。

7、戊辰 이 四柱는 年日支가 辰戌로 相冲하였고
乙卯 日支 空亡되어 先祖 奉祀에 無誠意하
甲戌 다。
丙寅

8、辛酉 이 四柱는 戊土 日主의 傷官이 年月에
丁酉 있고 日主虛弱에 病이 되므로 父祖代에
戊申 敗家하였다。(傷官太旺)
己未

9、丙寅 이 四柱는 乙木 日主의 傷官 祖母 丙火
庚寅 가 坐下 寅木에 得長生하고 있어 祖母
乙亥 賢淑에 長壽 하셨다。
丁亥

庚午 이 四柱는 辛金의 偏印 祖父가 己土인
己丑 데 丑戌刑에 空亡이요 丑午 六害에 酉
辛酉 丑 金局으로 変하여 虛弱이라。 소에받
戊戌 혀 世上을 떠났다。

戊戌 이 四柱는 年支가 空亡된中 日干이
丁巳 年干을 尅制하여 先祖에 無誠意
甲子 하였다
丁卯

乙卯 이 四柱는 壬水 日主의 傷官 乙卯木이
己卯 年月時에 있으면서 身弱이라 종내는 病
壬子 이 되므로 父祖代에 敗亡하였다。
癸卯

戊午 이 四柱는 戊土日主의 傷官 祖母가 辛
辛酉 祿在酉로 祿根하고 또 辰酉로 合金局하
戊辰 여 其祖母가 長壽하셨다。
戊午

10、丁酉 壬寅 丁巳 辛丑

이 四柱는 傷官 祖母 戊土가 巳中으로 있는데 巳丑 金局에 寅巳로 刑된中 空亡이 臨하여 祖母가 產亡 하셨다。

11、辛未 庚寅 丙午 乙未

이 四柱는 丙火 日主의 傷官 祖母가 兩未中己土·午中己土로 있는데 寅中甲木 偏印 祖父와 甲己로 暗合하고 있어 祖母가 再娶로 入嫁하였다。

12、丙戌 辛卯 庚申 己卯

이 四柱는 年柱에 華蓋가 있어 조모님의 信仰이 篤實하였다。

戊辰 壬戌 庚戌 丙戌

이 四柱는 傷官 祖母 癸水가 辰中으로 있는데 辰戌冲에 白虎大殺이요 또 旺土에 流塞되고 燥土에 吸收되어 祖母가 橫死하셨다。

丙子 丁酉 乙未 乙卯

이 四柱는 乙木 日主의 傷官 丙丁火祖母가 年月上으로 있는 中 또 未中丁火가 있어 傷食으로 混雜이라 祖母가 두분이다。

壬申 壬寅 甲寅 丁卯

이 四柱는 年柱에 驛馬 地殺을 놓아 先代에 故鄕을 떠나왔다。

參 考

本來는 偏印이 祖父이나 正印도 祖父로 通用되고 傷官이 祖母이나 食神도 祖母로 通用되며 六親 應用에는 暗藏까지 모두 살펴야 하고 어떠한 因素 하나만 가지고 斷定하지 말고 複合 될 때에 더욱 確實하다는 것을 銘心할 것이며

運에서 偏印이 被傷되면 祖父任이 傷食이 被傷되면 祖母任이 疾病 내지는 死亡하시게 된다。

二、父親關係

父母任의 恩德은 한 人間이 成功하는데 五〇% 以上을 차지하고 있으니 父母任은 정녕 나를 낳아 주심은 물론 키워 주시고 심지어는 나에게 찾아올 먼 훗날의 幸福과 不幸까지를 左右하며

또 直·間接으로 나에게 미치는 영향이 至大하므로 父母任의 遺傳因子가 나의 柱中(體內)에서 어떻게 作用하고 있는가를 잘 살펴 되도록 부모님의 좋은 것만 본 받아 나의 生活에 도움이 되게끔 각자가 부단한 노력을 하여야 할 것이다。

父親은 偏財를 母親은 印綬를 각각 基準하여 偏財 父와 印綬 母가 日主에 미치는 영향과 또 부모임의 자리인 月柱 關係를 잘 살펴 결론을 얻을 것이며

또 부모님은 잘 났든 못 났든、가까이 계시든 멀리 계시든、세상이 바뀌고 天地가 개벽이 된다 하여도 天倫이라 변함이 없을 것이니 부모님 섬기는데 精誠을 다하여야 할 것이다。

或 四柱 構成上 잘못되어 부모님과 不合하다 할지라도 八字로 돌리기 전에 理解하고 和合할려고 努力을 아끼지 않는다면 반드시 좋은 結果를 얻을 것이며 그것이 바로 당신의 幸福과 直結될뿐더러 成敗를 가늠하는 좋은 길이 될 것이다。

人間이 萬物의 靈長이라고 하는 것은 智慧가 있고 努力하다는 것에도 있으니 他에 模範이 되고 父母에 孝道하는 길이 무엇인가를 알아 實踐에 옮기도록 힘써 주기 바란다。

1、財星이 得 長生하거나 得局이면 父親 長壽에 有德望
2、月逢 官星에 得局이면 父親이 高官
3、月逢 財星이면 父親이 財政界나 事業家·頑固·遺產多
4、月逢 財殺局은 父母로 因하여 敗家 또는 無能力
5、財星이 暗合하면 父母가 戀愛結婚 또는 父親이 風流
6、財星이 混雜하면 異腹叔姑·早失父母·有腹童·他家寄食
7、財印이 鬪戰이면 父母不合·離婚經驗
8、偏財가 虛弱하고 凶殺加臨이면 父親橫死·有腹童
9、日月間에 凶殺이면 父母不合·意見對立·臨終難也·一度破產 遺產가지고 事業하면 百戰百敗
10、財星이 驛馬·地殺에 逢·刑·冲이면 其父 拉致·失踪·車厄·客死·重毒
11、財星에 逢 刑·冲 凶殺加臨하면 其父殘疾 或 不具
12、財星이 忌神이면 父親과 不合·無德

解說

1、財星은 父親이요 得長生은 힘을 얻었고 또 得局하면 勢力을 形成하여 强하므로 父親이 長壽에 德望이 있으시고

2、月柱는 부모님의 位置요 官은 벼슬인데 得局이면 힘을 모았으므로 父親이 高官이요

3、月柱는 부모님의 자리인데 財는 經濟界나 事業이요 또 財星父가 自己의 자리를 차지하고 있으므로 頑固하시고 똑똑하며 財는 財物 財産으로 父親이 富者요 富者이기에 遺産을 많이 받을 수 있으며

4、月柱는 부모님의 자리요 財殺局은 財가 生殺하여 日主를 攻擊하므로 부모님 때문에 本人이 損傷되어 敗家되고 또 太剛則折의 理致로 지나친 者 모자라는 것과 같아 父親이 無能力하고

5、財는 父親이요 印綬는 어머니인데 暗合은 秘密로 만났으므로 父母가 연애 결혼 하였다 할 수 있고 또 아버지가 風流之客이라고 한다。

6、財星은 父親이요 또 父親의 兄弟間인데 混雜은 많고 混合으로 여러 아버지에 이런 아버지 저런 아버지가 있는 형상이 되어 배다른 형제가 있으며

또 너무나 많은 것은 없는 것과 같아(多者無者) 早失父母에 有復童이요 또 財는 飮食으로 通하기 때문에 여러 집에 밥을 먹고 있는 것과 같아 他家寄食이 되며 또 財는 어머니

의 夫君으로 財多者는 아버지가 둘이 되는 것이다。

7、財는 아버지요 印綬는 어머니인데 財印이 鬪戰함은 父母가 意見冲突·不合·爭鬪가 많고 甚則 離婚하게 된다。

8、偏財는 父親이요 虛弱은 힘이 없는데 여기에다 凶殺 즉 冲·刑·空亡·白虎大殺·六害 등이 臨하면 凶禍加重으로 橫厄을 면키 어렵고 甚則 有復童이요 短命하게 되며

9、月柱는 부모의 자리요 日柱는 本人인데 서로가 冲·刑·怨嗔·空亡·鬼門關殺 등이 臨하면 이 모두가 冲突·離脫·刑罰·怨望·不睦·爭鬪·反目·不合이 되므로 父母와 誼가 나쁘고 떨어져 삶하니 臨終하기 어렵고 不合 속에 받은 財産이 되므로 維持하지 못하며 失敗하고 또 中年에서 中末年으로 넘어가는 過程이 순탄치를 못하므로 一度破産이라고 하는 것이다。

10、財星은 父親이요 驛馬나 地殺은 交通手段이며 道路가 되는데 여기에 冲이나 刑殺이 臨하면 交通手段이 破壞되고 길이 막히고 手足을 묶어 놓는 것과 같아 拉致·失踪·車事故·重毒·客死가 되며 때로는 父親의 手足에 異常이 있다。

11、父親은 財星이요 刑은 病이며 被傷되고 冲은 破壞요 虛弱인데 다시 凶殺이 加臨하면 病이 加重되므로 그에 아버지가 殘病으로 苦生하시거나 아니면 不具者가 된다。

따라서 財星에 急脚殺은(斷橋關殺 同一) 그에 父親이 神經痛·風疾·血壓 등에 病이 오고 湯火殺은 火傷·爆發物 銃傷 등이 있고 鬼門關殺은 神經 疾患이 있게 되는데 以外에도 所

屬된 五行으로 推命하여도 된다。

12、財는 父親인데 財星이 忌神이면 父親으로 인하여 골치 아픈 일만 發生한다。

實例

1、甲子 이 四柱는 壬水 日主의 偏財 丙火 父가
丙寅 坐下 寅木에 得長生하였고 寅亥木局에
壬子 生助 받고 있어 其父長壽에 德望이 높
辛亥 으셨다。

2、癸亥 이 四柱는 戊土 日主의 官星 甲寅木이
甲寅 月柱에 자리하고 寅亥로 官局하여 그
戊戌 에 父親이 高官이었다。
己未

3、丁丑 이 四柱는 丁火의 財星 酉丑 金局이 父
己酉 母의 자리에 있어 父代에 金銀房으로
丁未 크게 成功하였다。
丁未

己巳 이 四柱는 丁火의 偏財 父가 巳酉로 得
癸酉 局에 八月로、當權하고 필히 父親이 長
丁未 壽에 德望이 높으셨다。
丙午

癸丑 甲木의 官星 辛酉金이 月令에 자리하고
辛酉 酉丑으로 官局하여 그에 父親이 商工部
甲寅 에 高官이다。
乙亥

癸酉 丙火의 財庫가 父母의 자리에 있고 酉丑
乙丑 으로 財局하여 그에 父親 銀行에서 立身
丙午 하셨고 지나치게 頑固하신 中 日月이 怨
乙未 嗔 六害 鬼門關되어 뜻은 맞지 않았다。

4、癸亥 己土 日主가 年日에 財殺局을 놓고 日
乙卯 主가 虛弱하여 父母때문에 敗亡하였다。
己卯 (蔭地田畓)
戊辰

5、戊午 戊土 日主의 壬水 父가 申宮 壬水인데
庚申 午中 丁火와 丁壬으로 暗合하고 있어
戊午 父母가 연애 결혼하였다。
己未

6、癸丑 癸水의 財星 飮食 火財가 未中 丁火
己未 巳中丙火·寅中丙火로 있어 배다른 姑母
癸巳 에 다른 父母 밥먹어 보았다。
甲寅

7、甲申 庚金의 父母자리 寅과 日支申金이
丙寅 寅申으로 冲하고 있어 父母不合에 離婚
庚申 까지 하였다。
甲申

癸酉 乙木이 月柱에서 七殺 鬼를 만난中 酉
辛酉 丑 金局이 形成되어 父親이 無能力하였
乙丑 다。
己卯

丁未 이 四柱는 戊土의 父親 申宮·壬水가 年
戊申 丁火·未中丁火·午中丁火·時上丁火로 丁
戊午 壬合多하여 父가 風流가 甚하였다。
丁巳

癸未 甲木의 財星土가 未中己土·戌中戊土·辰
壬戌 中戊土로 있으면서 冲과 刑이 臨하여
甲辰 散이라 배다른 고모에 다른 부모밥 먹
甲戌 어 보았다。

壬申 戊土의 印綬 丙火母와 財星 壬水 父가
丙午 丙壬으로 冲하고 있어 父母不合에 其父
戊午 가 家出하였다。
己未

8、庚申
壬午
甲戌
戊辰

甲木의 財星戊土가 白虎大殺된中 辰戌로 沖하고 財多身弱으로 父親이 三·一運動當時 왜경의 총에 돌아 가셨다。

9、己酉
丙寅
壬申
庚子

壬水의 財星父 丙火와 丙壬으로 相冲되고 또 寅申으로 冲되어 父母와 不合하였고 臨終도 못한 中 두번이나 破産하였다。

10、甲寅
己巳
壬申
己酉

壬水 日主의 丙火 財가 寅中巳中으로 있으면서 驛馬 地殺 刑冲이 되어 父親이 失踪되었다。

11、丙辰
辛丑
壬申
壬寅

壬水의 父星 丙火가 丑辰 濕土에 晦氣되고 冬節로 失時한 中 丙辛合去에 急脚殺이 臨하여 其父가 蹇脚이다。

丁未
甲辰
甲午
戊辰

甲木 日主의 財星 辰中戊土가 甲辰 戊辰으로 白虎大殺된中 財多身弱이요 湯火殺이 있어 父親이 할복자살 하였다。

癸卯
甲寅
庚申
己卯

庚金의 財星 甲寅木과 甲庚 寅申으로 干冲支冲된 中 財多身弱되어 父母의 말이라면 무조건하고 거역한다。

壬申
乙巳
甲寅
戊辰

甲木의 財星 父가 巳中戊土로 있는데 寅巳申 驛馬 地殺·刑冲되어 其父가 斗酒도 사양하지 않는다。(車厄)

甲申
癸酉
庚辰
庚辰

庚金日主의 父星 甲木이 坐下 申金에 殺地요 金多木折되어 其父 肝疾로 苦生하고 있다。

12、丙申 丙火 日主의 財星金이 申酉申庚으로 當
丁酉 權하고 있어 財多身弱이라 其父 無能力
丙申 하여 백원 한 장 벌지 못하고 있다。
庚寅

戊子 戊土 日主의 財星父가 申子子로 水局하
甲子 여 土流요 凍土가 되고 있어 父親이 無
戊申 能力하다。
己未

參考

父親에 準하여 叔伯姑母도 같이 推命하고 藏干까지도 모두 應用할 것이며、偏財가 없으면 正財로 代用하고 凶殺이 加重될수록 確實하며、日主에 比하여 지나치면 多者無者요 太剛則折이 되고、運에서 財星이 被傷되면 父親에 災難 疾病 등이 發生한다。

三、母親關係

1、印綬가 得長生하거나 得局이면 母親이 長壽에 賢淑

2、月逢 印綬에 旺하면 父母有德

3、印綬가 財星에 比하여 强旺하면 母之家權

4、月逢 桃花·亡身·財印이 暗合하면 母嫁再娶·小室(庶出)·母外有情

5、印綬 混雜은 母外有母·片母膝下·父母不合·母에 異腹兄弟

6、梟神殺은 母外有母 幼失慈母

7、印綬에 驛馬나 地殺이 臨하면 母親이 職業女性·海外出入

8、印綬가 虛弱하고 凶殺加臨은 其母 產亡·不具·殘疾

9、印綬 驛馬、地殺에 冲 또는 刑殺이 있으면 其母 失踪·車厄

10、印綬가 忌神이면 父母와 別居 喜神이면 同居

11、財印이 鬪戰하거나 日月支가 冲·刑·怨嗔·鬼門關·六害는 母妻不合

12、財星混雜은 媤母兩位、親家不合

13、印綬 多逢 或 必要한 者는 親母奉養

14、傷食多逢은 丈母·印綬多逢은 丈人이 두 분 아니면 庶出

解說

1、印綬는 어머니요 得 長生이나 得局하면 힘이 强旺하여 어머니로서의 本分을 다할 수 있으므로 長壽에 賢淑하게 되고

2、月柱는 父母의 자리요 印綬는 어머니이나 父母로도 通用되기 때문에 나를 生하여 주니 부모님의 德이 있으며

3、印綬는 어머니요 財는 아버지인데 財보다 印綬가 强旺하면 어머니가 아버지를 누르고 있는 形象이 되어 어머니가 살림을 주로 하게 되고

4、月柱는 부모님의 자리인데 桃花는 酒色으로 通하고、亡身은 正當치 못함이요、暗合은 正當하게 만나지 못함인데 여기에 財 아버지와 印綬 어머니가 해당하면 그에 어머니가 再娶로 시집 왔거나 小室이요 또는 父母가 연애 결혼 하였는데 甚則 어머니가 情夫를 두게 된다。

5、印綬가 지나치게 많으면 자연 混雜되면서 東西南北에 어머니가 있는 形象으로 어머니가 둘이 되며 또 너무나 많으면 어머니 以外는 다른 者가 보이지 않으므로 偏母膝下가 될 수 밖에 없고、많음은 强旺하니 어머니가 너무나 억세어 父母가 不合하며 어머니 兄弟에 배

다른 者가 있게 되는 것이다。

6、梟神殺은 어려서 어머니를 잃어버린 殺이기 때문인데 아니면 어머니가 두 분이 되며

7、印綬는 어머니요 驛馬나 地殺은 奔走하게 움직이어야 하므로 自然 직업을 가지게 되어 있고

8、印綬는 어머니요 虛弱은 病疾인데 凶殺이 再次 臨하여 있으면 被傷되기 때문에 産亡·凶死·不具·殘疾로 苦生하며(急脚 斷橋關殺은 風疾·手足異常、鬼門關殺은 精神疾患 等)

9、印綬는 어머니요 地殺 驛馬는 交通手段、道路 等인데 여기에 刑이나 冲이 臨하면 交通이 杜絶되고 車가 고장나며 破壞되고 冲突되는 것이라 어머니가 失踪되거나 車厄 또는 手術받아 보고、重毒患者요 客死라고 하며

10、印綬는 어머니요 忌神은 그 四柱에 妨害者가 되므로 父母가 妨害라 別居하여야 되며 喜神은 그 四柱에 없어서는 안될 貴物이기에 印綬 즉 부모님과 함께 살아야 더욱 더 좋은 일이 생기고

11、印綬는 어머니요 財는 아버지인데 相戰은 서로가 不睦함을 말하고、月柱는 부모님의 자리요、日柱는 本人인데 月日이 冲·刑 等 不睦은 나와 父母間의 不和요 또 母妻의 자리가 되어 母妻不合이 일어나고

12、女命에 財星은 媤母요 財多則 媤母가 많은 形象이 되어 媤母가 두분이요(或 再娶入嫁·小

室) 또 財多는 尅 印綬 親庭하기 때문에 媤宅과 親庭이 不合하게 되며(刑·沖은 尤甚)

13、印綬는 親母인데 多逢則 偏母膝下라 本人이 親庭 어머니를 모셔야 하며、또 印綬가 必要하면 親母와 親庭이 必要하기 때문에 自然 親庭을 가까이 하여야 하므로 親母를 모시게 된다(또는 親庭을 너무나 좋아함)

實例

1、己亥
丙寅
戊戌
丙辰

戊日에 丙火 印綬가 月上에서 坐下 寅木에 長生이요 寅戌火局으로 得旺하여 어머니가 長壽에 賢淑하였다。

癸亥
甲寅
丙辰
丁酉

丙火의 甲木 印綬가 坐下寅에 祿根中 寅亥로 得局하여 其母 長壽 하였다。

2、戊午
辛酉
癸丑
甲寅

癸水의 印綬 父母가 辛祿在酉로 祿根中 酉丑으로 得局하여 父母德이 좋은 四柱다。

甲午
丙寅
己丑
戊辰

己土 日主의 印綬 丙火가 寅午로 得局하여 父母德이 좋다。

3、戊子 이 四柱는 乙日主의 印綬가 癸亥 亥子
癸亥 로 當權하여 어머니가 살림의 主導를
乙亥 하고 있다。
癸未

4、甲子 이 四柱는 月逢桃花에 甲己로 財印이
癸酉 合하고 있어 어머니가 財娶로 시잡 왔
辛丑 다。
己丑

5、戊戌 辛金 日主의 印綬가 戊戌 己未未로 多
己未 逢된中 梟神殺있어 어머니가 두 분이
辛未 다。
辛卯

6、辛丑 이 四柱는 梟神殺에 桃花가 臨하여 再
辛卯 嫁하였고 아버지는 丑中癸水로 湯火요
戊午 丑午로 六害가 臨하여 自殺하였다。
辛酉

癸丑 이 四柱는 癸水의 母가 辛酉酉丑으로
辛酉 金局 當權하고 있어 어머니가 살림을
癸酉 하고 있다。
乙卯

丙戌 이 四柱는 月逢 亡身에 戌中戊土 巳中
癸巳 戊土가 癸水와 財印이 合하고 있어 再
甲子 娶로 시집온 중 또 바람까지 났었다。
丁卯

辛酉 癸水 日主의 印綬金이 年月日時로 當權
丁酉 하고 있어 偏母膝下요 또 어머니 兄弟
癸酉 에 배다른 형제가 있다。
辛酉

甲子 이 四柱는 梟神殺에 財印이 鬪戰이요
丙寅 寅申 冲이 있어 出生되자 마자 父母곁
壬申 을 떠나 왔다。
庚子

7、戊寅 戊土의 印綬 丙火가 寅中 地殺에 臨하
甲寅 여 어머니가 직업 女性이었다。
戊寅
己未

8、壬戌 甲木의 印綬 壬水가 白虎大殺이요 辰中
甲辰 癸水 또한 白虎로 있는데 辰戌로 相冲
甲子 하여 其母 自殺하였다。(梟神殺)
甲戌

辛卯 庚金의 印綬未中己土가 急脚殺에 未戌
乙未 로 刑되고 卯未木局으로 변화되어 虛土
庚戌 요 時上己土도 殺地에 臨하여 其母 다
己卯 리를 전다。(白虎大殺)

9、乙巳 戊土의 母火가 巳中丙火 寅中丙火로 있
甲申 는데 寅巳申 驛馬地殺刑冲되어 어머니
戊寅 가 失踪되었다。
丁巳

戊午 壬水의 印綬 庚金이 申宮 地殺에 있어
甲寅 그의 어머니 海外出入이 많다。
壬申
己酉

辛亥 辛金 日主의 母土가 丑中己土인데 子丑
辛卯 水局으로 변하였고 또 梟神殺에 時上戊
辛丑 土 역시 無根하여 其母 産亡 하였다。
戊子

壬戌 甲木의 印綬母水가 壬戌 癸丑으로 白虎
癸丑 요 急脚殺에 子午冲되어 其母 殘疾로
甲午 하루도 平安할 날이 없다。
甲子

壬申 壬水의 母 金이 申宮庚金、巳中庚金으
乙巳 로 있는데 寅巳申 驛馬刑冲되어 交通事
壬寅 故로 傷身했다。(酉는 桃花로 正母가 아
己酉 님)

10, 戊辰 辛酉 癸丑 甲寅

癸水의 母 金이 辰酉 酉丑으로 結局하여 金生水 日主는 可하나 太過로 病이 되어 父母를 떠나야 成功이 빠르다。

11, 庚午 辛巳 壬寅 壬寅

壬水의 母 庚辛金이 寅午 巳午火財局에 被傷된 中 寅巳로 月日이 刑하고 湯火가 得勢하여 母妻不合하다가 當日로 모두 自殺하였다

12, 甲午 甲戌 癸丑 壬戌

癸水의 財星 媤母가 午中丁火 戌中丙丁火로 財多라 媤母가 두 분이다。

13, 庚午 己巳 己巳 己巳

己土의 印綬가 太旺하고 無官星에 火土 重濁하여 시집도 안가고 친모를 모시고 살았다。

戊午 辛酉 癸未 戊午

癸水가 失地 失勢로 身弱된 中 月柱의 辛酉金 印綬가 生水하여 日主를 돕고 있으므로 부모님을 떠나서는 살수 없다。

己卯 壬申 庚寅 己卯

庚金의 印綬 己土가 財星父卯木에 殺地요 財多身弱에 壞印되어 父母가 不合하다。

己酉 丁丑 丁酉 乙巳

丁火가 巳酉丑金局에 從財하는데 乙木 印綬가 방해되어 媤家와 친정이 不合이나 시집은 부자되고 친가는 亡하는 八字요 받을 복이 있다。

戊子 甲寅 丁亥 辛亥

丁火의 母 甲寅木과 夫 亥中壬水가 寅亥로 合하면서 日支와 連結되어 친모와 夫君과 함께 살고 있다。

14、乙酉 庚金의 丈母 亥中 壬水와 寅木 財妻가 庚寅 戊土의 丈人火가 寅中으로 넷이나 되어
丁亥 寅亥로 日支와 合하여 丈人丈母를 모시 戊寅 丈人이 두 분이다。(丈母 再嫁)
庚寅 고 있다。(本妻偕老 못하였음) 戊寅
甲申 甲寅

參考

外三寸 姨母 外家도 이에 準하여 적용할 것

媤家와 媤母는 財星을 기준하여 응용하고

印綬가 大運에서 被傷되는데 또다시 歲運에서 被傷되고 있으면 當年에 母親 死亡 또는 災亂 疾病이 發生한다。

四、兄弟姉妹關係

兄弟 姉妹의 觀察은 兄弟의 자리인 月柱와 나의 자리인 日主와 對照하여 보고、또 肩刼이 柱中 어느 곳에 있으며 日主에 미치는 영향이 어떠한가를 잘 살펴 吉凶을 論하되、만약 長男으로 出生되었으면서도 兄의 所任을 다 못한다 하여 悲觀하지 말고 同生으로 出生되어 兄보다 앞 선다하여 自慢하지 말 것이니라

물론 兄弟間이 모두 잘 살고 잘 되어서 걱정이 없다면 모르나 同生이 나 보다 優越하다면 猜忌하지 말고 더 잘 되게끔 나를 犧牲하여 밀어주고 견인차의 役割을 하여 주는 것이 곧 내가 살 수 있는 길이 되며 또 同生은 형님의 몫까지 내가 차지 하였기 때문이라는 것을 깨달아 兄을 위해서 내가 무엇을 하여야 할 것인가를 生覺하고 努力한다면 兄弟間의 우의는 돈독하고 또 항시 和睦하여 發展할 것이며、나아가서는 第二世들 까지도 모두가 좋아질 것이니 명심하여 履行하고 좋은 美德이 恒久하도록 힘써야 되겠다。

다음 肩刼은 日主와 같은 者이니 즉 나의 分身이 될 수 있고 또 나의 一部分으로 生覺할 때 차지하고 主張하고 심지어는 생각하는 面까지 같게 되어 있으니 어찌 各其 個體라고 할 수 있으며 或 떨어져 각기 삶한다 할지라도 떨어져 있다고 할 수 있겠는가 말이다。

따라서 兄弟間의 아픔은 곧 나의 아픔이며 兄弟의 기쁨은 나의 기쁨이 될 것이니 집안에서 兄弟中 하나만 出世하여도 반드시 그에 영향을 받는 것은 물론 運에 있어서도 兄弟間은 吉과 凶이 같이 作用되고 있는 것이다。

그리고 肩劫은 六親으로는 兄弟가 되나 社會로는 이웃、친구가 되고 있으니 兄弟가 必要한 사람은 친구를 많이 사귈 것이며 義兄弟를 많이 맺어 놓으면 이것이 곧 貴人이요 외롭지 않으며、또 肩劫이 많아 奪財가 엿 보일 때는 형제에게 미리 줄 때 다른 사람에게 빼앗기는 것 보다는 몇 배나 좋은 效果를 얻을 수 있을 것이다。

1、肩劫이 得 長生하거나 得局하면 兄弟立身·有德
2、肩劫多逢은 異腹兄弟、兄弟로 인하여 敗亡
3、肩劫에 桃花·亡身 또는 暗合하면 兄弟 姉妹 연애
4、肩劫이 必要하면 兄弟有德·日支合이면 兄弟和睦
5、肩劫 이 虛弱하고 凶殺이 加臨하면 兄弟、姉妹中 凶死·不具
6、肩劫에 驛馬 地殺臨하고 刑이나 冲이 臨하면 兄弟 失踪、車厄、不具
7、月日支가 不合 또는 肩劫이 日柱와 不合하면 兄弟와 不睦
8、月逢桃花·亡身·日干 合化가 肩劫·印綬 多逢도 異腹兄弟

9、官殺多逢은 姉妹 再婚 傷食多逢은 喪夫

10、財星多逢은 오빠 再婚·風流·喪妻·無能力

解說

1、肩劫은 兄弟로 長生이나 得局은 純粹하게 强旺하고 있으므로 出世를 意味하며 따라서 德望이 있고

2、肩劫은 兄弟인데 多逢은 많고 混雜함을 말하므로 兄弟 合衆國을 이루고 있어 배다른 형제 있게 되며 또 肩劫 형제는 奪財神이므로 자연 爭財·分財·奪財·破財가 되므로 財는 敗亡하게 되며

3、肩劫은 兄弟요 桃花는 酒色으로 通하고 暗合은 秘密合으로 正當하게 만나지 못한 것이 되어 兄弟 姉妹間에 연애결혼 있으며、夫婦宮이 不實하고

4、肩劫은 兄弟요 必要하다는 것은 有用하므로 兄弟의 德이 있으며 日支는 내 몸인데 合은 誼가 좋은 것으로 兄弟가 和睦하며

5、肩劫은 兄弟 姉妹요 虛弱은 힘이 없는데 여기에다 凶殺 즉 湯火(飮毒 銃傷 爆發物 火災) 急脚殺、斷橋關殺(手足異常 風疾 血壓 奇形兒)、鬼門關殺(精神疾患) 白虎大殺(凶变) 冲·刑·空亡 六害 등이 併臨되어 있으면 兄弟에 凶死 不具 등이 있게 되고

6、肩刧은 兄弟요 驛馬나 地殺은 交通手段、道路 등이며 沖이나 刑殺은 災殃이요 杜絶로서 여기에 해당하면 兄弟中에 拉致·失踪·車厄·客死 또는 不具가 發生하며

7、月支는 兄弟의 자리요 日支는 나의 자리인데 沖·刑·六害·怨嗔·鬼門關殺 등이 臨하면 不合을 助長하며、또 他柱의 肩刧이 日柱와 不和가 되어도(沖 刑 等) 兄弟間에 不睦이 생긴다。

8、月逢 桃花나 亡身은 어머니가 再娶나 小室로서 배다른 兄弟 있을 수 있고、또 日干 合化의 五行이 肩刧이라 함은 己土 日主가 逢甲으로 甲己 合化土하여 土肩刧이 생기고、庚金 日主가 逢乙로서 乙庚 合化 金으로 金 肩刧이 생겨 옮으로 해당하며、印綬多逢은 어머니가 둘이 되므로 異腹兄弟가 있다 할 수 있으며

9、肩刧은 姉妹요 官殺은 姉妹의 夫君인데 多逢則 姉妹의 夫君을 被傷시키므로 姉妹가 喪夫할 수밖에 없고

10、女命 기준 財星은 오빠의 妻가 되는데 多逢則 오빠의 妻가 많아 오빠가 再婚 또는 風流無能力에 해당한다。

實例

1、己亥 甲木의 兄弟 肩刼木이 寅亥로 結局한
丙寅 中 木生火를 잘하고 있어 兄弟가 모두
甲辰 의학 박사다。
丙寅

2、庚戌 己土의 肩刼兄弟가 年支戌中 戊土 巳中
辛巳 戊土 時上己土로 肩刼이 다섯이나 되어
己卯 배다른 兄弟가 있다。
己巳

3、丁亥 丙火의 丁火 妹氏가 亥中 壬水와 丁壬
壬子 合한中 또 月上 壬水와 合하고 子桃花
丙戌 되어 偕老도 못하고 바람이 심하였다。
辛卯

4、己巳 木日主 土財多로 身弱하여 卯木형제가
戊辰 必要하여 兄弟의 德을 많이 보았다。
甲戌
丁卯

己未 甲木의 兄弟 乙木이 亥에 得長生한 中
乙亥 寅亥合木局에 得旺하고 있어 行政考試
甲寅 에 合格하였다。
丙寅

戊寅 甲木 日主의 兄弟 肩刼이 寅中甲木 卯
乙卯 中乙木 月時上甲乙木으로 다섯이나 되
甲子 고 子卯로 刑殺에 月逢桃花되어 庶兄한
甲子 데 매맞아 죽었다。

戊寅 乙木의 형제 卯中 乙木이 桃花에 財星
乙卯 이 虛弱하여 兄弟風流로 苦心이 많다。
乙卯
丁亥

甲戌 癸水 日主의 月支 巳火와 日支酉金이
己巳 巳酉로 合하고 있어 兄弟間의 의가 좋
癸酉 다。
戊午

5、己亥 丙火의 兄弟 月支 巳中丙火가 巳亥로
己巳 驛馬 冲이요 또 巳申으로 刑당하고 있
丙申 어 文通事故로 死亡하였다。
戊戌

庚午 辛金의 兄 年上 庚金이 午湯火에 있는
辛巳 中 地支全湯火局이 되어 火多鎖鎔이라
辛巳 大然閣火災에 돌아 가셨다。
甲午

6、戊寅 己土의 오빠 戊土가 寅 地殺위에 있는
丁巳 데 寅巳로 刑받고 巳中戊土 또한 刑이
己未 라 그에 오빠가 客死하였다。
癸酉

7、丙子 이 四柱는 月支申과 寅이 寅申으로 冲
丙申 하고 時上 辛金은 寅巳로 刑하여 兄弟
庚寅 가 不睦하다。
辛巳

壬辰 癸水의 兄弟 壬癸水가 辰中으로 있는데
癸丑 急脚殺이요 入墓되었고 또 丑中癸水도
癸丑 急脚殺에 白虎大殺 임하여 형님이 다리
壬子 를 절고 있다。

庚寅 辛金의 兄弟 申宮庚金과 巳中庚金·年上
甲申 庚金이 寅巳申으로 驛馬刑이 되어 兄弟
辛巳 가 客死하였다。
丙申

癸亥 癸水의 兄弟 癸亥水가 巳亥丁癸로 冲去
丁巳 된 中 驛馬가 임하였고 火多水熱로 兄
癸巳 弟가 失踪되었다。
甲寅

辛巳 이 四柱는 年支巳中丙火와 寅日이 寅巳
戊戌 로 刑하여 형님과는 不睦하나 戌中丁火
丙寅 午中丁火 兄弟는 寅戌·寅午로 合하여
甲午 다른 형제와는 의가 좋다。

8、己巳 己土 日主의 兄弟가 年月上의 己土 巳
己巳 中兩戊土·未中己土·戌中戊土로 多逢된
己未 中 甲己合化土로 肩劫이 發生하여 배다
甲戌 른 형제가 있다。

9、庚申 甲木의 누나 卯中乙木의 夫星庚金이 三
己卯 申宮에 있고 또 年上으로 庚金있어 再
甲申 嫁하였으나 不幸하고 子孫도 없다。(無
壬申 火)

10、乙亥 戊土 日主의 남동생 戊土가 時上으로
甲申 있는데 亥中壬水 申宮壬水 子中癸水로
戊子 多逢된 中 子午로 冲이 되어 여러번 장
戊午 가 갔다。

戊寅 戊土의 兄弟 年上戊土요 月支 桃花에
乙卯 巳中戊土 있어 배다른 형제가 있다。
戊子
丁巳

癸卯 壬水의 姉妹 癸水의 夫君이 戌中戊土인
乙卯 데 旺한 乙卯木에 受制되어(傷官多逢)
壬戌 그에 妹氏 子孫낳고 寡婦가 되었다。
癸卯

丙申 丁火의 오빠 年上丙火가 丙辛으로 合去
辛丑 되고 또 多財하여 오빠가 無能力하다。
丁酉
壬寅

參考

月逢 肩刦 또는 身旺者는 長男 長女인데 아니면 兄이나 언니를 꺾고 父母를 모신다。

運에서 肩刦이 被傷되면 그 運에 兄弟事故

運의 肩刦이 作合하여도 兄弟間에 誼가 있다

柱中 肩刦이 三合圈에 들면 兄弟 變動

異腹兄弟가 있다 하여도 日支와 合하면 誼가 좋고

肩刦多逢은 交友關係 不實하며

눈섭이 끊어졌거나 흠이 있으면 兄弟宮에 異常있고

눈섭이 적으면 형제 또는 人德 없으며

눈섭이 너무나 많으면 獨身이요

눈섭은 눈을 지나야 좋으며

눈섭의 左右가 고르지 못하면 性格 怪異 喪妻

五、性格

우리 人間의 本心은 너나 할 것 없이 본래가 착하기 그지 없으며 또한 아름다운데 다만 각個人의 生活 環境(年令·飮食·色相·職業·職級·富貴貧賤·健康 等)에 따라 千態萬象으로 變化하고 있으나 죽을 때가 되면 다시 本心으로 돌아 오는 것이 人間의 마음이요 자연의 攝理이기에 善한 者가 惡한 짓을 한다거나 惡한 者가 過去를 後悔하고 善한 者가 될 때에는 얼마 가지 않아서 命을 다하는 理致가 여기에 있는 것이다。

사람의 마음을 百으로 볼 때 善이 九○을 支配하고 있는 者는 善한 사람이요 惡이 九○을 支配하고 있으면 惡人이 될 것이며 또 善과 惡이 각기 五○을 차지하고 있으면 普通人이라고 할 수 있으나 實은 惡人에 가까운 者가 될 것이니 이는 나쁜 것일수록 두드러지게 나타나고 있기 때문이다。

설령 先天的으로 惡人에 가까운 者라 할지라도 後天的인 努力으로서 校正할 수 있으니 自暴自棄하지 말 것이며 또 人間이 삶하는데 모든 것의 基本이 되고、 吉·凶 또는 幸福과 不幸·富貴 貧賤·健康·夫婦間의 和·不合·財數의 有無 등등이 본 性格에서 左右되고 있으니 만큼 세살 버릇이 여든까지 간다는(習慣) 俗談을 항시 되새겨 어렸을 때부터 좋은 性格이 形成되도록 너나할 것 없이 努力을 하는데 아끼지 않아야 되겠다。

전반적으로 볼 때 男子는 外陽內陰으로서 겉으로는 强하나 內的으로는 弱하고 또 先强後弱하며, 義理있고, 勇猛하고, 支配意識이 强한 대신 自制力이 弱한데 反하여

女子는 外陰內陽으로서 겉으로는 弱하나 內的으로는 强하고 先弱後强하며 母性愛로서 仁情과 子孫에는 弱하고 犧牲의 精神과 심지어 生命의 恩人에게는 貞操觀念마저 희박하여 지는 것이 共通된 心理라 할 수 있다。

그러나 사람은 각기 自己의 個性이 있기 마련이고 그 個性에 따라 運命마저도 달라지고 있으며 또 先天的인 것과 後天的인 面으로 大別할 수 있는데 아무리 先天的으로 좋은 性格으로 태어났다 하여도 後天的으로 나빠지면 이는 늑대이나 羊의 탈을 쓰와 좋은 것과 같다 할 수 있으며

先天的인 性格의 形成은 遺傳因子와 日柱의 影響 그리고 柱中의 構成 要件이 左右하고 있으며, 後天的인 性格의 形成은 運에 의해서 左右되고 있으나 運 자체가 原命을 完全하게 支配하지 못한다면 本性 자체는(先天的) 깨트릴 수 없는 것이고

또 運은 固定되어 있지 않고 항시 變遷하고 있기 때문에 어제의 善良한 者가 오늘에는 惡人이 될 수도 있고, 오늘의 惡人이 내일에는 善良人이 될 수도 있으므로 알고 보면 運의 支配에 따라 人間의 마음은 時時刻刻 變化하고 있어 옛말에 하루에도 열두 번 변하고(十二時間) 또 같

때와 올때의 마음이 각각 달라진다고 하였던 것이다。

季節로는 봄에는 仁情이 살아나고 여름에는 禮儀가 支配하며 가을에는 信用과 義理가 겨울에는 智慧의 삶을 體驗하고 또 아침과 봄은 기쁨으로 始作하여 낮과 여름에는 즐거움이 極에 이르더니 夕陽과 가을에는 怒宮을 짓게하고 밤과 겨울로서 哀愁에 잠기더니 다시 새벽과 봄으로 轉換하면서 기쁨이 蘇生하는 것이 바로 우리들의 實 生活이며 또한 자연의 循環이며

또 仁情은 禮儀를 生하고 禮儀는 信用을、信用은 義理를、義理는 智慧를、智慧는 仁情을 각각 生하면서 循環하고 있으므로

仁情이 있는 者 禮儀가 있기 마련이며、禮儀 있는 者 信用있고、信用있는 者 義理있고 義理있는 者 智慧가 있으며 지혜 있는 자 仁情이 솟아 나고

相剋으로 본다면 仁情은 信用을 剋하고、信用은 智慧를、智慧는 禮儀를、禮儀는 義理를 義理는 仁情을 剋하고 있으므로 仁情이 많은 者 信用이 없고 信用이 두터운 者 재주 부릴 줄 모르며 재주 많은 者 禮儀가 不足하고 禮儀가 지나친 者 義理를 妄覺하며 義理에 삶하는 者 仁情과는 거리가 멀고 있으니 어찌 모든 것을 갖출 수 있겠는가

그러나 이러한 것은 모두가 全體的이며 普遍的인 것이고 各者의 個性을 알고자 할 때에는 우선 日主의 五行이 무엇인가를 알아 木日主면 仁情있고、火日主는 禮儀 바르며、土日主는 信用이 生命이요、金日主는 의리 있으며、水日主는 智慧있다고 보면 되나 이러한 것은 어디까지

나 기본이 될 뿐이지 全體的인 것은 아님으로 다시 日主에서도 陰과 陽을 區分하고 또 日主의 强弱과 柱中 五行의 過 不足、六親의 過 不足과 또 무엇이 主가 되고 從이 되며 刑·冲·怨嗔·鬼門關殺 등 吉神과 凶神이 日主에 미치는 영향이 어떠한가를 잘 살펴 結論을 내려야 하므로 잘 考察하고 공부하지 않으면 안된다。

따라서 이렇게만 잘 살펴만 준다면 現代 心理學 보다는 哲學을 加味한 運命的인 心理學의 眞髓를 비로서 맛보게 될 것이며 付託의 말은 精神的인 敗北者와 不具者는 되지 말 것이며 모든 事物을 觀察함에 있어 現實的인 눈 보다는 마음의 눈을 通하여 理解하기를 다시 한 번 付託한다。

다음은 五行과 六親·凶殺·吉神·刑·冲 등의 作用에 따라 나타나고 있는 性格을 大別하여 적어 보기로 한다。

1、木 仁情·剛直·正直·膽力·先達者·喜悅·慶事·硬化·神經性·曲直

2、火 禮儀·明朗·直言·燥急·樂·多辯·達辯·强心臟·假飾無·疎亂·高聲·炎上·離散·華麗·뒤가 없다。

3、土 信用·厚重·中和·蹇滯·稼穡·集結·凝集·中心·不實、虛驚·타협쉽다、묵은 소리 잘하고、생각하다 기회를 놓치고 능구렁이

4、金 義理·冷情·急速·勇敢·堅實·變革·檢査·暴惡·肅殺·怒宮·血光·從革

5、水 智慧·圓滿·抱容·緩慢·忍耐·凝固·收藏·始作·集結·解而·企劃·創造·發明·潤下·組織力·秘密·陰凶·愁心·盜癖·悲哀·適應 잘한다。

6、印綬 純朴·容貌端正·修養·精神力·持久力·忍耐力·依持力·華麗·名譽·淸白·固執·企劃·創造·始作·自己爲主·慾心·蔑視·言語障害·表現力不足·石讀斗用·理論多·過去에 集着

7、肩刧 慢勇·獨走·愚直·嫉妬·猜忌·妨害·模倣·放從·疑心·爭鬪·情에 不足·孤立·背信·蔑視·强壓

8、傷食 才操·推理力·應用力·想想力·發表力·豫知力·臨機應變·直言·犧牲·布恩·技藝·强者强弱者弱·膽力·過張·弄談多·言語不實·口舌·爲法行爲·悲哀·盜癖·同伴自殺·他人蔑視·詐欺·背信·下尅上·虛勢 憂愁多·爭鬪·反抗心

9、財星 統率力·管制力·慾心·計算·打開力·開拓者·內容充實·털털하다·받을 福·混濁·억지

10、官殺 名譽 人稟俊秀·決斷力·遵法精神·職務充實·責任感·他의模範·일복 萎縮·陋名·蔑視·小心·背信

11、身强 主體强 固執强 臨事卽決·決斷力·忍耐力·持久力·責任感·每事自信·統率力·打開力·開拓者·首位長·拘束 받지 않는다

太強 自作自禍·慢勇·反爲虛弱 凝結 疑心 分奪

身弱 主體弱 持久力弱 忍耐力 不足 決斷力 不足·依持力多·龍頭蛇尾·利用당함·큰일 못함·

熱誠不足·安全위주·귀가 넓다·일을 무서워 함

12、鬼門關殺 神經質·神經衰弱 怪癖·까다롭다·엉뚱하다·영리·

湯火殺 世事悲觀

羊刃殺 잔인하다

冲 刑 爭鬪 不睦 疎亂 離脫

天月德貴人 소탈하다

金水雙淸 淸白

地支合局 淸白

金木相戰 仁義俱無

解說

1、木은 溫暖한 것이 되어 仁情이 많고、기쁨을 주며 단단하고 곧게 자라기 때문에 剛直하고 正直하며

또 木은 膽에 해당하여 膽力있고 뱃장 있으며 손이 커서 적은 것으로는 量이 차지를않고 干支와 季節의 시작이 되어 모든 일에 앞장서고、木은 神經이라 神經性에 해당하여 지나치게 많으면 神經이 銳敏하고 硬直되며、또 木은 많으면 바르게 크고 적으면 굽으며、또

甲木은 곧고 乙木은 굽어 女子가 乙木日主로 弱하면 愛嬌가 있다。

2、火는 뜨겁고 밝고 환하여 華麗하고 明朗하며 거짓없고 禮儀바르며 感情이 豊富하고、燥急하며 즐겁고 朱雀으로서 말을 잘하나 音聲이 커서 시끄럽고 싫증을 빨리 느끼며、또 火는 太陽과 같아 萬人에 평등하고 直言을 잘하는 대신 뒤는 없으며、心臟이 튼튼하여 일은 잘 저지르는데 수습을 못하는 것이 흠이요、너무나 밝아 마음 속에다 두고서 참지를 못하니 秘密을 지키기 어려우며、丙火는 크나 丁火는 적은데 丁火日主는 스스로 힘을 키우고 自己 몫을 차지하는데는 丙火보다 낫다。

3、土는 두텁고 固定되어 있으므로 信用있고 厚重하며 무거워 느리고 中央에 해당하여 중심이 있으며 中性子가 되어 타협이 쉽고 또 이럴까 저럴까 망설이다 기회를 놓치기 쉬우며、歲月은 바뀌어도 흙은 그대로 있기 때문에 묵은 소리 잘하고、土는 논과 밭이 되어 씨앗 뿌려 거두어 들이는 것이라 稼穡인데 土가 虛弱하면 騰蛇라 잘 놀래고 不實하여 지며 己는 起가 되어 잘 달리고 戊는 句陳이 되어 살찐다。

4、金은 차겁고 단단하며 變化의 季節이요 夕陽에 해당하므로 義理는 있으나 冷情하여 社交에 險路가 많고、勇敢하나 지나치게 堅實하여 完全無缺한 것을 바라다 機會를 놓치며 또 他人이 하는 일은 마음에 들지 않아 몸이 고달프고、항시 일거리를 스스로 만들고 있으며、秋收의 季節이니 거두어 들이고 마무리 잘하며 變革을 좋아하고 바꾸기를 잘 하며(更

新) 새것을 좋아하나 凶으로 作用되면 가을에 서리가 내려 모든 草植을 죽이는 것과 같이 暴惡하고 肅殺로서 죽이게 되며 피를 보아야 직성이 풀리고 잔인하며 冲突이 많아지고, 조그마한 일에도 성질을 부리기 쉽다。

5、水氣는 流下之性으로 흘러 가다가 막히면 쉬어가고 바위가 닿으면 돌아가고 있기 때문에 智慧가 있고 萬物의 기본이 되어 接續시키는데 으뜸이며 組織力이 있고 五行의 始作이 되어 모든 일의 基礎가 되며 發明家요 企劃 創造力 등이 發達하여 있고 모난 그릇에는 모나게 둥근 그릇에는 둥글게 담겨 주니 원만하고 환경에 적응을 잘하며 緩慢하고 忍耐力이 있으며 抱容力이 있고

또 물은 항시 水平을 維持하므로 萬人에 평등하나 水는 겨울이요 밤이며 어둡기 때문에 秘密·陰凶·收藏·愁心·눈물·悲哀·盜癖 등으로 作用되며 水가 弱하면 水深이 열어 마음이 드러나기 쉽고、水日主 水가 旺하면 水深이 깊어 그 마음 헤아릴 길이 없으며、또 本人도 어지간하면 마음 주지 않으며 때로는 밤이고 어두워 치우기 싫어 털털하기도 하다。

6、印綬는 學問으로 通하기 때문에 純朴하고 修養이 되어 있으며 또 學者는 돈하고 거리가 멀게 되니 清白하며 始作에 해당하므로 企劃·創造力·組織力 등이 있고 印綬는 나를 도우니 精神이 充滿하며 平安하여 지고 싶으며、

또 純朴하기에 시끄럽고 爭鬪하는 것을 避하게 되고、배웠기에 名譽를 좋아하며、理論이

많아지고, 지나치면 他人을 蔑視하며, 예쁘고 華麗한 것에 치중하고 또 印綬는 源流로서 根本의 힘이라 持久力과 忍耐力이 있고 每事에 自身을 가지며 선생님으로만 尊待를 받아 보아서 남을 줄줄 모르며, 身旺이 되니 我執있고, 自己爲主가 되며, 本人만 사랑하여 달라하고, 慾心이 많아지는데 印綬가 太旺하면 前生에서 공부를 너무나 많이 하였기에 後生에서는 공부를 못하여 아는 것도 없고, 傷食이 被傷되므로 言語에 支障이 생기며 따라서 表現力 推理力 應用力이 막혀 혹 배웠다 하더라도 써먹을 길이 없으니 이름하여 石讀斗用이요 過去에만 執着하여 每事를 그르치며 印綬가 不足하면 忍耐力과 持久力이 不足하여 諸般之事가 途中下車요 依持力이 많아 豪壯한 일 한 번 하여 보지 못하며 溫床의 나무와 같아 父母 곁을 떠날 수 없으므로 自己主觀대로 살아 갈 수 없다.

7、 肩刦은 나와 같은 者로서 맞서고 괴롭히며 妨害하고 나의 것을 奪取당하며 模倣 잘하고 慢勇이 생기며(같은 者가 모이면 群衆心理가 發生함) 猜忌에 疑心이 있게 되며 嫉妬에 放從하고 愚直하며 孤立을 自招하고 모든 일에 强壓과 힘으로서 處理하며 背信하고 背信 당하며 他人을 蔑視하나 恒時 情에 不足하여 마음으로는 울고 있다.

8、 傷食은 내가 生하므로 本人이 變身하는 것이 되어 才操가 있고 技藝에 能通하며 또 나의 앞이 되어 發表力·應用力·豫知力·推理力·言語 등이 發達하여 臨機應變 좋고 또 내가 生하

니 犧牲의 精神이 따르고 恩德을 많이 베푸는데 傷食은 剋官하므로 웃사람에게는 强하고 나의 氣를 빼앗기니 아랫 사람에게는 弱하며、法을 剋하니 뱃장 하나는 좋아 위법행위 잘 하고、他人도 蔑視에 엉뚱한 데가 있다。

또 傷食이 지나치게 많으면 말이 많고 過張이 심하고、弄談이 심하며、口舌에 남의 걱정 하다 歲月가고 슬픔과 걱정이 많으며、바른 소리 잘하고 심지어는 同伴自殺까지 염려되며、虛勢와 詐欺性이 있고、下剋上으로서 남의 災殃을 도맡을까 염려요、시끄럽고 事故가 많으며、또 열가지 재주는 있어도 貧寒함은 傷食太旺을 두고 한 말이며、

도박 밑수에도 一家見이 있는데 이는 傷食은 生財라 貪慾이 생기기 때문이며、얼른 보기에는 예쁘나 볼수록 미웁고 광대뼈가 나와 있으며、눈에는 毒氣가 있는데 때로는 本人이 파 놓은 陷穽에 걸려 困辱을 치르며 每事를 꾀로만 處理할려고 한다。

9、財星은 내가 剋하는 것이 되어 다스릴 수 있으므로 統率力 管制力 打開力으로 開拓者의 精神이 있고 때로는 征服力과 억지를 부리며、또 財는 金錢인 고로 計算이 特記요 또 計算으로서 삶하기 때문에 貪慾이 앞서고、

財는 家庭이니 內實을 다지며 家庭을 위주로 삶하며 財는 媤宅이라 媤宅을 위하여 헌신하므로 시어머니의 눈에 들어 받을福 있고、財福을 갖추었으므로 볼수록 예쁘고、돈은 더러운 곳에 모이므로 털털하며 심하면 混濁으로서 賤하게 된다。

10、官殺은 剋我者요 官으로서 職業이요 職務 職責 등이 되며、法이 되고 있어 人品이 좋고、行動이 바르며、他人의 模範이 되고、責任感이 强하여 職務에 充實하니 自然 일복은 타고 났으며、尊法精神이 좋고、또 官은 벼슬이니 名譽를 쫓으며、決斷力이 있고、每事에 公私가 分明하나 身弱하여 殺鬼가 되면 氣가 위축되어 自信을 잃어버리고 멸시 당하며、陋名 잘 쓰고 동네북이요 소심하고 每事가 龍頭蛇尾가 되고 만다。

11、身旺者는 健康하고、能力이 있으며、自己便이 많아 每事에 自信있고、또 똑똑한 것이 되어 決斷力 있고、責任感이 透徹하며 持久力과 忍耐力이 있어 相對方을 누르고 固執이 대단하며 每事 處理가 화끈하면서도 틀림없다。

그러나 지나치게 太旺하면 反爲折이니 오히려 氣가 虛하므로 身弱과 같고 慢勇에 自作自禍로서 肩劫과 同一하다。

身弱者는 힘이 모자라 우선 主體가 虛하여 群衆心理에 依하여 左右되므로 他人에 利用 당하기 쉽고、귀가 엷어 남의 말을 잘 들으며、安逸無事 主義요 熱誠이 不足하여 決斷力 持久力 忍耐力 등이 모두 不足하여 每事가 途中下車로 큰 일 할 수 없으며、能力不足으로 눈치만 살피고、責任感이 없으며、일을 무서워 하므로 어디를 가든 歡待 받기는 어렵다。

12、鬼門關殺은 精神疾患으로서 神經質 많고 까다로우며 엉뚱하고 괴팍한데 때로는 지나치게 영리하며、湯火殺은 世事를 悲觀하며 極限的인 말을 잘하고、羊刃殺은 칼로서 잔인하며、

刑殺과 冲은 離脫 冲突 刑罰로서 시끄럽고 不和가 많으며、金木相戰은 仁情과 의리가 싸우고 있으니 仁情과 의리가 없고(水火 火金 土水 木土 相戰도 同一) 天月德 貴人에 印綬가 臨하면 貴人이 重複되므로 每事에 어려울 것이 없으니 까다로울리 없고

金水雙淸은 金 白色이 加味되었으니 淸白하며 또 地支 合局도 깨끗한 마음씨가 된다。(兵役 면제 받는다)

參考

六親에 該當된 五行을 가지고 그 六親에 대한 性格을 論하여도 되며 또 後天的인 運의 支配도 잘 살필 것

實例

1、戊寅 甲木 日主가 地支 全 木局에 時上 丙火
癸亥 로 木火通明되어 伶俐하고 仁情있으며
甲寅 正直하고 膽力도 있으며 身旺하여 每事
丙寅 에 自信을 가진다。

戊子 庚金 日主가 地支木局에 乙木이 透出하
乙卯 고 日時 寅未로 鬼門關殺있어 神經이
庚寅 銳敏하다。
癸未

2、戊午 丁火 日主가 地支 午未 火局으로 身旺
戊午 하고 時支金을 얻어 예의있고 명랑하며
丁未 말 잘하고 거짓 없으며 매사 堅實하다。
戊申

3、己巳 土日主 土가 많아 信義는 대단하나 묵
戊辰 은 소리 잘하고 厚重하며 濕土가 되어
戊辰 輕妄하지 않는다。(의심이 많다。)
丁巳

4、癸丑 辛金 日主가 地支로 純粹한 金局을 놓
丙辰 아 의리있고 용감하나 冷情한 것이 흠
辛酉 이다。
己丑

5、壬申 癸水 日主 申子亥子水局으로 身旺에 時
壬子 柱 甲寅木에 泄氣를 잘 하고 있어 智慧
癸亥 있고 忍耐心이 강하며 또한 마음이 깊
甲寅 다。

丙午 이 四柱는 火日主 火氣旺에 金이 없어
甲午 모든 일을 저질러만 놓고 수습을 못하
丁未 며 내용이 없고 지나치게 조급하여 쓸
丙午 모가 없다。

癸亥 己土가 多逢木殺로 虛弱하여 仁情때문
乙卯 에 信用이 不實하고 놀래기를 잘하나
己卯 달리기는 名手다。
己巳

戊寅 庚金 日主가 木火多逢으로 身弱한中 寅
丁巳 巳申 三刑殺에 申卯로 鬼門關殺 있어
庚申 性格이 暴惡하고 急하다。
己卯

癸巳 癸水 日主 丁巳火 財多로 身弱하여 虛
丁巳 慾이 많고 도벽이 심하다。
癸卯
壬子

6、戊辰 癸水가 月逢印綬에 得局하였고 또 時柱
辛酉 甲寅木에 설기를 잘하고 있어 순박하고
癸丑 容貌가 단정하면서 持久力이 있다。
甲寅

7、乙卯 木日主 肩刼太旺하여 放從하고 獨走하
己卯 며 眼下無人에 의심도 많다。
乙卯
己卯

8、壬辰 癸水 日主 得令에 印綬局으로 身旺된
辛亥 中 甲寅 傷官에 泄氣 잘하고 있어 表現
癸酉 力 應用力 豫知力이 남달리 뛰어나다。
甲寅

9、癸未 丙火 日主 月逢財星에 身旺하여 計算이
辛酉 빠르며 統率力에 매사 자신이 있고 또
丙寅 한 말도 잘하고 있다。
甲午

癸亥 乙木 日主가 癸亥水 印綬多逢이나 亥卯
癸亥 로 水木이 응결되어 말을 더듬고 石讀
乙卯 斗用에 쓸데 없는 고집이 많다。
己卯

丁亥 壬水 日主 肩刼太旺하여 陰凶하고 걱정
壬子 이 많으며 우직하고 背信도 하고 또 당
壬子 하기도 하였다。
己酉

戊申 己土 日主가 柱中傷官太旺하여 위법행
庚申 위 잘하고 弄談도 심하며 사기성도 있
己酉 다。
庚午

丁未 壬水 日主가 寅午 午未로 財局이나 身
壬寅 弱하여 計算은 빠른데 되는 일이 없고
壬午 慾心이 앞서 不幸하였던 四柱다。
庚子

10、丁未 辛金 日主가 坐祿根에 酉丑으로 金局
丙午 身旺한 中 丁未 丙午로 官旺하여 人品
辛酉 좋고 직무에 충실하며 他人의 모범이
己丑 되고 있다。

11、癸亥 丙火 日主가 得令 得地로 身旺하고 時
甲寅 支酉金 財를 얻어 決斷力 있고 勇敢하
丙午 며 매사에 결실을 잘한다。
丁酉

12、戊寅 戊土 日主가 鬼門關殺에 湯火殺이요 木
甲寅 旺으로 神經疾에 世上을 悲觀하고 主體
戊寅 가 弱하며 信用도 없다。
己未

壬申 辛金 日主가 子月로 金水가 雙淸인데
壬子 또 子酉로 鬼門關殺있어 淸白이 지나쳐
辛酉 흠이 되고 있다。(고독 獨身)
己丑

庚申 甲木 日主가 財殺太旺에 身弱하여 누명
庚辰 많이 쓰고 항시 당하고만 살았기 때문
甲申 에 정신마저 이상하였다。
丁卯

丙申 丙火 日主 財多로 身弱하여 持久力 決
辛丑 斷力이 不足하여 남한테 이용만 당하면
丙申 서 삶하고 있다。
庚寅

丙申 甲木 日主가 寅申冲에 甲庚冲이요 金多
庚寅 木小로 金木相戰되어 仁情과 의리가 없
甲申 다。
癸酉

丙申 乙木 日主가 乙辛 卯酉로 冲이 많아 平
辛卯 安하지를 못하다。
乙酉
己卯

六、健康과 疾病

人間의 健康은 五福 중에서도 가장 으뜸으로 차지하고 있으며 金江山도 食後景이라는 말도 역시 健康에 重點을 둔 말이라고 본다.

實地로 本人이 病들어 보지 않고서는 患者의 마음을 알길이 없지만 또한 안다 하여도 現在 病中이 아니기 대문에 곧잘 妄覺하는 것이 人間의 마음인지도 모른다.

어쨌든 健康은 日常 生活에서 必需要件으로 性格의 變化·吉과 凶、幸福과 不幸、심지어는 壽命의 長短까지 直接的인 영향을 주고 있으므로 누구나 健康하고자 渴望하고 있을 것이니 易學的으로 나타난 體質에 대하여 깊은 硏究로 治療는 勿論 豫防 醫學에 힘써 주기 바란다.

보편적으로 身旺한 者 健康하나 身弱한 者는 殘疾이 많고、春·夏節에 出生人과 木火가 많은 者는 몸이 따뜻하고、秋冬節에 出生人과 金水가 많은 者는 몸이 차거운 것이 常例이나 柱中의 木·火·土·金·水 五行中 어느 것이든 太過不及은 모두가 病이 되고 있으니 大別한다면 木은 膽·肝、火는 心臟 小腸、土는 脾·胃、金은 肺·大腸、水는 腎臟과 膀胱에 異常이 생긴다.

또 木火가 많은 者는 外陽內陰이요 金水가 많은 者는 外陰內陽이 되며 五行의 造化가 잘 均衡을 이루고 있으면 內外가 모두 따뜻하나 五行이 失位하고 金水가 太過하면 內外가 모두 차거운 體質이 되는데 이와같은 것을 東洋醫學에서는 四象體質 分類라하여 患者 治療에 適應시켜 많은 貢獻을 하고 있는 것이다。

다음 疾病에는 先天的인 것과 後天的으로 發生하는 두 가지의 形態로 區分할 수 있는데 本命 自體內의 영향으로 發病하는 것이 先天的이요、또 遺傳이 되며、運이 좋을 때는 一但潛伏하였다가 不運일 때는 그 病 뿐만이 아니라 連鎖反應으로 他病까지 유발하는 것이다。

運氣에 依하여 健康이 左右된다는 것은 空氣 속에도 五行이 모두 있기는 하나 火年에는 火氣가、金年에는 金氣가 가장 많이 支配하므로 假令 庚申 辛酉年의 例를 든다면 連一年間이나 金氣가 支配하였으므로 누구를 莫論하고 生存하고 있는 以上 皮膚에 접촉이 됨은 물론 呼吸하므로써 體內에 金氣가 蓄積되고 그 축적된 金氣는 體內의 가장 虛弱하고 있는 어느 한 部分을 損傷시킬 때 그것이 바로 病으로 나타나는 것이다。

다시 말하여 金運에 木이 被傷되면 肝·膽에、火가 被傷되면 心臟과 小腸에、土가 虛하여지면 脾·胃에 病이 오고、金氣가 太過하면 肺·太陽·血疾 등이 發生하는데 때로는 運中의 金氣가 原命의 太旺한 木火에 反壞되면 오히려 金에 所屬된 病이 發生하는데 이러한 것을 말하여 運에서 오는 病이요 後天性이 되나 그 運이 지나가면 염려할 것이 못된다。

그리고 현대 醫學에서는 發病된 그 自體만을 重要視하다가 차츰 豫防 醫學으로 轉換하고 있으나 易理 醫學에서는 發病된 原因을 詳細하고 正確하게(子孫으로 인하여 심장에 病이 왔다든가 또는 金錢으로 인하여 精神異常이 왔다든가 등등) 分類할 수 있기 때문에 精神 醫學面에서도 앞서 있을 뿐만 아니라 몇 살에 가서 무슨 病이 어떠한 일로 어떻게 發病하며 기간은 얼마이고 조치는 어떻게 취하여야 할 것이라는 등을 알게 되어 있으니 豫防 醫學 측면에서도 現代科學의 所産인 洋醫學도 도저히 따라 올 수 없는 좋은 學門인 것이다。

筆者가 만약 工學徒요 物理學者라면 人體에 內包하고 있는 五行을 測定하는 기구를 만들어내어 속이 시원하게 보여 주었으면 하나 慾心뿐이지 나로서는 實現性이 없는 事實이라 그러나 이러한 기구가 멀지 않은 將來에 곧 出現되리라고 보며

또 가령 金氣가 旺한 者가 金氣가 必要한 者의 손을 잡고 있으면 金氣를 전하여 받는 양이 기구의 분금에 나타나고 있는 세상도 멀지 않아 반드시 오리라고 確信하는 바이다。

우리 人間은 四柱中에서 가장 많은 것이 가장 强旺하게 作用하고 있으므로 가령 水氣가 旺하면 水氣가、木氣가 旺하면 木氣가、火氣가 旺하면 火氣가 體內에서 發하며 이러한 것을 말하여 磁場이라 하고 이 磁場도 健康 如何에 따라 加減되기 때문에 健康할때는 本然의 精과 合한 精氣가 世界를 一週하고도 남게 되는 것이다。

그러나 健康이 매우 나빠 氣가 衰盡할때는 國內는커녕 本人의 주위만 맴돌다 소멸되고 말것이므로 역시 健康하여야만 本人이 必要한 精氣를 發하여 그 精氣로 하여금 스스로 만나게 하고 會同하여 좋은 結實로서 目的을 達成하게끔 하고 있으니 바로 이러한 것이 因이 되고 果

가 되는 것이다。

고로 알고 보면 遇然인 것 같으면서도 必然이며 또 그렇게 되게끔 分圍氣를 造成한 張本人도 他가 아닌 바로 自身이라는 것을 스스로 깨달아 他를 怨望해서도 안된다。

따라서 健康은 물론 모든 것의 吉과 凶이 他가 아닌 自身으로부터 始作되고 또 끝이 된다는 것을 다시 한 번 잘 生覺하여 他를 怨望하고 嫉妬하기 전에 나를 돌아보고 生覺하는 習慣을 길러 내가 目標하고 가는 길에 보탬이 되도록 노력하여야 되겠다。

다음 相生과 相剋으로 본 體質은 肝膽은 心臟과 小腸을 生하고、心臟과 小腸은 脾胃를 生하며、脾胃는 肺와 大腸을、肺와 大腸은 腎臟과 膀胱을、腎臟과 膀胱은 肝膽을 生하면서 有始有終하고 있으니 따라서 肝이 虛弱하면 腎臟과 心臟까지 나빠지고 또 心臟이 虛弱하면 肝과 胃까지 나빠짐으로 이러한 것을 連鎖反應이라 하며 合併症이 될 수 있으니 發病된 自體뿐만 아니라 다른 곳도 神經을 써야 하며

또 肝이 實하면 자연 胃가 虛하여지고、胃가 實하면 腎臟이、腎臟이 實하면 心臟이、心臟이 實하면 肺가、肺가 實하면 肝이 虛하게 되어 있으니 均衡을 이루기란 어려운 것이고 또 性格으로는 禍를 잘 내는 사람 肺에 病이 오며(火剋金) 大膽한 者 胃病을(木剋土) 가지고 있고 말이 많거나 입을 벌리고 잠을 자는 者 肺가 나쁘며 內性的인 者 心臟이 약한 것도(水剋火) 모두 이러한 理致에서이다。

다음 疾病을 크게 분류한다면 精神的인 것과 肉體的인 것으로 區分할 수 있는데 絶對로 精神的인 不具者는 되지 말아야 하겠고 또 疾病의 發生은 習慣과 蓄積作用·環境 그리고 자연의 오염 등에서도 얼마든지 올 수 있으니 現在는 健康하다고 放心 내지는 自慢과 無理로서 一貫하지 말고 항시 보이지 않는 것부터 주의하고 또 事前에 對備한다면 健康을 維持하는데 많은 도움이 될 것이다。

옛 말에 不具者는 健康대신 食福은 주었다고들 말하고 있으나 알고보면 自身이 努力하는데서 얻어진 對價이지 어디서 공짜로 떨어진 것은 절대로 아닌 것이다。

즉 다시 말하여 不具者는 生計를 維持하기 위하여 하나의 技術을 배우고 익히되 그것을 天職으로 알고 줄곧 매달려 한 우물을 파게 되므로 成功할 수 있으며 또 成功하기 까지에는 피눈물 나는 努力을 하였는데도 주위의 사람들은 그러한 條件과 過程은 生覺하지 도 않고 不具者는 食福을 타고 난다고 하는 것이다。

그러나 健康人들은 自身만은 무엇이든 할 수 있다는 慢勇과 더불어 어느 한 곳에 執著하지 않고 이것 저것 손대다 보니 그것 自體가 바로 失敗의 原因이 되었기에 筆者가 얻은 哲學은 『나는 오직 ○○밖에 모르는 病身이다』라고 마음 먹고 한가지 일에 專念한다면 반드시 희망이 있고 成功할 것이라는 것을 確信하는 것이다。

따라서 모두가 이렇게만 하여 준다면 자연 自己 職務에 充實할 수 있고 나름 대로의 專門人

이 되어 지면서 社會에서 要求하는 必需要員이 될 터이니 그 世界에서 만은 반드시 成功의 結實을 거두어 들이게 될 것이다。

다음 得病하는데는 住宅의 立地條件도 重要한 몫을 하고 있으니 가령 집안에 濕氣가 많고 日照量이 不足하면 自然 食口들의 疾苦가 떠날 사이 없으며 또 오염된 水質 및 大氣도 마찬가지이니 體內에 蓄積된 더러운 것은 疾病뿐만 아니라 精神에 미치는 영향이 너무나도 커서 종내는 自己爲主의 生活은 勿論 性格마저 亂暴하여 짐도 公害에서 基因되고 있음이라 生覺만 하여도 두려움이 앞설 뿐이다。

가령 一○坪 남짓한 유리관 속에(잘 보이기 위함) 열 사람을 들여 놓고 유리관 속의 공기를 오염 시키면서 살펴볼때 처음에는 모두가 평안하였으나 시간이 흐름에 따라 산소 결핍증을 느껴 고통받고 또 他를 생각하기 전에 우선 本人 먼저살고자 하는 人間 本能의 作態를 보게 될 것이니 상상만 하여도 몸서리가 쳐질 것이다。

이와같이 自然의 오염은 눈에 보이는 奇形의 발생도 問題가 되겠지만 보이지 않는 精神世界에 미치는 영향이 더욱 더 중요하다는것을 깨달아 公害防止에도 힘써야 되겠고 특히 東洋醫學에서는 生藥材를 위주로하고 있는 만큼 徹底한 管理가 필요하며 또 같은 生藥材라 할지라도 上氣에 필요한 藥材는 春夏節에 채취하고 泄氣에 必要한 藥材는 秋冬節에 채취하여야 좋은 効果를 얻을 수 있고 또 우리 人間은 出生 당시부터 어떠한 病에든 自體的으로 治療될 수 있는 저항력을 가지고 있으니 조그마한 病에도 병원을 찾는 습관을 가져서는 안될 것이며

또 治療의 方法에도 精神療法과 物理療法 그리고 環境療法 등 세가지가 있는데 그 중에서도 精神療法이 가장 큰 比重을 차지하고 있으니 어떠한 疾病이든 우선 克服할 수 있는 精神姿勢가 必要하며 또 三者가 모두 合致될 때 비로서理想的인 治療라 할 수 있고

食餌療法으로는 보편적으로 體內에 不足한 것이 생기면 自然的으로 먹고 싶어 지는데 먹고 싶은 것을 먹는 것도 良藥이 되며 또한 매일 같이 먹고 있는 음식도 藥이라는 측면으로 본다면 모두가 좋은 藥이라 할 수 있는데 이것도 過하면 病이 되니 주의하여야 하며

洋藥도 그 뿌리는 生藥에 있으며 東醫와 洋醫가 때로는 주장을 달리하고 있으나 얼마가지 않아 반드시 서로가 理解하고 相扶相助하면서 각자의 特秀性을 살려 人命救濟와 豫防醫學에 크게 공헌할 날도 멀지 않았다고 본다。

다음은 五行別로 人體에 所屬된 部位를 記錄하니 參考하기 바란다。

木、 肝·膽·頭腦·神經·咽喉·手足·毛髮·風疾·觸覺·淋巴腺·硬化·結核·魂

火、 心臟·小腸·精神·視力·顏面·舌·血壓·體溫·熱病·視覺·胸·散

土、 脾·胃·肌肉·腹部·腰·脅·濕疹·口·味覺·腕·唇·糖尿·結石·癌

金、 肺·大腸·氣管支·骨格·皮膚·齒牙·乾性·鼻·臭覺·造血·血疾·痔疾·盲腸·腸疾扶斯·生理痛·咳嗽·喘息

水、 腎臟·膀胱·腎氣·泌尿器·生殖器·唾液·水分·寒冷·耳·聽覺

가、 健康體質

1、 身旺하고 運이 좋을 때

解說

身旺者는 氣가 强하고 精神이 充滿하여 조그마한 疾病은 精神的으로 克服할 수 있고 또 몸이 튼튼하여 抵抗力이 强하므로 능히 病源을 退治할 수 있어 健康하여 지며 또 運이 좋아야 四柱가 均衡을 이루어 疾病도 犯하지 못하기 때문이다。

參考

健康하다 하여 모든 構造가 正常이라는 것은 아니며 다만 조금 弱하나 그 自體가 두드러지게 나타나고 있지 않은것 뿐이다。
따라서 病이 없는 사람은 한 사람도 없다고 하여도 過言은 아닐 것이다。

實例

1、己亥 辛金 日主가 正月로 失令이나 得地 得
丙寅 勢로 身旺에 丙火가 寅亥木局에 長生이
辛酉 라 따뜻하게 조후가 잘 되어 건강하다。
己丑

甲木 日主 木旺으로 身旺하고 또 丁火
甲子 午火로 泄氣를 잘하고 있어 건강에는
丁卯 自身이 있다。
甲午
乙亥

戊土 日主가 巳未火局에 己巳辰土로 身
己未 旺하여 있고 時柱 辛酉金에 泄氣를 잘
己巳 하고 있어 健康하다。
戊辰
辛酉

壬申 壬水 日主가 申子 水局에三壬으로 身旺
壬子 하고 寅午火局에 丙火透出하여 水火 旣
壬寅 濟라 매우 건강하다。
丙午

己巳 丙火 日主가 巳未火局 寅亥木局에 得旺
辛未 하여 身旺이라 健康만은 自身하고 살아
丙寅 왔다。
己亥

丁丑 辛金 日主가 地支金 金局을 얻어 베아
己酉 링처럼 强旺하여 健康에는 염려없는 四
辛酉 柱다。
己丑

나、精神疾患(肝疾)(精神神經科)

1、木·火·土日主 甚弱者

2、木火水日主 甚旺者

3、鬼門關殺 놓은 者

4、官殺太旺者

解說

1、木은 腦에 해당하고 火는 精神이며 또 火가 弱하여 지면 木도 自然 虛弱하여 지기 때문이고、土가 虛弱하면 火 精神이 火生土하느라 虛火가 되기 때문에 精神이 昏迷하여져 精神疾患이 있게 되며

2、木이 太旺하면 神經이 굳어 버리고 火가 太旺하면 多者無者로 오히려 精神이 없고 水氣가 太旺하면 火精神이 沒할 뿐더러 聽覺作用이 特出하여 남이 듣지 못한 것 까지도 들을 수 있으니 神 들리기 쉽고

3、鬼門關殺은 精神疾患에 해당하는 凶殺이기 때문이며

4、官殺太旺者는 身弱되어 萎縮되고 氣를 펴지 못하며 또 殺은 鬼가 되기 때문에 鬼神들리기 쉬워 精神 疾患이 있다。精神疾患에 해당하는 者 頭痛이 甚하다。

實例

1、壬申 乙木 日主가 多逢火로 身弱하여 精神異
乙巳 常 앓아 보았다。
乙巳
己卯

丁酉 丁火 日主가 金多로 火息되어 虛火라。
戊申 정신 이상으로 고생하였다。
丁酉
乙巳

2、甲申 乙木 日主가 亥卯卯로 木局이나 水木이
乙亥 응결되어 정신질환에 간질까지 앓고 있
乙卯 다。
己卯

壬辰 壬水 日主가 子丑 子辰으로 水氣가 太
癸丑 旺하고 또 水木 응결되어 젊은 나이에
壬子 신이 들렸다。
癸卯

3、丙申 己土 日主가 金多로 身弱한 中 卯申으
丙申 로 鬼門關殺 있어 精神病患者다。
己卯
庚午

己卯 이 四柱 木日主 身旺으로 健康은 하였
丙寅 으나 卯申 鬼門關殺 있어 사랑 때문에
甲申 잠시 정신 이상 걸려 보았다。
甲子

4、己亥 己土 日主가 地支全木局으로 身弱된 癸亥 丁火 日主의 七殺鬼가 年月 癸亥로 있
丙寅 中 寅未로 鬼門關殺 있어 한때 본드에 癸亥 고 日時로 巳戌 鬼門關殺있어 정신 이
己未 미쳤던 四柱다。 丁巳 상 앓아 보았다。
乙亥 庚戌

다、視力障害(眼科)

1、木·火·土日 財殺多逢에 身太弱者

2、柱中火가 甚弱者·특히 柱中丁巳가 金水에 被傷된 者

3、火日主 火太旺하거나 柱中火가 刑이나 冲을 받은 者

解說

1、木日主 財殺太旺은 土金旺을 말함이니 자연 土多木折이요 金多木折로 木이 虛弱하여 木生火 光明 視力할 수 없기 때문이며

火日主 財殺太旺은 金水太旺이니 水多火沒이요 金多火息으로 火가 沒하기 때문이고

土日主 財殺太旺은 水木太旺으로 水多土流요 木多土崩되어 土의 母 視力火가 火生土 하느

라 虛弱하여 지기 때문이며

2、日主가 아니라도 柱中의 火가 被傷되어 甚히 弱하고 있으면 視力의 障害가 있으며 특히 丁巳火가 柱中 어느 곳에 있든 被傷되어 있으면 本命의 八字에 局限되어 있기 때문에 틀림없고

3、火日主 火氣太旺은 多者無者요 太剛則折의 理致로 오히려 없는 것과 같아서이고 또 柱中 火가 어느곳에 있든 刑이나 沖을 받으면 被傷되는 것 事實이므로 視力에 障害가 오게 된다。

參考

視力 障害에 있어서도 分類하여 보면 甚하면 盲人·淸盲·夜盲·色盲·色弱·斜視·陰陽眼·四白眼·三白眼·遠視·近視·亂視·白內障 등으로 區分되는데 木火土日主 財殺太旺에 甚弱者와 柱中 丁巳火가 金水에 被傷되면 盲人이 되기 쉽고、水日主 地支 火局은 夜盲에 淸盲이요、火가 刑이나 空亡되면 色盲에 色弱이며、火刑에 羊刃殺이 兼備면 斜視가 되고、日主 기준하여 左右의 火가 陰陽이 다르거나 不均衡이면 陰陽眼이요、木이 많으면 遠視며 火가 不足은 近視요 火 不足에 金水가 太旺하면 亂視며、火 日主 火 太旺은 白內障이 있게 된다。

實例

1、乙亥 乙木 日主가 土金 財殺太旺하여 있고
甲申 또 巳申으로 刑하고 巳亥로 冲하여 盲
乙丑 人이 되었다。
辛巳

2、丙辰 水 日主의 寅中丙火妻가 寅申冲에 金水
辛丑 太旺으로 火가 沒하여 其妻가 盲人이
壬申 되었다。
壬寅

3、丁巳 丙火 日主에 多逢木火로 火氣 太旺하였
乙巳 고 또 丙辛合으로 묶이어 盲人이 되었
丙辰 다。
辛卯

辛丑 丙火 日主가 子丑 水局에 受制되고 戌
辛卯 時로 入墓되어 火가 弱이라 안경을 쓰
丙子 고 있다。
戊戌

乙巳 丙火 日主에 申子水 辛으로 財殺太旺하
戊子 고 巳申으로 刑하여 盲人이 되었다。
丙申
辛卯

癸亥 辛金 日主가 月柱에 丁巳놓고 巳亥 丁
丁巳 癸로 冲破되어 盲人이 되었다。
辛亥
戊子

己丑 乙木 日主에 年月日時가 酉丑 亥子丑
丙子 水局인데 月上 丙火 時上 丁火가 모두
乙酉 沒光되어 亂視로 苦生하고 있다。
丁亥

丁未 日主 壬水에 柱中 火氣 太旺하여 夜盲
丙午 으로 고생하고 있다。
壬午
辛亥

參考

火가 被傷되는 運에 視力이 弱하여지고 또 眼疾 手術 있으며 火가 살아나면 視力도 回復된다。

柱中火가 虛弱하면 해당된 六親도 視力障害요

火가 必要한 四柱는 쌍거풀 手術 좋고 忌神일 때는 害가 오며

눈에 殺氣가 있을 때는 안경으로서 감추고 火가 必要하면 안경을 쓸것

라、耳·鼻·咽喉科 疾患

1、柱中 金水木이 弱하고 刑冲 加臨한 者

2、金水木이 太旺한 者

解說

五行으로서 金은 鼻에、水는 귀에(耳) 木은 咽喉에 각각 해당하고 있어 柱中의 金·水·木이 虛弱하면 귀·코·인후가 약한 중 또 다시 刑殺이나 冲이 加臨하면 더욱더 虛弱하여지므로 病이 發生하게 되며

또 지나치게 太旺한 것도 역시 病이 되므로 疾患이 생기게 되는데 특히 木旺者는 神經만 많이 써다 하면 편도선이 부어 오르며, 또 이 편도선도 盲腸과 같이 除去하여도 된다.

다음 金에 刑이나 冲이 臨하면 鼻氣에 障害가 있고 또는 축농증 등 併發症이 發生하며, 코가 左나 右로 굽어 있고 水에 冲이나 刑이 臨하고 虛弱하여 있으면 耳鳴症이요 귀바퀴가 적으면 聽覺에 障害와 다불어 귀에 疾患이 있고 柱中 濕이 많으면 귀속이 깨끗하지를 못하며, 木旺者는 咽喉癌이나 淋巴腺 結核 肝硬化 肝癌 등에도 주의 하여야 한다.

實 例

1、丁亥 戊土 日主身弱에 水木이 旺하고 鬼門關
癸卯 殺 있어 神經만 쓰면 편도선이 잘 붓고
戊申 鼻氣이 좋지 못하며 耳鳴症에 귀속도
甲子 깨끗지 못하다.

庚午 金日主가 地支 全 木火局으로 金이 傷
辛巳 하고 있는中 寅巳로 刑殺이 있어 축농
庚寅 증에 貧血이 있고 코가 左右로 굽어 있
辛巳 다.

己亥 庚申金이 巳申으로 刑하고 있어 코 수
己巳 술을 받아 보았다.
庚申
庚辰

壬寅 年支寅中 甲木이 申月에 失時하고 寅巳
戊申 申 刑殺등이 편도선이 弱하다.
己巳
己巳

癸丑 壬水 日主 地支全 水局으로 水氣太旺하
癸亥 여 귀병을 앓아 보았다。
壬子
庚子

己卯 木日主 地支全木局에 水木 응결되어 편
乙亥 도선으로 고생하고 있다。
乙卯
己卯

參考

귀가 운다 즉 소리가 난다는 것은 氣運이 없다는 것이며 身旺者 頭痛에 귀를 뚫은 것은 좋으나 身弱者는 안되며 귀가 적으면 初年 苦生이요

코가 굽으면 의리가 부족하고

인후에 病이 있는자 인정에는 약하며

音聲이 둔탁 또는 破音인 者 賤人 女子가 男子 목소리는 夫君 꺾고、만년 처녀 음성도 夫君 無能力 남자가 여자 목소리는 無子

마、齒科疾患

1、柱中 金이(日主包含) 虛弱하고 재차 冲 또는 刑된 者

2、急脚殺 또는 斷橋關殺 놓은 者

解說

1、五行으로 金은 人體에서 骨格과 齒牙에 해당하는데 자연 柱中 金이 弱한 中 또다시 刑이나 冲이 臨하면 被傷되므로 齒牙가 不實할 수밖에 없고

2、急脚殺과 斷橋關殺은 骨折과 傷齒되는 凶殺이기 때문이고 前者는 다쳐서 傷하고 後者는 風齒로서 傷하는 것이 다른데 만약에 一番과 二番이 重複되어 있을 때는 더욱 甚하다。

實例

1、辛未 丁火 日主에 地支全火局으로 年上辛金
乙未 이 被傷되었고 또 急脚殺을 셋이나 놓
丁巳 아 의치로서 삶하고 있다。
丁未

丁未 辛金 日主가 巳未火局과 年月丁火에 受
丁未 制되고 寅巳刑에 急脚殺 未를 놓아 앞
辛巳 니가 셋이나 부러졌다。
庚寅

2、甲申 庚金日主가 寅巳申三刑에 寅이 斷橋關
丙寅 殺되어 交通事故로 치아가 상했다。(齒
庚申 列校正)
辛巳

己丑 辛金日主가 多逢土가 되어 어려서부터
戊辰 단것을 많이 먹어 치아 不實로 苦生하
辛未 고 있다。
戊戌

參考

齒牙가 不實하면 飮食物을 제대로 씹지 못하고 胃로 보내니 自然 胃에 부담을 주어 胃病을 유발하고 胃病이 있는자 消化不良이요 消化不良은 영양을 골고루 섭취할 수 없으니 健康에 支障이 오며 健康이 좋지 못한 자 萬事가 귀찮아 지기 때문에 財數에도 영향을 미치는 것이다。

金日主에 得局인 者 齒牙 하나는 튼튼하고
傷食이 많은 자 입 모습이 나와 있으며

입 모습이 나온자 口舌에 말을 함부로 하고
사랑이는 必要없다고 하나 지장이 없는 限 제게 할 필요는 없으며
치아는 可及的 골라야 좋고
앞의 치아가 傷하거나 사이가 있으면 夫婦 琴瑟에 이상이 생기며
송곳 이를 가진 자 毒하고
입이 작으면 소심하며
입이 큰 자 大凡하다
金에 該當하는 六親도 齒牙가 不實하다。

바、氣管支 및 肺疾患(胸廓內科)

1、柱中 金이 虛弱하고 被傷될 때
2、木火 太旺者
3、水木이 凝結된 者
4、水日主가 地支 火局을 놓은 者

解說

1、金은 氣管支와 肺에 해당하는데 金이 虛弱하면 氣管支와 肺가 弱한 中 또 다시 被傷되면 더욱 弱하여 지기 때문이고

2、柱中 木火 太旺은 木生火하여 火에 核이 集結되니 柱中金은 傷할 수밖에 없으며

3、水木이 응결된 者는 水生木하여 木氣에 核이 集結되므로 木旺則 金缺로 金이 反傷되기 때문이고

4、水日主 地支 火局은 水氣가 火多水熱로 증발되니 金生水하는 金이 虛弱하며 또 火旺에 金이 被傷되기 때문인데 이 모두가 알고 보면 柱中 金이 虛弱하고 被傷 되는 것에 해당하고 있다。

그리고 여기에 該當하는 者 咳嗽·喘息·痔疾·盲腸·貧血·大腸疾患·腸疾扶斯·生理痛 등 疾患이 있으며 木火太旺者는 暑嗽 水木 응결자는 寒嗽·金氣太旺者는 肺癰 등이 염려되고 女命은 月經量이 不足하다。(白血病)

實例

1、己巳 辛未 庚午 乙酉

庚金 日主가 巳午未 火局에 被傷되고 있어 氣管支가 弱하고 貧血에 血壓이 있다。

丙寅 庚寅 戊午 己未

月上의 庚金이 地支 寅午 午未火局에 被傷되고 있어 肺病을 앓아 보았다。

2、甲寅 己巳 甲午 己巳

甲木 日主가 多逢火하고 巳中庚金이 寅巳刑에 被傷되어 暑嗽로 고생하는 四柱다。

己巳 庚午 丁未 癸卯

丁火 日主가 多逢木火로 身旺이나 月上 庚金이 被傷되어 暑嗽로 고생한다。

3、庚子 戊子 乙亥 戊寅

乙木 日主가 亥子子水로 水木凝結된 中 年上庚金이 金沉되고 있어 寒嗽로 고생하였다。

癸卯 甲子 壬子 癸卯

壬水 日主가 柱中 水木多로 凝結되어 寒嗽로 고생하였다。

4、戊午 丁巳 癸巳 乙卯

癸水 日主가 地支火局하여 暑嗽로 苦生하고 있다。

己丑 辛未 戊戌 戊午

이 四柱는 月上 辛金이 午戌 午未火局에 被傷되어 肺病 고치러 入山하였다가 宗教에 歸依하였다。

戊寅 庚金 日主가 多逢寅에 甲庚沖이라 木多
甲寅 金缺이요 金木相戰하여 痔疾로 고생하
庚寅 고 있다。
甲申

甲午 丙火 透出에 寅午 午火局으로 火氣太旺
丙寅 하여 庚金이 被傷이라 腸疾扶斯로 고생
庚午 하였다。
庚辰

參考

骨髓炎 등도 염려되며
運에서 金이 被傷될 때 發病하고
金에 해당된 六親도 同類의 病이 있음。

사、心臟 및 血壓疾患

1、木火 日主 甚弱者 또는 火氣太旺者

2、柱中 火氣 甚弱者

3、水 日主 水氣太旺 또는 火土食神을 놓은 者

解說

1、五行으로 火는 心臟인데 木이 虛弱하면 木生火를 못하고 火가 虛弱하면 心臟 自體가 弱하며、土가 虛弱하면 土의 母 火가 火生土하느라 火도 弱化되기 때문에 心臟病 疾患이 發生하며

또 火日主 火氣太旺者는 多者無者의 理致로 오히려 없는 것과 같아 心臟病 疾患이 있고

2、日主가 아니고 柱中 어느 곳에 있든 火氣가 虛弱하고 있으면 역시 心臟에 疾患이 있으며

3、水日主 水氣火旺은 火가 沒할 뿐더러 肥滿體軀가 되어 血壓을 上昇시키기 때문이며(水氣에는 모든 物이 불어남)

또 火日主 火土食神도 肥滿體軀가 되기 때문인데 理由는 食神을 놓아 衣食에 걱정이 없어 삶이 해결 되었고 火生土 肌肉으로 核이 集結되어 肥滿體軀를 만들기 때문이다。

그리고 金日主에 木火多逢者는 血壓 또는 腦溢血이 많은데 理由인즉 弱한 銅線에 電流가 强하여 휴즈가 터지는 것과같이 핏줄이 터지기 때문이다。

參考

火가 弱하여 오는 病은 低血壓 心臟판막증 협심증 등이 있고 火日主가 아니라도 日主가 지나치게 虛弱하면 低血壓 증세 있으며 火氣가 太旺하면 高血壓 또는 心臟확장증 鬱火病이 있고

女命에 心臟관막증은 애기 낳고 죽으며

男女를 不問하고 지나치게 肥滿症은 性生活에 不滿이 많을뿐더러 甚則 離婚한다。

實例

1、己丑 戊辰 丙戌 乙未

丙火 日主가 多逢土로 甚히 虛弱하여 심장병으로 고생하고 있다。(비만증)

甲申 庚午 丙午 甲午

丙火 日主가 午月午日午時로 火氣太旺하여 심장병 환자다。

2、丁亥 癸卯 壬寅 己酉

이 四柱는 年上의 丁火가 月上癸水에 丁癸冲去되고 木多火息이라 膽大心小요 日支食神으로 비만 체구다。

壬午 壬子 甲申 丁卯

甲木 日主가 年支午火는 子午冲去요 時上丁火는 旺한 水氣이 沒하고 있어 심장병 환자다。

3、癸亥 癸水 日主가 年月日로 多逢水하여비만
癸亥 체구에 風疾이요 고혈압으로 고생하고
癸亥 있다。
乙卯

戊戌 丙火 日主 多逢土에 火息되고 또 火土
己未 食神으로 비만체구 되며 저혈압으로 고
丙辰 생하였다。
壬辰

丙寅 庚金 日主가 多逢 木火하여 火多 銷鎔
甲午 이라 고혈압에 뇌일혈이 위험하다。
庚午
乙酉

丙戌 이 四柱는 女命으로 丁火 日主가 虛弱
辛丑 하여 심장판막증 환자인데 애기 낳고
丁亥 死亡하였다。
丁未

아、肝疾患

1、木 日主가 多逢財殺 또는 柱中木이 甚히 弱한 者
2、水木이 凝結된 者
3、金木이 相戰한 者

解說

1、木은 肝인데 財殺 즉 土金이 旺하면 土生金(財生殺) 金尅木으로 肝이 被傷되기 때문이며 또 柱中木이 虛弱하여도 肝이 弱한 것은 事實이기 때문이고

2、水木이 凝結된 者는 水生木으로 木에 核이 集結되는 것은 좋으나 過多하여 木이 굳어지고 또 나무가 물을 만나 濕木으로 붙어나는 것과 같아 肝硬化 肝癌 등이 發生하는데 특히 여기에 해당하는 者 過飮은 自殺行爲나 같고

3、金木이 相戰한 者는 종내는 金尅木으로 木이 被傷되기 때문인데 특히 肝炎을 주의하고 併發症은 頭痛·筋痛·神經痛 등으로 苦生하며 木日主 多逢火도 肝炎을 주의 하여야 한다。

實例

1、庚申 木日主가 七月에 失時하고 年柱庚申金 戊寅 年時支 兩寅木이 月日의 申金에 寅申으

甲申 日時戊土로 財殺이 太旺이요 金多木折 庚申 로 冲敗되어 肝도 나쁘고 두통으로 고

甲戌 로 肝이 약하여 고생하고 있다。 丙申 생이 심하다。

丁卯 庚寅

2、己卯 甲木 日主가 壬水透出에 申子辰 水局하
壬申 여 水木이 웅결이라 肝硬化로 고생하였
甲辰 다。
甲子

己未 乙木 日主가 亥卯未 木局에 水木웅결되
乙亥 어 肝癌으로 死亡하였다。
乙亥
己卯

3、甲申 年上 甲木이 坐下申에 絶하고 兩庚金에
庚午 冲敗당하여 간장병으로 고생하고 있다。
庚辰
丁亥

丙申 이 四柱는 甲庚冲 寅申冲에 卯申이 鬼
庚寅 門關이요 또 金木이 相戰하고 있어 肝
甲申 疾로 고생하고 있다。
丁卯

參 考

運에서 木이 被傷되거나 凝結되면 더욱 심하게 惡化됨。
運中의 木이(天干 위주) 被傷되어도 역시 肝에 疾患이 있고 木에 該當된 六親도 肝에 疾患이 있다。

木이 多逢火도 肝炎이요
未土 하나로도 肝炎이오며
木이 金多로 肝炎은 전염性이다。

자, 內科 疾患(胃腸病)

1, 土日主가 虛弱하거나 柱中火土가 弱한 者

2, 土日主가 多逢 火土한 者

解說

胃臟은 土에 所屬되므로 土日主에 土가 虛弱하면 自然 胃가 弱하게 되어 있으며 또 柱中 土가 弱하여도 推理는 같을 수밖에 없고

다음 火가 약하면 火生土를 못하므로 위장에 病이 오는데 알고보면 心臟病 患者는 胃도 약하게 되어 있다.

그리고 土日에 多逢火土가 胃臟病이 많은 土氣가 旺盛하여 多者無者요 太剛則折이 되어서이다.

다음 木이 旺하여 오는 위장病은 木은 酸이요 神經이 되므로 胃酸過多나 神經性 위장 病이요, 金旺은 土生金이니 胃下垂病이며, 水가 旺하면 土流로 위벽이 傷하니 胃궤양 환자며, 火土가 旺하면 火生土와하니 위가 生助를 너무나 받아 운동을 안하니 胃無力症이요, 土가 冲 또는 刑을 받으면 胃 手術에 위경련이 있고, 土가 甚旺하면 胃癌을 주의하고, 土日主, 弱은 늘

히 腰痛이 심하며 推理하건대 柱中 火氣가 旺하면 乾燥하여 唾液이 不足하고 唾液이 不足하면 消化에 支障이요 便泌가 있으며 便泌가 심하면 痔疾患者가 되며 痔疾이 심하면 行動半徑이 줄어드니 이것이 바로 財數에도 미치는 영향이 지대하다는 것을 명심하여 항시 健康을 維持하는데 힘써야 할 것이다。

實例

1、丁亥 辛亥 戊寅 乙卯
戊土 日主가 亥卯 寅亥寅卯로 財殺局을 놓아 胃酸過多요 胃病으로 苦生하며 또 日主가 너무나 弱하여 잘 체하기도 한다。(소화능력 不足)

乙卯 己卯 戊申 辛酉
戊土 日主가 乙卯木에 受制당하고 또 申酉金에 泄氣하고 있어 위장병 환자다。(위산과다에 위하수病 腰痛)

2、癸亥 癸亥 戊戌 癸亥
戊戌 日主가 多逢水로 土流라 위궤양 환자다。(過飮이 原因)

丙戌 戊戌 己丑 辛未
己土 日主 多逢土에 丑戌未刑殺 놓아 위수술 받아 보았고 또 위암 주의 하여야 한다。

3、甲子　己土 日主가 多逢木으로 虛土라 腰痛에
丙寅　위장병 환자다。(위산과다 신경성)
己卯
癸酉

甲戌　戊土 日主 多逢 火土하여 위암으로 世
戊辰　上을 떠났다。
戊午
戊午

參考

財多者도 위장병이 있는데 이유는 財는 음식으로 暴食을 하고 심지 貧寒으로 時間을 맞춰 식사를 하지 못하기 때문이며

土日主 關係없이 日干 虛弱者는 消化 能力이 不足하여 잘 체하고

土가 虛한 者 胃病은 물론 비위치레 못하며 차멀미、배멀미 심하며

運에서 土가 冲이나 刑을 받으면 위경련 또는 手術받아 보며

土에 해당하는 六親도 역시 위장병이 있고

運中의 天干 土가 原命에 被傷되어도 胃장병이 있으며

胃는 五臟六腑의 根幹이 되고 있으니 可及的이면 胃를 傷하게 하지 말것。

차、皮膚 泌尿器科 疾患

1、金水가 虛弱한 中 地支火土旺한 者 夜尿症、皮膚虛弱

2、金水로 冷寒한 者 夜尿症 및 發起障害

3、桃花刑 또는 滾浪桃花 놓은者 性病

4、日主 甚弱者 腎氣虛弱

5、印綬多逢者 包經

解說

1、皮膚는 金에 所屬되는데 柱中 金이 多逢木火로 虛弱하면 皮膚가 弱하여 腫氣 잘나고 조금만 다쳐도 炎症이 생기며 물을 바꾸어 먹어도 皮膚에 異常이 생기며 두드러기 백납 乾性皮膚 등으로 苦生하며

또 金이 弱하면 金生水를 못하므로 水氣도 자연 弱化되기 마련이요 또한 水氣 자체가 弱한中 多逢 火土하면 火는 火生土하여 尅水할뿐더러 火多水熱로 증발되고 土多流塞으로 水氣가 虛하게 되어 水에 所屬되는 泌尿器科에 해당하는 질환 즉 腎장·膀胱·尿管·睾丸·副睾丸·生殖器 등에 疾病이 發生한다。

특히 여기에 해당하는 者 土가 많고 굳으면 돌이 되기 때문에 結石으로 苦生하고 또 水
즉 腎臟·膀胱 系統의 自律神經이 弱하여져 제대로 任務遂行을 못하기 때문에 夜尿症 患
者가 될 수밖에 없고
日主가 弱하면 健康이 不實한데 性生活이 심하면 睾丸·副睾丸에 刺戟을 주어 合併症이
있으며
또 水日主에 火는 財로 꽃이요 花柳病인데 火生土하면 土는 官殺로 病鬼가 되므로 性病·
尿道炎·腎臟結石·膀胱結石·尿管結石 등이 발생하고

2、 金水 日主 金水로 冷寒한 四柱는 甚冷則 凍結이 되며 凍傷에 걸리는데 凍傷된 部位는 感
覺이 마비되는 것처럼 자연 自律神經이 痲痺되어 오줌이 나와도 나온 줄 모르기 때문에
夜尿症에 不感症·生理不順 帶下症 등이 있으며
또 하나의 理由는 冷寒則 縮小되는 法 膀胱이 縮小되어 오줌의 저장량이 감소되므로 자연
밀려 나오므로 放尿가 쉽기 때문에 夜尿症이 있고
특히 男命에 甚冷寒한 四柱는 生殖器 發育이 正常이 아니거나 甚하면 發起不能 까지도 유
발하며

3、 桃花는 바람 刑은 病이라 故로 바람 피우고 得病하니 性病 걸려 보고 滾浪 桃花는 天干·
合·地支刑을 말함인데(丙子日 辛卯時) 理由인즉 合하고 得病하였으니 性病이 틀림없고

4、日主가 虛弱한 者 健康이 不實하니 基本體力이 달려 萬病의 根源이 되기도 하나 특히 性生活에 落第生이며(財多로 身弱은 여러 妻子-를 거느리게 되어 있어 반대로 性慾이 强함)

5、印綬는 生我者로 나를 감싸 주는 것과같이 印綬多逢者 包經患者가 된다。

實 例

1、戊寅 庚金 日主가 地支 寅午寅으로 火局으로
戊午 놓아 被傷되고 있어 乾性피부요 종기가
庚寅 잘 난다。
乙酉

丙戌 水日主가 丙戊 戌戌午 己土로 火土 多
戊戌 逢하여 流塞이요 濁水라 腎기가 약하고
壬午 夜尿症에 신장 결석으로 고생하였다。
己酉

2、辛卯 癸水 日主가 子月 庚辛酉로 金水冷寒한
庚子 中 또 水木응결하여 十三世까지 밤中에
癸酉 오줌 쌌다。
乙卯

庚子 辛金 日主 丑月 冷寒한 中 子丑 水局이
己丑 가세하여 甚冷이요 急脚殺 있어 發起不
辛丑 能 患者다。
戊子

3、辛酉　癸水 日主가 子卯로 桃花刑에 甚冷하여
庚子　漏便에 性病으로 고생하였다。
癸卯
壬子

4、乙亥　己土 日主가 亥卯卯木局에 乙木이 透出
己卯　하여 財殺太旺으로 土虛라 위병에 腎氣
己卯　도 허약하여 性生活에 落第生이다。
庚午

5、庚戌　丙火 日主 寅卯木局으로 印綬太旺이나
己卯　寅戌火局으로 肩刼이 되어 半包經이다。
丙寅
戊戌

戊子　丁火 日主가 多逢木 印綬하여 完全 包
甲子　經이다。
丁卯
壬寅

壬午　이 四柱는 壬水 日主가 多逢火로 身弱
丙午　이나 財多가 되어 性慾 하나만은 대단
壬午　하다。
戊申

戊子　丁火 日主가 多逢木　印綬하여 完全
甲子　包經이다。
丁卯
壬寅

參考

包經者는 早漏症을 同伴하고 있으니 꼭 手術받아 보아야 하고、火日主 木火 太旺者 早漏症이요

日干 虛弱者 早漏症이며
土日主 傷食이 많은 者 또한 같으며
火土太旺 또는 金水太旺에 丑辰 놓은 者 糖尿病에 濕疹이요
金日主는 자라 型에 단단하고
土日主는 大頭요
木日主는 長大하고
火日主는 송곳이요
水日主는 예쁘며, 色에 强하고
鬼門關殺은 變態性에 妻不感症

카、子宮疾患

1、日主弱에 傷食이 太旺한 者
2、印綬太旺에 傷食이 甚弱者
3、傷食 虛弱에 逢沖 刑된 者
4、日主弱에 日支基準 寅申 卯酉者

5、金水冷寒과 乾燥한 四柱

解說

1、身弱은 健康이 不實하고 힘이 없는데 또 다시 傷食이 太旺하면 泄氣가 더욱 심하여 限없이 弱化되므로(母衰子旺·子旺母衰) 子孫 하나도 낳고 키울 힘이 없어 자연 流産 많고 또는 子宮外 妊娠이요 子宮이 無力하여지며(子宮癌 주의)

2、印綬가 太旺하면 剋 傷食 子孫하는데 子孫의 原泉은 子宮이라 子宮이 被傷하여 發達하지 못하므로 子宮에 病이 오며

3、傷食 즉 子宮이 虛弱하고 있는데 또 다시 沖이나 刑을 받으면 더욱 弱化되어 被傷되므로 子宮手術·破裂·子宮閉塞 등 疾患이 發生하고

4、日干이 弱하고 日支를 기준하여 寅申冲이나 卯酉冲이 되면 寅卯는 木 東方으로 日出之門戶가 되고 申酉는 金으로 西方이라 日入之門戶로서 出入 즉 들고 나는 곳이라 하여 子宮이 되는데 冲破로 破壞 되었으니 閉鎖症으로 子宮을 드러내게 되며

5、金水冷寒者는 子宮이 너무나 차거워 病이 되고 지나치게 乾燥한 者는 水氣不足과 너무나 더워서 病이 되는데 또 분비물이 不足한 것도 흠이 된다。

參考

女命에서 傷官은 子孫 子宮·乳房·陰部 등으로 같이 보고 있기 때문에 乳房이 예쁘면 貴子에 子孫德 있고 夫君의 사랑 받으나 乳房과의 사이가 멀면 남편과 떨어져 있는 날이 많든가 아니면 離別이요

乳房이 너무나 크면 賤命이고 남의 子孫 키워주며 貧弱하면 子孫이 늦고, 子宮 發達이 늦으며 위로 있으면 子孫에 病者가 있고 아래로 처져 있으면 남의 子孫 키워주며 또 乳房의 發達에 따라 生殖器도 比例한다고 보면 된다.

그리고 傷食이 過多하면 子宮이 지나치게 크고 傷食이 弱하면 子宮이 弱하며 적고

傷食이 年月에 있으면 子宮이 깊고 뒤로 있으며

傷食이 日時에 있으면 앞으로 있고

日時로 局을 잘 이루고 있으면 正常 位置가 되며

時柱 天干으로 있으면 너무나 위로 있고

傷食이 없거나 있어도 無根이면 子宮 發達이 안되어 있으며

印綬와 傷食이 잘 均衡을 이루고 있으면 收縮作用이 좋고

傷食 桃花者도 또한 같으며

鬼門關殺을 놓은 者 不感症이 아니면 變態性이요

身太弱한 者 不感症에 가깝고
身旺運에 性感이 살아나며
水氣旺에 傷食이 살아 있으면 獨身女되기 어렵고
桃花에 暗合官한 者 色을 너무나 밝히며
桃花 官運도 몰랐던 性感을 알게 되어 있고
食神制殺格은 官이 病이 되므로 不感症이요
制殺太過者는 官이 必要하므로 사랑 없인 못살고
傷食 太旺者 예쁜이 수술로 校正할 것이며
魁罡日主에 身旺者 中性에 가깝고
女子에 입은 生殖器와 直結되어 있으며
입 주위에 점이 있으면 陰部 주위에도 점이 있다。(食福)

實例

1、己巳 丙火 日主가 多逢土로 虛弱하여 있는
戊辰 中 冲刑이 臨하고 있어 自然流産이 심
丙戌 하였고 無子이다。
乙未

2、壬申 乙木 日主가 水 印綬太旺으로 時上丙火
壬子 가 沒하여 子宮에 病이 있다。
乙亥
丙子

3、丁亥 戊土 日主의 食神 申金이 寅申으로 冲
壬寅 받아 子宮이 弱하고 수술 받아 보았다。
戊申
己未

甲戌 丙火 日主가 多逢土하여 晦氣된 中 刑
辛未 冲하여 子宮外 妊娠으로 手術받아 보았
丙戌 다。(子宮癌)
己丑

壬戌 辛金 日主의 傷食 壬癸水가 多逢土 印
癸丑 綬에 受制 당하고 刑冲에 白虎가 임하
辛未 여 유방암으로 苦生하였다。
戊戌

丙戌 丁火 日主의 傷食 未戌土가 刑을 당하
辛卯 여 子宮이 약하다。
丁未
庚子

4、戊寅 己土 日主의 傷食 酉金이 卯酉冲 당하
乙卯 여 子宮閉塞症으로 수술 받아 보았다。
己酉
乙丑

5、辛酉 庚金 日主가 多逢水로 金水冷寒하여 不
庚子 感症 患者다。
庚子
丙子

乙未 戊土日主가 寅午戌局에 午未火局으로
戊寅 燥土요 火土重濁하여 身主旺이라 獨身
戊戌 으로 삶하고 있다。
戊午

戊子 戊土 日主가 木旺으로 身弱된 中 寅申
甲寅 冲되어 子宮閉塞症으로 수술 받아 보았
戊寅 다。
庚申

타、手足異常 및 風疾

1、急脚殺이나 斷橋關殺 놓은 者
2、水木凝結 또는 金水冷寒者
3、身弱에 金木相戰 또는 身弱에 驛馬 地殺이 冲刑된 者
4、四柱가 지나치게 乾燥한 者
5、財殺太旺 또는 羊刃太旺者

解說

1、急脚殺이나 斷橋關殺은 手足에 異常이 있는 殺인데 이 殺 하나만 가지고 結論을 내리지 말고 이 殺로 因하여 日主가 虛弱할 때 해당하며

2、水木凝結은 水生木하여 木 神經을 硬化즉 硬直 鈍化시키기 때문에 手足에 異常이 생기고 (木은 手足)

3、身弱은 病侵되기 쉬운 中 金木相戰은 金剋木으로 木 手足이 傷하기 때문이며 金水 冷寒者는 寒冷이 심하여 凍結되고 凍結 즉 手足을 묶어 놓은 것과 같기 때문이며 또 地殺 驛馬는 交通手段이나 人體로는 팔과 다리가 되는데 여기에 冲이나 刑이 臨하면 故障이 생기므로 手足에 異常이 있고

4、四柱가 지나치게 乾燥한 者 熱氣가 太甚하고 熱氣가 甚하여 發生한 病은 小兒痲痺요 소아마비에 걸리면 手足에 이상이 있기 마련이며

5、財殺太旺者는 財生殺하여 日主를 剋하기 때문에 甚弱하여 身體의 한 部分이 故障을 일으키기때문인데 官殺混雜이 더욱 甚하고 羊刃太旺者는 身旺이 되어 健康할 것 같으나 太剛則折이요 性格이 잔인하여事故나기 쉽기 때문인데 1、2、3、4、5項이 重復되면 더욱 確實하고 특히 四〇代 以後에는 風疾로서 半身不隨되기 쉽다。

參考

女命은 産後風이 있으니 産後調理 잘하고 骨折 落傷 추락사 등도 주의할 것이며 해당된 六親과 位置도 잘 살필 것이며 運의 영향도 對比하여 結論을 내릴 것。

實例

1、己巳 辛金 日主가 巳巳未 火局에 受制되고
己巳 未가 急脚殺 되었고 또 乾燥하여 다리
辛未 를 절고 있다。
戊戌

壬申 丙火 日主가 虛弱한中 子 殺이 申
甲辰 子辰 水局으로 剋日主하여 다리를 절고
丙戌 있다。
戊子

2、癸亥 壬水 日主가 急脚殺 斷橋關殺에 水木凝
乙卯 結이요 子卯로 刑하여 다리를 절고 風
壬子 疾로 고생하고 있다。
癸卯

辛丑 癸水 日主가 子丑 水局으로 冷寒한 中
辛丑 急脚殺에 斷橋關殺 놓아 소아마비 환자
癸丑 다。
壬子

3、丙戌 甲木 日主가 庚申辛金으로 金木相戰하
辛卯 고 斷橋關殺 卯를 놓아 甲寅年에 寅申
甲申 冲으로 손을 다쳐 반 不具가 되었다。
庚午

4、甲寅 甲木 日主가 地支火局으로 지나치게 건
庚午 조하여 다리를 절고 있다。
甲午
庚午

5、辛酉 丙火 日主 財多金으로 火息되고 斷橋關
丙申 殺에 運이 不實하여 두 다리를 모두 坳
丙辰 斷하였다。
丙申

己巳 戊土 日主가 虛弱한 中 驛馬 地殺이 刑
丙寅 冲하고 있어 다리를 절고 있다。
戊申
壬戌

戊戌 戊土 日主가 地支 午戌 午未火局으로
戊午 乾燥한 中 未 急脚殺을 놓아 다리를절
戊午 고 있다。
己未

丁卯 甲木 日主에 羊刃 卯木이 셋으로 太旺
癸卯 한 中 水木凝結이요 斷橋·急脚殺에
甲子 刑殺이 있어 손 하나가 不具다。
丁卯

七、災亂關係

가、監禁生活

1、日支逢刑·冲 또는 因獄殺 놓은 者
2、天羅 地網殺 놓은 者
3、財殺太旺者·또는 傷食太旺者

解說

1、刑殺은 刑罰로 通하고、冲은 災殃이 되는데 日支로 臨하면 自身에 직접 해당하고(日支가 아니라도 해당함)

因獄殺은 감옥에 감금 당하여 보는 殺이기 때문이며

2、天羅 地網殺은 하늘과 땅에 그물을 쳐 놓은 것이 되어 전국에 指名 手配가 되고 또 항만과 공항도 폐쇄가 되는 것과 같기 때문인데 天羅는 戌亥요 地網은 辰巳라 辰戌 巳亥中 一字 以上을 만나면 해당하고

(天은 西北間 戌亥에 傾하여 六陰으로 終이 되고 다시 子에서 一陽이 始生하여 地는 東南間 辰巳에 傾하여 六陽이 終이 되어 다시 午에서 一陰이 始生하는 法인데 陰陽이 終極則暗昧하고 不明한 것과 같이 컴컴한 감방에 있는 것이 됨)

3、財殺이 太旺하면 財는 生殺하여 殺로 하여금 나를 꼼짝 못하게 하는 것과 같이 法網에 걸려드니 감옥 生活하여 보며 또 傷食이 太旺하면 剋 官殺하므로 위법 행위에 下剋上으로서 犯法 行爲를 自行하기 때문에 감금당하여 보는 것이다。

參考

監禁·拉致·捕虜·亡命 등에도 해당하고
軍人·警察·刑務官 등 司法權을 가져보면 免하며
財殺太旺이나 官殺太旺은 賂物은 毒藥이요
傷食太旺은 犯法行爲나 部下의 잘못으로 걸려들고
運에서 刑·冲·偏官·傷官·天羅 地網에 依하여 凶이 되면 필히 주의 할 것이며(하다못해 官災 訟事라도 發生함)
右의 殺에 關係없이 惡運이면 걸려들고
凶殺에 六親으로 무엇인가를 對比하여 發生하는 原因을 찾아내고
該當된 六親에도 똑같은 일이 생긴다。

實例

1、丁巳 甲木 日主에 火傷食太旺과 巳申刑에 囚
丙午 獄殺 놓았고 羅網殺 있어 감금 당하여
甲申 보았다。
戊辰

2、己巳 己土 日主가 巳亥 羅網殺에 卯囚獄殺이
丁卯 요 財殺太旺하여 獄 살이 하여 보았다。
己巳
乙亥

3、庚辰 이 四柱는 財殺太旺에 羅網殺까지 있어
辛巳 별이 다섯이나 된다。(姦通 詐欺)
乙巳
庚辰

己丑 丁火 日主가 丑戌未 三刑殺이요 傷食太
甲戌 旺에 羅網殺까지 놓아 癸亥年에 감옥살
丁丑 이 하였다。
丁未

癸丑 壬水 日主에 乙卯傷官이요 子卯刑에 囚
乙卯 獄殺을 놓아 六·二五 당시 총살장까지
壬子 끌려 갔다가 살아 났다。
己酉

己未 戊土 日主가 刑殺에 羅網이 겸하여 감
甲戌 금당하여 보았다。
戊戌
丙辰

癸酉 丁火 日主가 財殺太旺에 羅網殺이 있어
癸亥 災殃이 떠날 사이가 없다。
丁亥
丁未

甲寅 甲木 日主가 子卯刑에 子午冲이요 災殺
庚午 을 놓고 있어 감옥생활 하여 보았다。
甲子
丁卯

나、火傷 또는 飮毒

1、日支 湯火殺과 湯火殺局을 놓은 者

2、水·火 日主에 水火가 太旺한 者

解說

1、湯火殺은 寅·午·丑으로 火傷·火災·爆發物 事故 등을 당하게 되는데 日支에만 있으면 輕하나 만약 湯火殺이 沖이나 刑을 만나면 凶이 加重하며 또 湯火殺局이 日主를 剋할 때는 火傷의 度가 甚하거나 飮毒하여 보며

2、水 日主에 水氣가 旺하면 물로 인하여 災殃을 당하니 飮毒하여 보고 火 日主에 火氣太旺은 性格이 燥急하여 禍김에 음毒이 염려된다。

參考

火災와 가스도 주의하고

運이 나쁠 때 더욱 조심할 것이며(火災保險加入)

該當된 六親도 火災·火傷·飮毒·悲觀이 있게 된다。

實例

甲子
丁卯
甲午
丙寅

甲木 日主가 寅午로 湯火局을 이루어 불때 데인 흉터가 크다。

戊寅
甲寅
戊寅
乙卯

戊土 日主가 寅 湯火殺局에 剋을 받아 음독하여 보았다。

辛丑
辛丑
癸丑
癸丑

癸水 日主가 金水多에 丑 湯火殺을 놓았고 冷寒하여 소아마비를 비관 여러번 음독하여 보았다。

丙寅
甲午
丙午
乙未

丙火 日主가 寅午湯火局에 火氣太旺하여 큰 火災도 당하였고 음독도 하였으며 世事를 비관하고 있다。

다、交通事故

1、驛馬나 地殺이 日支와 冲 또는 刑된 者

2、驛馬나 地殺 또는 金氣로 日干이 虛弱된 者

解說

1、驛馬나 地殺은 交通手段으로 車가 되는데 冲이나 刑이 臨하면 事故가 發生하므로 交通事故 당한다는 것이고

2、驛馬나 地殺은 앞에서 推理하는 것과 같고 또 모든 車는 쇠로 만들기 때문에 金氣에 依하여 身弱하거나 驛馬나 地殺에 依하여 身弱하면 車에 依하여 몸이 傷身되므로 交通事故가 있게 된다。

參考

驛馬 地殺이 官이면 交通巡警이나 運轉技士가 되고
驛馬나 地殺이 日支와 冲 또는 刑하는 運에는 특히 주의하고
運轉者는 交通法 위반으로 단속 당하며 運轉者와 是非하고 길을 잃으며 막히고、交通事故 目見하며
整備士에 많이 있고 財星은 技士 食堂이 제격이요
六親으로도 分類하여 살필 것。

實例

1、壬申 辛亥 癸巳 甲寅

癸水 日主에 多逢木火로 身弱된 中 寅巳刑 巳亥沖되어 交通事故로 죽었다。

甲子 丁丑 壬寅 乙巳

壬水 日主가 寅巳로 驛馬刑하여 交通事故로 혼이 났다。(申 巳年)

2、丙辰 己亥 戊寅 乙卯

戊土 日主가 財殺局 水木을 놓고 있는 中 驛馬가 임하여 交通事故를 당하였다。

乙酉 壬午 己卯 辛未

이 四柱는 辛酉年에 日支가 卯酉로 沖받아 交通事故 당하였다。

라、水厄 또는 水災

1、金水 太旺者

2、落井關殺 놓은 者

解說

日主는 물론 柱中 金水가 太旺하면 金은 金生水 하여 核은 水로 集結되며 따라서 旺한 水氣에 依하여 木日主는 漂流되고、火日主는 沒光되며、土日主는 土流요、金日主는 金沉되고、水日主는 流下요 凍結되어 水厄이 있는데 또 물이 많은 者 물에 대한 상식이 해박하여 물을 가까이 하므로서 물의 災亂을 당하게 된다。

이와같은 이치로 볼때 柱中 木旺은 木의 災殃을 火旺은 火의 災殃을 土旺은 土의 災殃을(埋沒)、金多는 金의 災殃을(冷宮 車 重金屬 重毒 金屬에 依하여 傷身)、水多는 水災로 凍死、醉中死、溺死、凍傷、飮毒 등이 있는데 특히 土日主 財殺 太旺은 橫厄이 두렵고

落井關殺은 물에 빠져 보는 殺이기 때문인데 重復되면 더욱 確實하다。

實例

1、癸亥 戊土 日主가 주위에 癸亥水 太旺하여 丁卯 丙火 日主가 兩壬에 申辰水局을 만나
癸亥 水多土流라 六·二五 당시 물때문에 黑 壬寅 水氣太旺이요 또 落井關殺 놓아 錦江에
戊戌 人兵士의 총에 맞아 죽었다。 丙申 서 익사하였다。
癸亥 壬辰

2、丙子 乙木 日主가 亥子水局으로 水氣太旺하
庚子 여 浮木이라 음독에 水厄도 당하였다。
乙亥
丙子

甲子 己土 日主가 亥子 亥卯로 財殺太旺하여
丁亥 永同水利組合工事場에서 도끼 맞아 죽
己未 었다。
丁卯

3、甲申 庚金 日主가 多逢金하여 重金屬 중독으
甲戌 로 고생하고 있다。(不治病)
庚申
甲申

戊寅 甲木 日主가 多逢木에 羊刃이요 子卯刑
乙卯 하여 庶兄한테 매맞아 죽었다。
甲子
甲子

마、海外旅行

1、驛馬 地殺 또는 水氣太旺者

2、四柱가 좋은 者

解說

1、驛馬나 地殺은 交通手段이요 또 멀리 旅行하는 것이 되므로 海外旅行하여 보고

또 水는 流下之性과 더불어 旺하면 멀리 흘러가기 때문에 海外旅行 있게 되며

2、四柱가 좋은 者 高位職이 되어 海外研修·見學·交換教授·事業關係·觀光·招請 또는 用役 등으로 海外出入하여 본다。

參考

日支에 驛馬나 地殺이 있거나 또는 他柱의 驛馬나 地殺이 日支와 合하면 海外永住할 수 있고

運에서 驛馬나 地殺이 日支와 合이 되어도 또한 같으며

印綬가 必要한 者 鄕愁病 때문에 歸國하고

地域이 用神과 맞지 않으면 土候病 주의할 것이며

日支가 三合일때(年支同) 出入한다。

木 日本、火南美 호주

木火 東南亞、土中國、

金 西方世界、水 소련 北美

實例

1、壬申 驛馬 地殺에 水氣가 旺하여 海外出入
壬子 하였다。
庚寅
丁亥

2、甲戌 이 四柱는 亥地殺이 日支未와 合하여
乙亥 美國에서 事業을 하고 있다。
乙未
丁亥

戊午 이 四柱는 戊辰戊午로 身旺하고 壬子辰
壬戌 水局으로 財旺하여 身旺財旺으로 좋은
戊辰 四柱가 되어 海外出入 하고 있다。
壬子

己丑 이 四柱는 亥 驛馬가 日支卯로 合하여
戊辰 海外出入 하였다。
辛卯
己亥

己未 이 四柱는 驛馬와 地殺은 없으나 身旺
戊辰 官旺으로 좋은 四柱가 되어 海外出入
戊辰 하였다。
乙卯

己亥 甲木 日主 亥子子로 水氣旺하여 海外를
丙子 이웃집 다니듯 하였다。
甲子
甲戌

八、職業關係

우리가 생활하는데 있어서 필요한 직업을 옛날에는 士農工商으로만 간편하게 구분하였으나 現世에서는 직업이 수도 없이 많고 또 세분화 되어 있으며 앞으로도 계속 많은 직업이 생겨날 것은 기정 사실이나 이것도 알고보면 五行과 六親의 範疇에서 벗어나지 못하고 있는 것이다。

인간이 六〇平生을 삶하는 동안 한 가지의 직업에 만족하여 줄곧 지켜온 자가 있는가 하면 또 헤아릴 수도 없이 많은 직업의 변화속에 허송 세월만 하는 이도 있을테고 또는 하고 싶어 하는 직업이 있는가 하면 하기 싫으나 어쩔 수 없이 주위의 사정에 의하여 가져야 하는 직업도 있으니 이유야 어떻하든 이 모두가 運命인 것이며、

또 직업에는 선천적인 것과 후천적인 것으로 大別할 수 있는데 선천적인 것은 本命에 나타난 상황을 가지고 論하게 되니 가령 木이 많으면 木에 관한 직업을 가지게 되며 火가 많으면 火에 관한 직업에 종사한다라고 하는 것과 또 六親 및 吉凶神 등을 살펴 분류하는 것을 말하고 후천적인 것은 運에 의하여 작용되는 것을 말함인데、

科學의 첨단을 걷고 있는 현실이지만 직종 즉 적성 분류의 방식이 知能指數에 의하여 많이 작용되고 있으나 이는 두뇌활용에만 국한 될뿐 건강、능력、또는 후천적으로 발생할 것에 대하여서는 하나도 반영되고 있지를 않고 있어 운명적으로 분류한 適性에는 미치지 못하고 있는 것이다。

그러나 운명적으로 나타난 한 인간의 적성을 분류할 때는 성격、건강、능력、활용、심지어는 앞으로 오는 運勢의 변화까지 감안하여 구분할 수 있을 뿐더러 四柱만 성립되면 모든 추리가 가능하니 알고보면 出生되면서부터 각 개인의 타고난 所質을 알 수 있음으로 비교조차도 안된다 하겠다。

따라서 度外視만 하지말고 범국가적인 施策으로 이 易學의 원리를 이용하여 어렸을 때부터 각 개인의 적성을 알아내어 거기에 필요한 교육에 臨한다면 현재처럼 대학까지 와서도 내가 무엇을 하여야 할 것인지 조차 몰라 彷徨하는 폐단은 없을 뿐더러 오히려 敎育 年限을 단축시킬 수 있는 지름길이 될터이니 이것이 곧 國益과 더불어 부강한 나라가 되게 하는데 결정적인 役割을 하게 될 것은 再論의 여지가 없을 것이다。

다음 학력도 중요하나 첫째는 적성임으로 각자가 타고난 소질을 개발하는데 주력하여 삶을 추구하고 그 속에서 행복을 찾아야지 그렇지 못한다면 궤도를 이탈한 차와 같아 되는 일이 없을 뿐더러 주위 사람까지도 피해를 주게되는 것이다。

다음 四柱에 의한 적성 분류는 첫째 日主의 五行과 月支와 대조하고、둘째 柱中의 旺者로、셋째 四柱에 필요한 것이 직업이 되는데 분류하다 보면 敎育家이면서도 醫師의 因素가 있는가

하면 또 의사이면서도 法官의 因素가 있고, 법관이면서도 財政界의 因素가 있을 수 있는데 이는 그럴 수밖에 없는 것이 本人의 전문분야 말고도 多少는 다른 일도 할 수 있기 때문이며,

또 教育者이면서도 의사는 의대교수가 될 것이며, 의사이면서도 법관은 法醫學에 종사하고, 법관이면서도 財는 經濟犯을 담당하는 법관이 되는 것이다.(직업에도 學·言·行으로 구분된다)

다음은 五行과 六親에 따른 직업을 다시한번 기재하니 참고하기 바란다.

木　教育, 醫藥, 出版, 文化, 通信, 木材, 섬유, 紙物, 育林, 藥草, 花草, 樂器 技藝, 家具, 木刻, 印章, 文房, 竹細工, 衣類, 農場, 建築, 木工, 建材, 粉食, 理容, 編物, 洋裁

火　化工, 油類, 化學, 電氣, 電子, 航空, 科學技術, 化學섬유, 藥品, 言論, 教育, 미장원, 皮革

土　農産物, 不動産, 土建, 土産品, 宗教, 哲學, 소개업

金　鐵鋼, 運輸, 造船, 重工業, 輕工業, 金銀細工, 鑛山, 製鍊, 機械, 工具, 技術者, 鐵物,

洋品、軍人

水　水産物、養殖業、食品、酒類、海運法、冷凍業、氷菓類、上下水道、茶房、遊興業、旅館、
水泳場、法官、스케이트場、海底開發

印綬　教育、學園、育英、文化、言論、出版、住宅、衣類、政治、通譯、번역、代書、書店、文
房、行政、寶石、打字、복사、藝術、家俱、倉庫、골동품、書藝、宗教

肩刦　同業

傷食　育英、學園、技術、禮節、加工、應用、生産、投機、教育、宗教、監督、密輸、賭博、抱
主、乳母、補母、妓生、食母

財星　食品、飲食物、經濟、財政、稅務士、辨理士、會計士、不動産 一般業體、高利貸金、典當
鋪、經理、管理、投機、密輸

官殺 行政官、職場、別定職、法官、軍人、刑務官、雇傭人、臨時職、公務員

가、教 育 界

1、月逢印綬나 多運印綬 또는 印綬必要者

2、月逢傷食이나 傷食多逢 또는 傷食이 必要한 者

3、木火日主에 木火多逢者

解說

1、본래 印綬는 공부요 학문이며、학원 학교로 통하여 교육과 직결되는데 月에 印綬가 있으면 教育家가 집안에다 교육의 因素를 가장 강하게 가지고 출생되였기 때문이고 또 印綬多逢者는 柱中에 印綬가 많으니 보는게 학문이요 책이며 學校가 되어서 이고、印綬가 필요한 者는 학문을 따라 삶하게 되어 있기 때문에 교육자가 되며

2、또 傷食은 我生者로 학생이요 說教로서 가르치는 것으로도 해당하는데 月逢傷食은 학생과 함께 하게끔 선천적으로 태어났기 때문이고、傷食多逢은 둘러 둘러 보아도 학생이며、傷

食이 필요한 자 학생이 필요하여 학생을 가까이 하기 때문에 교육자가 되고、

3、木은 仁으로 교육의 근본에 해당하고、火는 禮요 舌端生金으로 말을 하는 직업 즉 教育者 되며、

또 木은 木生火로서 본인을 희생하여 火 光明으로서 세상을 밝혀주며、火는 自體로서 세상을 밝혀주니 文盲을 퇴치하는 교육자가 되는 것이다。

參考

여기에 해당하는 자 文敎、文公部의 산하 기관이나 또는 指示를 따라야 하는 職種에 勤務하게 되며、教育家이면서도 四柱가 좋으면 대학교 교수에 學總長이요 長官이 되며 부실하면 초등교육에 종사하고、학교로는 教大、師大 또는 史學科、英文、佛文 등 文科의 지망생이요 教員자격증 所持者다。

앞으로 우리 教育界가 발전하는데 무엇 보다도 教育哲學이(현재 고급 두뇌는 모두 선진국에 빼앗기고 있음) 선행되어야 하겠고 일관성있는 교육 政策과 각자의 소질을 뒷받침할 교육시설 그리고 第二世들을 가르칠 有明人士들의 경험철학을 토대로 한 지도가 보이지 않는 교육 시간의 단축이 될 것이며、뜻있는 교육이 되고 나아가서는 모두가 격이 높은 人材가 될 수 있는 좋은 결과를 가져올 것이 자명함으로 고위직을 지내신 분들의 자발적인 참여가 절실하다고 본다。

實例

1、己巳 丁火日主가 月運印綬하고 火가 많아
丙寅 教員이 되었다。
丁未
乙巳

2、戊辰 己土日主가 月運食神에 辰酉 巳酉로
辛酉 金局이요 日時支巳午火局 印綬하여 教
己巳 育家가 되었다。
庚午

3、庚申 甲木 日主가 申子辰으로 순수하게 印
戊子 綬局을 놓아 明知大學校를 설립한 俞
甲子 尙根氏 四柱다。
戊辰

己巳 己土日主가 多逢 印綬에 官印 相生하
丙寅 여 국민학교 교장이다。
己巳
乙亥

己丑 癸水日主가 月逢 印綬에 巳酉丑 印綬
癸酉 局하여 教授가 되었다。
癸丑
辛酉

乙卯 乙木日主가 月逢傷食에 印綬요 身旺
壬午 으로 傷食이 필요라 교수가 되었다。
乙亥
癸未

癸丑 丁火 日主가 酉丑財局에 從하고 있어
辛酉 商大教授가 되었다。
丁酉
辛丑

癸亥 甲木 日主가 月運印綬에 多逢 印綬요
癸亥 傷食이 필요에 木火 通明되어 英文學
甲子 教授다。
丙寅

己亥 丙火 日主에 月逢 印綬요 印綬局 寅
丙寅 亥하여 前梨大 총장을 역임한 김활
丙寅 란 女史의 四柱다。
戊戌

己亥 甲木 日主가 亥子로 印綬局이요 또
丙子 傷食이 필요하여 中央大學을 설립한
甲子 任永信 女史의 四柱다。
甲戌

言 論 界

癸亥 癸水 日主가 多逢 水로 身太旺하여
癸亥 傷食木이 필요라。
癸巳 朝鮮日報 理事長이된 方一榮氏 四柱
癸亥 다。

丁巳 甲木 日主가 木旺에 傷食이 必要하
癸卯 여 中央日報 社長이 된 홍진기씨의
甲寅 四柱다。
乙亥

文 藝 界

庚午 丁火 日主가 月逢 印綬에 火氣 太旺
己卯 이요 또 傷食土가 필요하여 小說家가
丁丑 된 許槿旭 女史의 四柱다。
丙午

庚申 甲木 日主가 申子辰으로 印綬局 놓
庚辰 아 小說家가 된 蘇貞子 女史의 四柱
甲辰 다。
甲子

歌謠界

庚辰 乙木 日主가 木旺에 傷食 火가 필요
戊寅 하여 作曲家가 된 鄭寅燮氏의 四柱
乙巳 다。
戊寅

甲寅 癸水 日主가 月逢 印綬에 傷食 木이
癸酉 局을 이루어 가수가 된 高峯仙氏의
癸亥 四柱다。
壬子

舞踊界

甲子 乙木 日主가 月逢 傷食에 印綬 水가
庚午 필요라 舞踊家가 된 조용자 女史의
乙酉 四柱다。
戊寅

丁卯 甲木 日主가 多逢 傷食에 日支 華蓋
戊申 놓아 僧舞와 名唱으로 이름난 一女
甲戌 命이다。
丙寅

演藝界

丙辰 乙木 日主가 月逢 印綬에 多逢木이요
己亥 또 傷食이 필요하여 영화배우가 된 金
乙卯 東元氏 四柱다。
丁丑

乙酉 己土日主가 身旺으로 傷食 酉丑 金局
癸未 이 필요하여 영화배우가 되었던 윤정
己丑 희씨 四柱다。
戊辰

戊辰 乙卯 乙卯 辛巳

乙木 日主에 多逢木하고 傷食火가 필요라 영화배우가 된 崔戊龍氏 四柱다。

丁丑 乙巳 乙未 癸未

乙木 日主가 巳未火局으로 多逢 傷食하여 名 배우가 된 申星一씨 四柱다。

參考

運에서 印綬가 支配하여도 공부하거나 教育界로 轉職되며 月逢印綬나 多逢印綬는 教育家 집안이며、位置別로 응용하여도 되고、印綬局은 큰 학교、國立學校요 金水太旺은 夜間學校、桃花나 財多는 女學校、刑殺은 技術界 또는 工大、財는 商高、商大 등으로 추명하면 된다。

나、法 政 界

1、身旺官旺者 또는 丁己日財官格者

2、日主基準 丙庚星 또는 水木日主 戌亥나 卯酉戌中二字逢

3、飛天祿馬格과 日支逢刑、羊刃囚獄殺、羅網殺 놓은 자

解說

1、身旺官旺者는 日主가 旺하여 좋은 官을 충분하게 감내할 수 있어 최고의 직위에 오르게 되니 政治家로서 長次官에 臨하고 十万代辯人으로서 국회에 列席하게 되며

또 官은 官廳이요 官에서는 法을 제정하며 법을 장악하고 운영하는 곳은 法曹界가 되기 때문이고

2、丁己日 財官格者는 丁火는 舌로 말을 하는 직업이니 변호사를 말하고 변호사의 前身은 法官이기에 해당하며

己는 입이요 土로서 中央이고 중심이니 어느 한 곳에 치우치지 않은 것처럼 法 자체도 만인에 평등하며、공평하게 판결을 내려야 하기 때문에 해당하고 있는데 다시 柱中에 財官이 있으니 財는 財生官하여 官에 核이 집결됨으로 법과 통하기 때문이고

日主기준 丙庚星은 庚金日主가 丙火를 만나거나 丙火日主가 庚金을 만나고 있을 때인데 이유는 丙火는 丁火와 같이 말이 되어서이고 庚金은 義로서 强者는 抑制하고 弱者는 保護하고자 하는 성질이 있는 中 庚金이 丙火에 제련되어 좋은 그릇이 되니 큰 인물이며 또 두들기면 소리가 잘 나는 것처럼 音聲이 좋아 一聲百里요 모든 邪가 自伏하기 때문에 法官이 되고、

水日主는 法字 자체가 氵변에 去字로 물이 흘러가는 것이 法이며 또 물은 水平을 유지하

기 때문에 법의 기본이 萬人에 평등하다는 것과 통하기 때문이며、
다음 木日主는 仁이요 慈悲心이 되어 罪를 미워하지 사람을 미워하지 말라는 것과 通한 中 戌亥가 있으면 乾方、天門星으로 만인을 濟道하는 吉星이 되어 法으로서 인간을 구제하는 것으로 법관이 되며 또 卯酉戌은 鐵鎖開金으로 만인의 苦痛을 풀어주는 좋은 吉星이 되어 법관이 된다。

3、飛天祿馬格이라 함은 飛天은 보이지 않는 冲起를(暗冲) 말하고 祿은 正官 馬는 正財이니 즉 보이지 않는 正財 正官을 冲起시켜 작용하는 格을 말한다。

正財 正官 또는 正官 正印을 二德이라 하고 正財 正官 正印을 三奇 또는 三般物이라 하는데 二德이 있으면 中之中 以上이며 三般物이 있으면 上格이다。

즉 辛亥日이 多逢亥、癸亥日이 多逢亥、庚子日이 多逢子 丁巳日에 多逢巳、壬子日이 多逢子、丙午日이 多逢午로서 구성되고 있는데

辛亥日에 多逢亥는(많을수록 좋다) 亥는 항상 巳火에 冲을 당하여 절멸하였는데 亥가 많이 모이고 보니 군중심리가 발동하여 四柱에 없는 巳火를 冲起시키고 보면 巳中藏干 丙火는 辛金日主에 正官이 되며 戊土는 正印으로서 작용하니 辛金日主는 亥水 때문에 正官 正印을(二德) 불로소득하여 貴하게 작용함으로 법관이 되는데 또 亥水는 天門星이요 羅網殺로서도 해당하고 다음 癸亥日이 多逢亥도 冲巳하여 丙火 正財、戊土 正官 庚金 正印 三

奇를 얻어 貴하고

다음 庚子日이 多逢子는 冲午하여 午中丁火 正官 己土正印을 얻어 貴하며

다음 壬子日이 多逢子는 冲午하여 午中 丁火 正財、己土正官을 얻어 貴하고

다음 丁巳日이 多逢巳는 冲亥하여 亥中 壬水正官 甲木正印 二德을 얻어 貴하며

丙午日이 多逢午는 冲子하여 子中癸水 正官을 얻어 작용하고 있으나 二德을 갖추고 있지 못하여 減 半福하고 있다。

다음 亥子는 巳午를 冲함으로 낮이 되어 正이되나 巳午는 亥子를 冲함으로 밤이 되어 丁巳日 丙午日만은 일명 例冲祿馬格이라고 한다。

그리고 陽極則 始陰、陰極則 始陽의 법칙을 인용하여도 되는데、가령 辛亥日生이 多逢亥는 金能生水나 水多金沉으로 從兒格이 되는데 또 水氣太旺으로 陰極이라 보이지 않는 始陽의 木火를 응용하여도 되며

다음 刑殺은 刑權으로 해당하고 囚獄殺은 범인을 收監하기 때문에 해당하며、羊刃殺은 生殺權을 좌우하는 것이 되어 법으로 통하고 天羅地網殺은 법망으로 해당하기 때문에 모두가 법조계에 立身하는데 법관 중에서도 判事는 四柱가 淸白하고 檢事는 獨하며 飛天祿馬格에서는 檢察總長까지 하여 본다。

또 여기에 해당하는 者가 법관이 아니라도 법에 대한 常識이 풍부하고 法院書記 등 法務에 종사하며 속되게 말하여 동네 변호사는 된다。

參考

선천적으로는 법관이나 후천적인 運이 없어 뒷받침을 못한다면 고시합격이 어려우니 運까지 잘 살필 것이며 此格에 해당하는 者 法官 家門에 많고

1、2、3項의 해당 범위가 많으면 많을수록 법조계가 틀림 없으며 女命이 이곳에 해당하면 女判事나 法官과 婚姻이 있다。

實例

1、

戊申
壬戌
己未
乙亥

己土日主가 土金으로 身旺한中 官 역시 亥未木局에 乙木이 秀氣하여 身旺官旺이요 未戌刑이 있어 국무총리까지 된 白某氏다。

丙辰
壬辰
己亥
丙寅

己土日主가 辰辰丙丙으로 身旺하고 寅亥合 木局으로 官旺이요 丁己日財官格에 해당하여 부총리까지 된 장기영씨 四柱다。

己亥
癸酉
庚午
戊寅

庚金日主가 八月로 羊刃이요 身旺하고 있으나 寅午火局官에 비하여서는 약하여 戊辰運中 壬辰年에 右議政이 되었다。

戊戌
辛酉
辛巳
甲午

辛金日主 巳酉로 身旺하고 午戌로 官旺하여 상공부 장관이 되었었다。

2、

戊午 庚金日主가 丙火를 만나고 辰酉로 身旺
辛酉 한 中 午戌 丙火로 官旺하여 身旺官旺이
庚辰 라 大檢檢事까지 되었다。
丙戌

丁卯 癸水日主가 天門星에 卯酉戌中 二字逢에
辛亥 해당하여 判事역임후 변호사 개업을 하
癸酉 고 있다。
乙卯

3、

戊子 辛金日主가 多逢亥로 飛天祿馬라 判事가
癸亥 되었다。
辛亥
己亥

丁巳 戊土日主가 巳申刑殺에 四柱印綬 있어
戊申 경찰에 立身하였고 국회의원까지 된 朴
戊申 炳倍씨의 四柱다。
丁巳

甲子 甲木日主가 戌亥天門星에 子囚獄殺놓
丙寅 고 木火通明하여 名判事요 大學校 강
甲戌 의도 나가 보았다。
乙亥

癸酉 丁火日主가 丁己日財官格에 酉가 둘
辛酉 이요 수옥살있고 亥를 둘이나 놓고 있
丁亥 어 법조계에 입신한 김덕주 고법 판사
辛亥 의 사주다。

辛亥 壬水日主에 子羊刃을 重逢하여 大檢
庚子 次長까지 되었든 故 朴天一氏의 四柱
壬子 다。
丁未

戊寅 이 四柱는 水日主에 多逢으로 세상을
甲寅 밝혀줄 수 있어 大檢까지立身한 이계
壬寅 주씨의 四柱다。
壬寅

다、財政界

1、身旺財旺者와 財星이 필요한 者

2、月逢財星 또는 財多者

3、官庫 또는 財庫身合者

解說

1、身旺 財旺은 日主가 旺하여 좋은 財를 충분히 다스릴 수 있으며 또 旺한 財는 財生官하여 官을 生하여 오므로 政治와 直結되어 財政界에 立身하며

2、月逢財星은 부모의 位置에 財가 있으니 선천적으로 출생하였으며 또 財政官의 집안에 태어나 보아온 것이 財政밖에 없어 부모의 職業이 선망의 대상이 되어 해당 하는데 이것이 곧 父傳子傳이며 財多者는 보이는 것이 財政이라 자연 財政界에 입신하고、

3、財庫는 金庫요 官庫는 官의 金庫가 되는데 日支에 있거나 他柱에 있어도 日支와 合하면 本人과 직접적인 영향이 됨으로 財政界에 입신한다。

參考

財政界하면 政治까지도 해당하고 있으나 이는 四柱가 좋을 때에 限해서이고 經濟、財務、會計、國稅廳、稅務、經理、銀行、保險 등까지 包含하고 있고 傷食이 겸비하면 經營이요 傷食이 없으면 經濟가 되며 학교로는 商高 商經大學、經營大學 등에 해당하고 女命이 이곳에 해당하면 財政界와 인연이 있으며 本人 또한 財政에 立身하고 家庭科가 제격이다。

實例

1、己亥 戊土日主가 亥子로 財旺이요 未官 庫를 놓
丙子 고 있는 中 戊戌 己未 丙己로 身旺하여 사
戊戌 업에 성공하고 國會議員까지 되었다。
己未

庚辰 辛金日主에 財庫未土가 巳未로 日支와
己丑 合하고 또 巳未火官局에 身旺하여 財務
辛巳 部 長官까지 되었다。
乙未

己卯 乙木日主의 官庫丑이 둘이나 되면서 또 財
乙卯 가 되고 乙卯卯로 身旺하여 銀行에 근무하
乙丑 고 있다。
丁丑

辛酉 丁火日主가 巳午 甲으로 身旺한中 巳酉
甲午 辰酉로 財旺하여 身旺財旺이라 夫君이
丁巳 은행장까지 되었다。
甲辰

2、壬午 癸水日主가 丙午로月逢財星하고 癸丑壬
丙午 子 身旺하여 현 신탁은행 감사부에 근무
癸丑 하고 있다。
壬子

庚戌 戊土日主의 財星 癸亥水가 坐下 申金
戊寅 食神으로부터 原流가 튼튼하여 一國의
戊申 經濟를 주름잡는 三星재벌의 총수 이병
癸亥 철 회장의 四柱다。

3、丁巳 이 四柱는 壬水日主가 坐下戌財官庫를 놓
己酉 아 세무서장을 지냈다。
壬戌
庚子

辛丑 辛金日主의 財庫 未를 日支에 놓았고
辛丑 또 午未火局에 身旺하여 은행에 근무하
辛未 고 있다。
甲午

參考

같은 行員이라 하여도

四柱가 좋거나 傷食이 잘 구비되어 있으면 한국은행

水木은 조흥은행과 인연이 있으며

서울신탁은행은 土金水요

외환은행 또는 외국지점、외환부에 근무는 驛馬 地殺財며

산업은행은 金水가 되고

국민은행은 火土水와 인연 있으며

제일은행은 金水요
중소기업은 土金이며
신한은행은 金土요
한미은행은 金水가 되며
중앙지점은 土가 있어야 된다。

라、政治外交

1、身旺官旺者、偏印局者

2、驛馬、地殺로 官 印된 者 또는 財가 된 者

解說

1、身旺官旺者는 정신과 건강이 모두 좋아 큰 벼슬을 충분히 감내할 수 있고 또 身旺이라야 깊은 智慧와 德望으로서 나라를 위하고 백성을 위하여 자기를 희생할 수 있는 정신 자세가 서게 된다。

본래가 좋은 四柱는 國運에 의하여 出生되고 있으니 출생만 각기 父母님의 힘을 빌었을 뿐 키우고 가르치는 것은 국가에서 맡아서 하게 되며 또 데려다 쓰게끔 되어 있음으로 너무나 특출하고 소중한 것은 한 個人의 소유가 되지 못하듯 사람도 個人의 子孫이 아니요 國家의 자손이 됨으로 本人의 아들이라 하드라도 임금님이 되시면 반드시 尊稱語를 쓰게 된 연유가 여기에 있고

따라서 현세에서도 좋은 것은 國寶級이라 하여 모두 국가에 등록하게 되어 있고 또는 귀속시켜야 하는 것이다。

가령 너무나 좋은 것을 개인이 소장한다면 종내는 그로 인하여 본인의 생명까지도 위협을 받게 되어 있음은 이러한 理致에서이며, 고로 순리를 거역하여서는 안된다。

한 나라에서도 第二世들의 四柱가 좋게들 출생되면 반드시 그 나라의 앞날은 밝게 되어 있는 것이고 또 한 나라의 部署가 확장되고 국가의 재산이 풍부하여질 때 二世들의 運命은 좋게 태어난다。

우리의 현실로 볼때 四·一九와 五·一六革命을 거쳐 民政이 들어서고부터 우리나라가 급성장 하였다는 것은 주지의 사실이니 그때에 출생된 二世들이 지금은 자라서 어엿한 大學의 敎育을 받고 있으니 이들이 兵役義務를 마치고 사회에 참여 기성인으로서 활약하려면 앞으로 十년 前後 그러니까 九〇년대에 이르면 우리나라도 세계의 강대국들과 어깨를 나

관히 할 수 있다는 결론을 얻게되니 우리 모두가 힘을 합하여 어려운 난관을 극복하여야 될 것으로 본다。

다음 偏印局者는 외국어를 공부하고 또 외국에 대하여 연구하게 되어 있어 외교관이 되며 될 것으로 본다。

2、驛馬나 地殺로 官印局은 모두가 海外職場이요 財는 외화로 해외에서 봉급을 받는 것이 되어 政治·外交家가 되는데 아니면 外國 大使館、公館、外國商事에 근무하게 되며 또는 민간외교로도 한 몫을 하게되고、

女命이 여기에 해당하면 본인 또는 夫君이 政治外交官이다。

實例

1、丙寅 甲午 丙申 壬辰

丙火日主가 寅午火局으로 身旺한 中 申辰 水局에 壬水官 透出하여 財官二德 겸비에 驛馬가 임하여 名外交官이 되었다。

己未 戊辰 戊辰 甲寅

戊土 日主가 己未戊辰 辰으로 身旺한 中 甲寅官旺하였고 또 驛馬가 임하여 國會議員이 되었다。

丁卯 丁火日主가 卯未로 偏印局이요 또 日支
丁未 驛馬 좋아 外國語 능통에 외교관이 되었
丁巳 다。
乙巳

2、庚申 癸水 日主가 庚申驛馬印綬에 子卯로 刑殺
戊子 있어 陸軍大將에 영국 대사를 지낸 李亨
癸卯 根氏 四柱다。
己未

己未 辛金日主가 從財로 좋은 中 또 運도 좋아
辛未 外務部長官에 대통령까지 역임하셨다。
辛卯
辛卯

己酉 己土日主가 土金兩氣로 잘 구성된 中 辰
甲戌 酉金으로 泄氣하고 大運 좋아 財務部 長
己酉 官까지 지낸 黃某씨의 四柱다。
戊辰

辛酉 壬水日主가 地殺財局에 身旺하여 미국
辛丑 大使館에 근무하였다。
壬寅
丙午

己巳 戊土日主가 己巳 戊辰 辰으로 身旺하고
戊辰 甲寅木에 寅辰木局으로 官旺하여 장관
戊辰 까지 되었다。
甲寅

丙午 壬水 日主가 子丑 辛으로 身旺한 中 丙
戊戌 午 戊戌로 財官이 旺하여 法務部 長官
壬子 이 되었다。
辛丑

甲寅 庚金 日主가 地支 寅午戌火局에 從을
甲戌 하고 있어 四柱좋아 某法院長 夫人이
庚寅 되었다。
壬午

마、醫藥界

1、金日主 地支木火局 또는 日支逢刑
2、木日主 多逢木火 또는 辰戌日者
3、羊刃殺 또는 卯酉戌中 二字逢
4、戌亥天門星 또는 丑寅을 놓은 者

解說

1、金日主가 地支에 木火局을 놓으면 木은 木生火하여 旺盛한 火氣가 日主 金을 제련한 工業으로 기술자라 유독 金日主가 火官殺을 만남으로서 의사가 되는 것은 火 光明으로 患者의 苦悶을 풀어주는 직업이며 또는 본인이 잔병이거나 가족중에 환자가 있어 그의 영향으로 의사가 되며

다음 日支 刑殺을 놓으면 刑殺은 手術이요 病으로 환자와 싸우는 직업으로 의사가 되거나 또는 수술 받은 환자와 항시 대화를 하는 醫藥業에 종사하게 되고

2、木日主는 본래가 仁인데 木이 많으면 仁이 더욱 强하여지고 여기에 火가 있으면 木生火로

自己를 불태워 광명이 있게함은 바로 본인의 노력으로 환자를 병마에서 구출하는 것과 같기 때문이며, 또 仁術은 醫術로서 醫藥이 들었고,

辰戌日生人은 日德이므로서 工業家 즉 理工界에 해당하기 때문이며

3, 羊刃殺은 칼로서 손에 칼을 쥐고 人命의 生殺權을 左右하는 의사의 직업이 되고

卯酉戌은 鐵鎖開金이라 하여 문계 잠긴 자물쇠를 여는 것처럼 병든 몸을 치료한 것이 되어 의사가 되나 卯酉戌 三字를 모두 놓고 있으면 더욱 확실하고 1字만 있어도 해당하니 즉 卯酉 酉戌, 卯酉中 하나 것이 있어도 무관하다.

그리고 卯酉戌中 印綬가 되면 醫藥 공부가 들었고 또 하나의 특징은 卯酉戌을 놓은 者 남의 일 청하여 주는데 일가견이 있기도 한다.

4, 戌亥는 天門星이므로 萬人을 濟道하는 것이 되어 병마에서 人間을 救濟하는 직업은 의사가 되어 해당하고

丑寅은 새벽으로 어둠에서 밝음으로 향하는데 이것은 바로 어두운 그림자가 덮여 있는 환자의 고통을 光明으로 引導하여 주는 것과 같아 이 모두가 醫藥業에 종사하게 된다.(湯火)

그리고 여기에 해당하는 者는 의사, 약사, 한의사, 간호원, 산파, 방사선, 치과기공사, 又線士, 醫藥業, 병원, 의약품도매업, 보사행정 등에 근무하게 되는데 만약 본인이 아니면 부모, 배우자 또는 자손에서까지도 있게 되니 의약 가정이라 할 수 있다.

參考

의사도 크게 분류하면 學醫, 言醫, 行醫로 구분되는데 學醫는 醫大教授나 醫學 연구자 등이며 言醫는 봉급 생활자로 국립병원, 시립병원, 도립병원, 개인병원에 이르기까지 종사하는 者라 할 수 있고 行醫는 自己病·醫院을 갖는 者라 할 수 있는데 보편적으로 身弱者나 不運 또는 清格者는 學醫나 言醫에서 많이 보고 身強에 運이 좋으면 開業醫로서 성공한다.

또 약사이든 마찬가지이겠으나 藥을 파는 의약이나 응용하면 의술이 되며 또 德은 학문을 토대로 하여 經驗이 쌓임에 따라 정직한 德이 되는데 이 德도 조금씩 응용하면 자신이 만족을 얻을 수 있을 것이다.

다음 제약업자들이 부정을 알면서도 남의 나라의 못쓸 약을 가지고 외국의 마순 마순 회사와 기술제휴를 맺고 거짓된 오만한 약을 오래고 조래고 포장만 바꾸어 의약품 외국의 특허를 좋다 못敢히 하여 약을 부당이익 허자에 있는 의약품 개발에 힘써야 할 것이다.

사람이라는 반갑이나 부당이득 사정의 체질은 편의하게 다르고 있기 때문에 사정이되거나 名譽이 떨어질지 모르나 부정이되거나 無用이 되지 않는다라고 그 누가 보장할 수 있겠는가 말이다.

따라서 醫의 원리를 이용하여 색소가 약물에 미치는 영향이라든가 또는 女子들이 生理때에 일어나는 각 가지의 현상을 미연에 방지할 수 있는 약품개발이라든가 또 나쁜에 오면한 땅으

유행하며 또는 三년후 아니 十년 후에는 어느 병이 많이 발생할 것이니 거기에 대한 예방은 어떻게 할 것이며 또 만약을 위하여 병이 만연 하였을시 藥品不足에 대한 對策은 어떻게 하여야 할 것인가 하는 豫防醫學에 눈을 돌려야 누구보다도 앞서가는 의약자가 될 것이며, 또 역학을 이용한 예방의학을 잘만 연구한다면 노벨 의학상 수상자가 틀림없이 출현하리라고 본다。

다음은 五行과 六親에 의하여 전문분야를 알아본다。

精神神經科	木日主 木火多逢 鬼門關殺
外　　科	金日主 金多 刑殺、羊刃殺 身旺者
內　　科	火土多逢
眼　　科	木火多逢
齒　　科	辛日主
產婦人科	財星
小兒科	傷食
皮膚泌尿器科	金水多逢
耳鼻咽喉科	金水木多逢
X 線　科	木火多逢

마취과 金水多逢
藥士 水木多 湯火殺
漢醫師 水木火多
法醫學 水日主

實例

1、甲寅 辛金 日主가 地支火局에 日支酉金을 놓아
庚午 치과 의사가 되었다。
辛酉
己丑

辛未 木日主가 巳未火局에 月日支가 巳申으로
癸巳 刑하고 있어 의사가 되었다。
甲申
甲子

2、甲子 甲木 日主가 寅逢으로 身旺하고 月時上에
丙寅 丙火로 木火通明되어 의학박사요 의대 교
甲子 수다。
丙寅

壬子 壬水 日主가 亥天門星에 子羊刃殺을 둘
辛亥 이나 놓고 있어 의사가 되었다。
壬辰
庚子

3、乙卯 丁火 日主가卯戌逢에 戌亥天門星을 놓아
戊寅 의사가 되었다。
丁卯
庚戌

己丑 甲木 日主가 卯羊刃殺에 戌天門星이요
丁卯 木火通明에 丑戌刑하고 있어 의사가 되
甲戌 었다。
丁卯

4、戊辰 甲木 日主가 戌天門星에 寅戌火局으로 木
甲寅 火가 旺하여 의사가 되었다。
甲戌
甲子

戊寅 乙木日主가 亥天門星에 寅巳刑이요 多逢
癸亥 寅하여 의사가 되었다。
乙巳
戊寅

丁巳 丁火 日主가 未戌刑에 戌天門星을 놓아
庚戌 의사는 아니나 의술이 놀라왔다。
丁未
甲辰

己亥 丙火 日主가 午 羊刃殺에 戌亥天門星
丙寅 에 寅을 놓아 간호원이 되었었다。
丙午
戊戌

바、軍人 및 警察

1、金日主 또는 金氣太旺者

2、魁罡日柱나 偏官 四柱

3、天羅、地網殺 또는 刑殺、羊刃殺、囚獄殺 놓은 者

解說

1、金은 天地 肅殺之權을 掌握하고 人間事에서는 兵革之變을 主宰함으로 金日主나 金多는 武官과 因緣이 있고、

2、魁罡殺은 武官으로 通하며 偏官 역시 武官에 해당하고 있기 때문이고、

3、天羅 地網殺은 法網으로서 범인을 체포하는 직업이요、刑殺은 刑權을 쥐게되며 羊刃殺은 총과 칼에 해당하고 囚獄殺은 죄인을 다스리기 때문에 여기에 해당하는자 모두 軍人 警察 軍屬 刑務官　　등 職에 종사한다。

參考

四柱가 좋은 者 將星 또는 治安本部長 등이 될 수 있으나 부실한 者는 下級으로서 평생을 지낼 것이고

또 土와 金이 많으면 陸軍、木火가 많으면 空軍、金水가 많으면 海軍에 해당하며 官이 透出(天干)되어 있으면 正服을 좋아하고 地支 官이나 暗藏官은 私服、傷食多逢者는 刑事에서 많이 보고 있다。

實例

1、丁巳 庚金日主에 寅巳申三刑殺 놓아 軍人으로
辛亥 서 大成하였다。(大將)
庚申
戊寅

辛酉 金 庚申日柱에 丙火偏官이요 身旺官旺하
甲午 여 陸軍參謀 총장까지 역임한 민기식씨
庚申 四柱다。
丙戌

2、庚辰 이 四柱는 魁罡日柱에 多逢魁罡하여 김유
庚辰 신 장군 四柱로 전하여 내려오고 있다。
庚辰
庚辰

庚戌 乙木日主가 酉丑金局 偏官에 丑戌로 刑
丙戌 殺있어 총경까지 지냈다。
乙丑
乙酉

3、己巳 丙火日主가 日支午 羊刃殺에 巳羅網殺과
己巳 火氣太旺하여 空軍에서 大領으로 제대했
丙午 다。
戊戌

丙寅 己土日主가 寅巳申 刑殺 놓아 순경이 되었
甲午 다。
己巳
壬申

辛巳 己土日主가 巳羅網殺을 多逢하여 경찰관
癸巳 妻가 되었으나 無官星으로 離別하고 말았
己巳 다。
庚午

庚戌 甲木日主가, 子囚獄殺에 戌羅網殺 놓아
戊子 총경까지 지냈다。
甲子
甲子

庚午 金日主가 地支 木火局하여 陸軍에서 기
己卯 술 준위로 있다가 제대하였다。
庚午
己卯

己卯 庚戌 魁罡에 酉金羊刃이요 巳羅網殺 놓
己巳 아 夫君이 軍人이다。
庚戌
乙酉

사、科學 및 技術界

1、金日主 地支 木火局者
2、木火水日主 水木火 多逢者
3、傷食多逢 或 刑 또는 冲 놓은 者

解說

1、金日主 地支 木火局은 木은 木生火 하여 火에 核이 집결되면서 金은 火에 의하여 製錬되는 刑象이 工業家 즉 기술로 通하며

또 火는 電子、電波、電氣로서 高度의 技術을 要하는 것이 되어 科學으로 해당하고

2、木은 長으로 긴 것은 모두 해당하고 있는데 有線은 木이요 無線은 火와 水가 됨으로 木火水日主가 地支에 木火水를 놓으면 有無線으로 科學 技術에 立身하며

또 水는 遺傳工學과 通하기 때문이고(超音波)

3、傷食은 我生者로 應用、加工、技術에 해당하기 때문이고 刑과 冲은 破壞로 뜯었다 맞추었

다 잘하며

또 破壞는 곧 建設의 어머니라 하였으니 이 모두가 科學 技術에 해당하는데 木火는 電子通信 土는 土建業、金은 鑛業 機械工俱、重工業、輕工業、製鍊、水는 海洋、船舶、遺傳工學 등으로 분류하면 된다。

實例

1、丁丑 辛金日主가 地支火局하여 工學박사로 科
丙午 技處에 근무하고 있다。
辛未
癸巳

丙戌 庚金日主가 午戌火局을 만나 工學박사
甲午 요 민의원까지 지냈다。
庚申
乙酉

2、壬午 甲木 日主가 寅卯辰木旺에 寅午火局에 丁
壬寅 火가 時上으로 秀氣되어 방직공장의 공장
甲辰 장까지 지냈다。
丁卯

壬午 壬水日主가 地支全火局에 丙火가 時上
壬寅 으로 秀氣되어 電子공업에서 손꼽히는
壬寅 기술자다。
丙午

3、戊辰 壬水日主가 辰酉金局 印綬로 身旺하고 寅
辛酉 木을 重逢하여 一級 航海士이다。
壬寅
壬寅

庚辰 甲木日主가 日支午火 놓고 있어 電氣 기술
乙酉 자요 운이 좋아 운수업으로 大成하였다。
甲午
乙亥

壬辰 庚金日主가 寅巳申 三刑殺 놓아 자동차
乙巳 정비사이다。
庚申
戊寅

壬申 乙木日主가 寅巳申 三刑에 木火旺하여
壬寅 전파사를 운영하고 있다。
乙巳
戊寅

아、事 業 家

1、身旺財旺者
2、身旺에 傷食이 좋은 者
3、身弱이라도 運이 좋은 者

解說

1、身旺은 健康하고 활동력이 있으며 偉大하고 抱負가 커서 적은 것으로는 量이 차지 않으며 매사에 自信있고 적극성을 띄게 되는데 財는 金錢으로 눈앞에 산더미 같이 쌓은 큰 돈을 보고서 어찌 봉급생활자가 되겠는가。따라서 사업가로서 입신하게 되며、

2、身旺은 앞에서 말한 바와 같고 또 傷食을 生하여 傷食으로 하여금 충분하게 生財하기 때문인데 생산업에 많고、

3、日干이 조금 약하다 하드라도 大運이 좋아 身이 强하여져 柱中의 財를 다스릴 수만 있다면 身旺財旺과 똑같기 때문에 사업가가 되는 것이다。

參考

運에서 財 또는 傷食이 支配하여도 사업을 하게 되며 傷食이 있으면 生産業 加工業 技術事業이 되고

財만 있으면 대리점이요 傷食을 놓은 者 社長을 만드는 기계가 되어 部下가 독립하여 나보다 더 잘되며 또 財官을 구비한 者는 관청에 납품하는 것으로 성공한다。

그리고 五行과 六親에 따른 적성을 참고하여 결론을 얻되 時機를 忘覺하지 말것이며、四柱에 맞는 사업을 할지라도 運이 부실하면 성공할 수 없는 것이니 알고보면 運만 좋으면 무엇이

든 잘 되는 것이다。

實例

1、辛卯 乙木日主가 身旺財旺하여 鑛山으로 성공
戊戌 하였다。
乙亥
丙戌

庚申 壬水日主가 申酉 辰酉로 金生水받아 身旺
乙酉 하고 乙木生巳火財로 傷食生財라 양조업
壬辰 으로 성공하였다。
乙巳

2、己巳 戊土日主가 日支財庫에 辛酉 辰酉 巳酉로
己巳 傷食局을 놓아 사업으로 크게 성공하였다。
戊辰
辛酉

庚申 庚金日主가 申酉로 身旺하고 寅亥로 木
乙酉 旺 財局하여 身旺財旺이라 제과업으로
庚寅 성공하였다。
乙亥

癸亥 庚金日主가 寅亥로 財局하고 庚申 庚辰
甲寅 으로 身旺하여 數十億 부자다。
庚申
庚辰

辛卯 乙木日主가 卯未木局에 午未火局으로 身
辛卯 旺에 傷食이 좋아 東大門 市場에서 포목
乙未 상을 하고 있다。
壬午

3、庚申 丁火日主가 조금 약하나 運이 좋아 陸海
己卯 空으로 모두 성공한 韓進 그룹의 조중훈
丁亥 씨 四柱다。
壬寅

庚申 이 四柱는 庚申金 驛馬財를 놓아 貿易으
丁亥 로 성공하였다。
丙寅
甲午

庚辰 丙火 日主가 地支水局을 놓아 다방을 경
丁亥 영하고 있다。
丙子
壬辰

壬午 乙木日主가 財殺太旺에 官食鬪戰하고 明
庚戌 暗夫集하여 선술집을 하고 있다。
乙巳
庚辰

癸丑 戊土日主가 壬癸子丑水局으로 財多이나
壬戌 巳午未 運이 좋아 사업으로 대성한 前
戊子 中央産業 社長 四柱다。
癸丑

己巳 丁火日主가 巳酉金局으로 財旺하고 巳
癸酉 午未火局으로 身旺하여 金銀房으로 성
丁未 공하였다。
丙午

甲子 庚金日主가 地支水局하여 호텔을 경영
丙子 하고 있다。
庚子
丙子

辛丑 己土日主가 多逢傷食에 虛弱하여 사업
丙申 하다 亡했다。
己丑
庚午

丙戌 이 四柱는 身弱하여 印綬가 필요하고 傷
庚子 食이 많아 양장점을 하고 있다。
戊辰
辛酉

辛亥 辛金日主가 木局으로 從財局하여 식품업
辛卯 으로 大成하였다。
辛未
己亥

乙巳 戊土日主가 印綬局에 傷食이 있어 국제신
己丑 문 사장을 역임하였다。
戊午
戊午

壬午 丙火日主 多逢火하여 미장원을 경영하고
乙巳 있다。
丙午
辛卯

己丑 이 四柱는 戊土日主가 多逢木火하여 핸
丙寅 드백을 만들어 수출하고 있다。
戊寅
戊午

丙寅 壬水日主가 自庫에 偏財요 食神을 놓아
壬辰 고급 요정에 호텔을 경영하였든 四柱
壬辰 다。
甲辰

戊辰 丙火日主가 庚申金 財局을 놓아 요정을
庚申 경영한 一女命의 四柱다。
丙申
戊子

乙酉 庚金日主가 財局을 놓아 식품에 손을
丁亥 댔고 驛馬가 臨하여 外交에 能하며 또
庚寅 임대업에 성공 하였다。
乙酉

자、運輸業界

1、驛馬나 地殺이 財官 또는 印綬者

2、金日主에 土金多나 金氣가 필요한 者

解說

1、驛馬나 地殺은 交通 機關 및 交通 수단으로 차량에 해당하니 驛馬나 地殺에 財가 臨하여 있으면 車가 돈 벌어 주며 官은 車主나 運輸業界의 長 또는 直接 運轉者가 되고 印綬는 生我者로 나를 도와주니 차가 도와주는 것이 되어 모두 운수업계에 진출하며(印綬는 車庫 駐車場도 됨)

2、金은 鐵로 차와 통하기 때문에 金日主에 土金이 많은 자 운수업에 해당하며 또 金이 필요한 者는 차가 필요하기 때문이다。

參考

火는 飛行機요 電車가 되며、水는 船舶、土金은 陸路나 鐵道、自動車가 되며

運이 없거나 身弱者는 운수업에 종사한다。

實例

1、

戊辰 丙火日主가 寅 驛馬 印綬 놓아 관광 事業
辛酉 을 하고 있다。
丙寅
己丑

壬戌 乙木日主가 亥 地殺 印綬를 해운업에서
辛亥 성공 하였다。
乙亥
丙戌

丙午 丙火日主가 역마 財를 놓아 운수업으로
乙未 成功하였다。
丙辰
丙申

庚申 辛金日主가 巳未火局官에 驛馬가 임하여
戊寅 대한 항공 日本 주재 사장을 지냈다。
辛未
癸巳

2、

癸酉 丁火日主가 金多요 역마지살을 놓고 있어
庚申 운전기사가 되었으나 寅巳申 刑殺을 놓아
丁巳 사고가 많아 고생하고 있다。
壬寅

甲申 戊土日主가 寅 驛馬 官을 놓아 비행기
癸酉 안내원이 되었었다。
戊寅
己未

辛巳 庚金日主가 寅巳를 놓아 비행사가 되었
壬辰 다。
庚寅
丙子

壬戌 金日主가 多逢土는 하였으나 운수업에
庚戌 손댔다가 辛酉年에 亡했다。
庚戌
丙子

차、宗教 信仰

1、火土日主가 多逢火土 또는 金水日主 金水 多逢者
2、印綬多逢者 또는 傷食 多逢者
3、戌亥天門星과 華蓋逢者
4、日干 虛弱 또는 木火通明格者

解說

1、火日主나 土日主가 火土를 多逢하면 火生土하여 土信을 도와 줌으로 인하여 信仰 즉 宗教에 대한 액착심을 더욱 강열하게 助長하여 주기 때문이고(火土重濁)

또 金日主나 水日主가 金水를 많이 만나면 金生水로서 金水가 双淸하여 깨끗하여 집으로 (金水雙淸은 爲道) 道에 通하게 되어 속세를 떠나 宗敎에 귀의하게 되어 있기 때문이며、

2、印綬多逢者는 平生을 공부 하여야 되겠으니 평생 공부는 종교 철학이라 따라서 종교가가 되며

傷食이 많으면 日主가 자연 弱하여 의지하고자 하는 마음과 또 傷食은 我生者로서 내가 주는 것이 되어 종교의 근본인 회생과 설교에 해당하기 때문이고

3、戌亥는 天門으로 宗敎와 직결되며 華蓋 또한 신앙과 통하고

4、日主 虛弱은 弱者이기 때문에 의지력이 弱하여 종교에라도 의지하고자 함이기 때문이며 木火通明格은 木 본인이 木生火하여 火 光明을 돕고 있음이 종교로서 세상을 밝혀 주는 것과 같아 여기에 해당하는 者 모두 신앙을 가지게 된다。

따라서 스님 神父 牧師 修女가 아니면 독실한 信者요 또 宗敎哲學에 재미붙여 歲月 가는 줄 모르고、또 宗敎에 관한 사업이라든가 심지어는 종교계의 학교와 인연이 있으며 때로는 夫婦의 인연까지도 종교가 매체가 되고、모든 일을 신앙에 歸一시키고자 함이 강력하게 나타나고 있는 것을 볼 수 있다。

參考

신앙도 여러가지가 있겠으나 모든 것을 신앙으로 풀어 본다면 그 중에서도 남편이 아내를 믿고 아내는 남편을 믿으며, 또 부모는 자손을, 자손은 부모를 믿는 가정의 신앙이 가장 중요한 것이며, 나아 가서는 官이 民을 믿고 民이 官을 믿는 사회와 민주주의도 공산주의도 신앙이라는 측면으로 보면 신앙이라 할 수 있다.

신앙하면 꼭 어떠한 목표를 定하여 놓고 믿는 신앙이 있는가 하면 또 어떠한 形質의 것을 믿는 신앙과 정신적으로 통하는 신앙도 있겠으나 어떠한 宗敎이든 간에 적게로는 각 個人과 가정에 유익하여야 하며 크게로는 國益에 이바지 함이 우선 이어야 하니 무엇 보다도 국가를 위한 종교가 되어야 하는 것은 두 말할 나위가 없다 하겠다.

그러나 우리나라는 憲法에서 國敎를 인정하고 있지 않으나 이것은 日帝 三十六年의 잔악한 통치하에서 우리의 정신을 말살 시키기 위하여 誤導하고 억압하고 신앙 마저도 자유를 주지 않았든 結果와 또 解放과 더불어 民主化의 물결로 발생한 소산물이라고 볼 수 있으나 주체의식을 더욱 확고히 하기 위하여서라도 國敎는 꼭 필요하다고 본다.

例를 든다면 가까운 日本이 敗戰 당시에 天皇을 넣치 않고 降伏 調印 文書를 작성한 것은 비록 戰爭에서는 졌으나 정신에서는 승리하였다는 것이 되며 또 미국은 수많은 人種이 모여 살고 있으나 星條旗 아래 모여 있고, 전 세계를 지배하다 싶이 하였던 영국은 왕실이 있으며 또 나름대로 자기 것을 잘 보존함과 동시 세계의 어느 국민 앞에서도 自己의 意識을 부끄럼 없이 자연스럽게 드러내 놓고 있는 나라들은 모두가 國教가 있고 또 상징적인 것이 있는 것을 보게 된다.

日本과의 國交가 정상화 되고 얼마 가지 않아 일본의 佛教는 百濟에서 전래되어 왔고 또 그 영향을 많이 받아 日本의 文化가 발전하였는데 그 고마움의 표시로서 扶餘 부소산에 塔을 세우게 하여 달라고 건의한 바 있었는데 다행이도 받아드려 지지는 않았으나 그 깊은 속셈은 고마움을 빙자하여 鐵塔을 세움으로서 百濟精神을 抹殺하고자 하는데 그 목적이 있었으니 참으로 놀라울 일이다.

이와같이 이웃 일본은 아직도 보이지 않은 정신적인 面에서부터 침범하여 올려고 호시탐탐 기회만 엿보고 있음으로 우리는 事前에 대비하여 절대로 정신적인 面에서만은 우리가 앞서야 되리라고 본다.

따라서 남의 것만 좋아하지 말고 내것이 가장 중요하다는 것을 재 認識하여 우리의 뿌리를 찾아 우리의 것을 믿는 풍토를 조성 하여야 되겠고 또 그렇게 함으로서 우리의 주체의식은 그 어느 때보다도 견고하고 영원할 것이며, 이렇게만 된다면 어떠한 敵과 싸운다 하여도 승리할 수 있다는 확신이 서는 것이다.

다음 욕심 같아서는 四柱에 따라 宗教의 형태를 구분하고자 하였으나 나의 識見으로는 불가능하니 후학자들이 더욱 연구하여 분류하기 바란다。

그리고 佛教는 동양에서 발생하여 外陽内陰으로 밖에서 안으로 布教하고 있고 타종 또한 밖에서 치고 있으며

기독교는 西洋圈이라 外陰内陽으로 안에서 밖으로 布教함과 동시 打鍾法도 역시 안에서 치고 있는데 그래도 과연 우연이라고만 하겠는가。

이와같이 생활권에 따라 각기 그 사용법도 다르고있으므로무엇이든 자기의 몸에 맞게끔 고쳐 입는 습관도 중요한 것이며、또 宗教에 歸依한 者가 財運을 만나면 破戒한다。

實例

1、戊戌 戊土日主가 火土多逢에 戌華蓋 重逢한 中
戊午 財官이 없어 高僧이 되었다。
戊戌
辛酉

癸亥 丙火日主가 寅亥合 木局에 戌亥 天門星
甲寅 놓아 독실한 信者가 되었다。
丙午
戊戌

壬辰 辛金日主가 子月로 金水 雙淸이요 亥天
壬子 門星 놓아 佛敎信者가 되었다。
辛亥
己亥

2、戊辰 癸水日主가 金局 印綬 多逢에 辰華蓋요
庚申 金水火旺하여 기독교 信者가 되었다。
癸酉
丁巳

3、戊午 乙木日主가 印綬多逢에 亥天門이요 戌華
癸亥 蓋 놓아 佛敎信者가 되었다。
乙亥
丙戌

4、庚寅 己土日主가 木多로 身弱한 中 土信이 필
戊寅 요라 信仰에 독실하다。
己卯
己巳

己丑 癸日主가 酉丑金局印綬에 丑華蓋요 亥
癸酉 天門星 있어 修女가 되었다。
癸酉
癸亥

丙戌 丁火日主가 火土多逢에 傷食土旺이요
戊戌 또 天門에 華蓋 重逢하여 종교에 歸依
丁未 하였다。
丁未

癸亥 辛金日主가 日支 華蓋요 亥天門星 놓아
乙卯 信仰에 독실하다。
辛未
辛卯

甲寅 甲木日主가 身旺으로 逢丙火하여 木火
丙寅 通明이라 기독교 信者이다。
甲子
丙寅

카、易學界

1、醫藥 및 宗教에 해당하는 者와 印綬身旺 官不足者
2、丁己日生 財官逢 官殺多逢者
3、傷食多逢者 戌亥 丑寅者
4、時柱 印綬 및 華蓋重逢者 木火가 많은 者

解說

1、宗教界에 해당하는 者가 易學을 가까이 하는 것은 종교와 철학이 같기 때문이고 또 醫藥界는 醫學과 易學이 상통되기 때문인데 가령 의사는 執刀로서 人命의 生死를 좌우하고 易學은 말로서 人命의 生死를 좌우하며 또 의사는 물리적인 요법으로 인명을 疾病에서 구제하지만 역학자는 정신 요법으로 인명을 구제하는 것이 같기 때문이고 다음 印綬身旺 官不足은 공부는 많이 하였으나 官이 沒하여 취직은 못하고 종교 철학에 재미를 붙여 평생을 공부하기 때문이다。

2、丁日이나 己日生이 財官者는 丁火는 말로서 舌端生金 하는 理致요 己는 土로서 信仰에 해당하고 또 虛하여 失敗가 거듭 됨으로서 運命을 연구하게 되나 戌亥天門이나 卯酉戌中 二

字達은 더욱 더 틀림없고

官殺多逢은 官殺은 剋我者로 인간의 괴로움을 많이 당하야 되겠으니 易術家로서 직접 易을 직업으로 삼아 생활하기 때문에 易學者라 볼 수 있으나 日主가 虛弱하고 官殺이 많으면 殺은 鬼로 變化됨으로 易學者라기 보다는 巫堂에서 많이 있으며

3、傷食多逢者는 我生者로서 日主가 자연 虛弱하여지니 印綬가 平生을 두고 필요하며 또 平生 공부는 종교 철학이기 때문이고

戌亥는 天門이요 萬人을 濟道하며 丑寅은 새벽으로서 새로운 빛이 所生하니 萬人에 빛과 榮光을 주는 象인데 印綬가 되면 (印綬는 工夫요 또 救濟하고 榮光을 주는 工夫를 하였기 때문에 自然 人命을 救濟하고 빛을 주는 職業을 가지게 되어 있어 易學者가 되며)

4、時柱에 印綬는 末年에 공부라, 末年 공부는 철학이 됨으로 역학자에 해당하고

華蓋는 宗敎와 通하기 때문이며

木火多逢은 木生火하여 火에 집결되니 火는 빛이요 光明으로 先見之明이 있기 때문에 철학을 연구하게 된다。

參考

여기에 해당된다 하여 모두 역학자가 되는 것은 아니며 역학을 理解하거나 또는 역학자가 집안에 있고 또 역학에서도 學、言、行으로 구분하여야 한다。

實例

1、

癸亥
甲子
乙丑
丙戌

乙木日主가 亥子丑水局 인수 多逢에 戊亥 天門星이요 또 木火通明하여 東洋 第一의 命理大家이셨든 故 全白人先生 四柱다。

丁巳
乙巳
丙辰
辛卯

丙火日主가 火土多逢에 印綬 卯木있어 命理와 六爻에 通達하신 金善琹先生 四柱다。

庚申
壬午
壬子
己酉

壬水日主가 印綬로 身旺하고 官不足에 金水太旺하여 易學을 현대화 하는데 선구자 역할을 하셨고 易術人協會長에 韓一易理學院을 創設하여 후배 양성과 더불어 많은 著書를 남겨 易學界에 크게 공헌하신 故 李錫暎 先生님의 四柱다。

2、

戊午
戊午
丁巳
己酉

丁火日主가 巳酉財局에 火土가 많아 易學者가 되었다。

辛未
甲午
辛酉
甲午

辛金日主가 官殺多逢하여 易學者가 되었다。

壬申
己酉
乙亥
乙酉

乙木日主가 官殺多逢에 亥天門 印綬요 酉를 多逢하여 易學者가 되었다。

戊寅
戊午
己卯
己巳

己土日主가 印綬多逢에 火土가 많아 易學者가 되었다。

3、乙亥 壬水日主가 傷食多逢에 亥天門이요 寅卯
乙卯 逢하여 易學者가 된 權榮一氏 四柱다。
壬寅
癸卯

戊戌 丁火日主가 火土多逢에 傷食이요 天門
壬戌 星을 놓아 易學者가 되었다。
丁未
丁未

4、癸卯 乙木日主가 印綬 多逢에 無官星이요 亥天
甲子 門을 놓아 易學者가 되신 大田의 朴在琓
乙亥 先生 四柱다。
丁亥

壬寅 壬水日主가 傷食多逢에 寅卯를 놓아 易
癸卯 學자가 되신 金東楚 先生의 四柱다。
壬子
乙巳

庚午 丁火日主가 火土가 많고 戌天門에 傷食多
丙戌 逢하여 易學者가 된 金日場 女史의 四柱
丁未 다。
甲辰

壬辰 乙木日主가 卯戌逢에 官殺이 많아 易學
庚戌 을 배웠으나 응용은 못하고 있다。
乙卯
甲申

타、妓生八字

1、官殺太旺者 傷食太旺者
2、桃花印綬 또는 官殺者
3、水日主 水氣太旺 또는 乙日主 時上 傷官에 官不均者

解說

1、官殺은 火星인데 太旺하면 동서남북에 男子가 있는 것이 되어 妓生이요 또 傷食이 太旺하면 傷食은 剋官하여 官이 부족함으로 物貴則貪이라 男子가 그리워 동서남북으로 異性을 찾아 다니니 妓生이요 또 傷食은 技藝에도 해당하니 춤추고 노래 부르는 妓女며 또한 官殺太旺과 傷食太旺者는 賤格으로 下賤人이 되기 때문이고

2、桃花 印綬는 妓生공부요 桃花官殺은 직업이 妓生으로 通하며

3、水日主 水氣太旺은 水는 淫의 氣象이요 太旺은 많은 것이니 淫亂할 수밖에 없고 또 자연 官不足하여 妓生이 되고

乙木日主에 출생된 者 樂器에 名手요 또 음악을 좋아하며、傷官을 놓은 女命은 직업 여성

인데 그 중에서도 時上 傷官은 이름을 불리우는 女子로 妓生이 되고, 또한 冬夏節生에 더욱 많고 이곳에 해당하는 者 妓生, 레지, 빠걸 등 유흥 음식점에 종사하게 된다。

實例

1、乙亥 乙巳
庚辰 庚辰

乙木日主가 正官多에 明暗夫集 되어 妓生이 되었다。

丙戌 丁未
乙未 庚戌

丁火日主가 傷食多逢에 無官星하여 레지가 되었다。

2、丙子 乙卯
己亥 乙酉

乙木日主가 桃花官印에 官不足하여 妓生이 되었다。(음지나무)

壬申 己丑
己酉 庚午

己土日主가 金傷食多逢에 桃花印綬하여 妓生이 되었다。

3、丁未 壬子
壬子 己酉

壬水日主가 壬子 子酉로 金水太旺하고 桃花重逢하여 친구 잘못만나 妓生이 되었다。

癸亥 癸未
庚申 癸亥

癸水日主 金水太旺에 官不足하여 妓生이 되었다。

丙戌 乙木日主가 火傷食多逢에 時上 傷官 놓아
乙未 妓生이 되었다。
乙巳
丙子

癸巳 庚金日主가 魁罡殺에 金氣太旺하고 官不
辛酉 足에 桃花있어 妓生이 되었다。
庚辰
丙子

雜論

이 雜論에서는 앞의 분류에서 빠진 것을 여러가지 面으로 기록하니 參考하기 바란다。

甲子 이 四柱는 財殺太旺으로 身弱한 중 또 丁
壬申 壬太過되어 食母에 妓生으로서 평생을 困
丁巳 苦하게 살했다。(七月장마)
戊申

癸酉 乙木日主가 偏官 重逢으로 身弱하고 總
辛酉 稱 桃花 많아 네번이나 시집 갔고、食母
乙酉 요 妓生으로서 子孫도 없이 고독하게 살
丙子 고 있다。(萬古風霜)

戊寅 甲木日主에 傷食多逢으로 賤格인 중 庚申
戊午 金 驛馬 官이라 夫君은 美軍部隊에 근무
甲申 하고 洋公主 포주다。(官食鬪戰)
庚午

己卯 乙木日主가 地支全 木局이나 水木 응결
丁卯 되었고 運이 없어 고용살이 하다 세상을
乙亥 떠났다。(風波)
丁亥

庚辰 甲木日主가 偏官多逢에 金木相戰하여 守
庚辰 衛長이다(財生殺)
甲申
丁卯

甲午 癸水日主의 夫星土가 丑戌로 刑하고 있어
甲戌 夫君이 곰보요 財官庫가 되어 보험회사
癸丑 과장이다.
壬戌

乙丑 丙火日主가 印綬 卯木은 놓았으나 濕木이
己卯 되어 죽도록 공부를 하여도 빛을 못 보았
丙辰 다.
丙申

庚辰 鬼門關殺에 金水 冷寒하여 性器短少로 離
己卯 別하였다.(乙卯年)
庚申
庚辰

丙子 癸水日主로 法大를 나왔고 고시에 合格
庚子 못하고 妻德으로 살고 있다.
癸未
丙辰

庚辰 庚辰魁罡에 華蓋있어 스님이나 中性이
戊寅 다.
庚辰
戊寅

丁丑 壬水日主 水氣火旺에 急脚殺이 많아 四
癸丑 ○세에 벙어리되어 살다가 四十六세에
壬子 죽었다.
丙午

丁亥 癸水日主 財多身弱된 중 戊午年에 또 다
乙巳 시 虛弱하여 神이 들렸다.
癸巳
癸亥

癸未 壬水日主가 木火가 필요하고 印綬있어 미
庚申 장원을 하고 있다。
壬寅
己酉

丙寅 月上의 庚金이 金沉되어 大腸암임으로 甲
庚子 子年에 세상을 떠났다。
丙子
戊戌

庚申 文鮮明 教主
戊寅
癸丑
壬子

辛巳 戊土日主가 財多로 身弱한 중 甲子年에
庚子 또 다시 약하여져 妻가 계빵구 냈다。
戊戌
甲子

丁丑 己土日主 火氣太旺하여 癸亥年 辛酉月
丙午 癸亥日 연탄까스 중독으로 죽었다。
己巳
庚午

丁卯 丙火日主 財多로 身弱하나 運이 좋아 직
戊申 업 사장하고 있다。
丙申
辛卯

九、夫婦關係

夫婦는 人倫으로 만났으면서도 同心一體가 되어야 하기 때문에 寸數 마저도 없이 가장 가까운 사이가 되고 있으나 때로는 가장 멀어질 수도 있는 것이 夫婦이기도 하니 夫婦는 서로가 서로를 어떻게 理解하며 조종 하느냐에 따라 幸·不幸은 달라지는 것이다。

相對性 原理로 볼 때 가장 가까히 있는 者 가장 멀어질 수 있다는 것과 또 너무나 가까운 곳에 있는 것은 보이지 않으며 너무나 큰 蔭德은 느낄 수 없다는 哲理를 항시 생각하여 社會 구성의 一圓이 되고 國家의 중요한 礎石이 되고 있는 가정의 和睦에 힘을 기울여 한 나라가 發展하는데 좋은 몫을 하기 위하여 다함께 노력하여야 되겠다。

인간은 男女가 結合함으로서 成年이 되나 개체적으로 볼 때는 男子나 女子나 완전한 인간으로 群臨하지 못하고 있다가 그 부족된 것을 男子는 女子를、女子는 男子를 相對로 하여 求하고자 노력하고 있으면서도 때로는 그 自體를 忘覺하고 自身만은 완전한 것처럼 相對가 없이도 삶할 수 있다는 錯覺에서 심한 경우는 離婚마져도 不辭하고 있는데、또 한편으로는 본래 인간 자체가 未完成이면서도 男子는 男子대로 女子는 女子대로 각기 長短點이 있는데 사람들은 한 남편이나 또는 妻로부터 다른 사람은 몰라도 나의 男便이나 妻만은 완전 하기를 바라고 있고 또 완전할 것이라는 期待 속에서 삶하고 있다가 그 期待가 무너질 때에는 건잡을 수 없는 실망과 더불어 彷徨을 하게 되니 아마도 期待가 크면 클수록 失望도 크기 때문인가

잘 생각하여 보면 부엌 일 잘하는 女子 바느질이 부족하고, 바느질 잘하는 女子 부엌일이 부족하기 마련이요 또 집안일 잘하면 밖에 일에 어둡고, 밖에 일에 밝으면 집안 일에 어두우며, 얼굴이 예쁘면 마음이 못되고 얼굴이 미우면 마음씨 하나만은 곱듯이 완전할 수 없으며

남자도 또한 仁情이 많은 者 義理가 부족하고, 智慧가 많은자 禮儀가 부족하며, 가정적이면 사회생활에 부족하고 사회생활에 두각을 나타내는 자 家庭에는 부족할 수 밖에 없는 것이 인간인데 어찌 완전한 것을 바랄 수 있겠는가 말이다.

고로 상대방의 부족한 面만 들추어 탓 하기 前에 장점을 가지고 부족한 面을 감싸주는 雅量이 있어야 되겠고 또 각자가 자신의 장점을 가지고 최대한 노력하여 단점을 보완하고자 한다면 이는 반드시 相殺되어 장점만이 나타나게 될 것이며

또 서로가 이해하고 상대방이 무엇이 부족하며 무엇을 요구하고 있는가를 잘 살펴 對處하면서 夫婦間 서로가 상대방을 위하여 무엇을 하여야 할 것인가를 스스로 생각한다면 無言의 對話가 잘되어 信賴를 돈독히 하는 結果를 가져와 어떠한 苦難과 逆境도 반드시 克服하리라고 본다.

보편적으로 男便은 婦人을 나의 아내이면서도 어머니와 같은 仁慈함과 동시 포근하게 감싸

주는 것을 바라고 있으며 婦人은 남편에 대하여 나의 男便이면서도 친정 아버지와 같이 든든하고 믿음직스러운 면을 요구하고 있는데 이와같은 현상은 男子는 어머니를 女子는 아버지를 일찍 잃어버렸거나 또는 떨어져서 成長하였을 때에 더욱 강하게 나타나고 있고

또 남자는 婦人에 대하여 낮에는 賢妻 밤에는 妖婦가 되기를 바라고 있는가 하면 婦人은 男便의 하는 일이 항시 위태롭게 生覺되고 만족하지 못하고 있는 것은 女子 본연의 마음인 母性愛가 作用하고 있기 때문이다。

따라서 상대방의 부족함이 정신적인 것과 물질적인 面으로는 무엇인가를 알아서 다소나마 충족시켜 준다면 그 이상 더 무엇을 바랄 것이며 하다못해 하고자 하는 노력만 하여도 틀림없이 그 代價는 찾아오게 되는 것이다。

알고보면 夫婦의 생활도 자기 최면에 의하여 버릇을 낳고 버릇은 마침내 習慣이 되어 때로는 고칠 수 없는 妙한 상태에까지 이르게 되는데 이러한 것이 물론 좋은 것이라면 얼마든지 歡迎할 수 있으나 만약 나쁜 것이라면 定着하기 前에 빨리 고쳐야 될 것이며、夫婦 서로가 내가 아니고서는 상대방이 存立할 수 없게끔 習慣을 드려 놓는다면 얼마나 좋겠는가 말이다。

男子는 어느 한 곳에 집착하고 들어갈 때 가장 重要한 家庭 즉 妻의 位置마저도 망각하기 쉬운 것이 남자들의 世界인데 다시 말하여 大學教授는 學問과 연애하고、정치가는 정치와 연

야하며, 사랑가는 사랑과 연애함으로서 그 목적한 바는 달성할 수 있을는지는 모르나 남편이 모자의 아기를 망각하며 동시 妻를 度外視 하면서도 나를 이해하여 주겠지 하는 막연하고 안일한 생각으로 지내다가 어느날 갑자기 아차하고 정신을 차릴 때는 이미 늦어 있고

또 女子는 子孫에 집착하다 보면(金錢回 l) 男便의 存在를 망각하다 아이구 우리 男便 또는 방심이 그럴 수가 하는 때는 이미 다른 女子 품에서 빠져 나오지 못하는 신세가 되고 말것이니 이 모두가 本人의 잘못은 인정하지 않고 상대방만 가지고 왈가왈부하게 되는데 알고보면 各者의 잘못이 그 原因인 것이니 항시 상대의 입장을 망각하지 말고 상대방에 보답의 誠意를 다 한다면 어찌 다른 生覺을 할 수 있겠는가.

여자는 본시 한 男便에 집착할 수 있어 엉뚱한 생각을 할 줄 모르나 만약 情夫가 생긴다면 철저히 男便도 미련없이 버릴 수 있는 것이 여자의 마음이며 또 性態도 항시 動할 수 있는 것이 아니라 排卵期와 生理週期의 前後에 따라 動하게 되어있기 때문에 아무리 靜淑한 여자라 할지라도 最少한 l개월에 한 번 정도는 男便 곁으로 가고 싶은 마음이 본인도 모르게 생기는 것이다.

따라서 動한 마음을 신체적으로 잘 해소하면 별 문제가 없겠으나 만약 혼자서 살고 있다면 氣가 蓄積되고 그 蓄積된 氣가 上昇하여 머리 끝까지 도달할 때는 눈을 멀었기 때문에 보이지 않아 懇懇도 못할 行動을 하게 됨으로 男子는 女子의 세계에 대하여 어느 정도는 알고 있어야

서로를 理解하는데 도움이 되겠고

女子가 男子와 다른 점이 있다면 自制力이 강한 반면 무너질 때는 正反對의 形象이 나타나며, 男子가 妻를 두고서도 다른 女子를 犯하고 싶은 것은 꼭 사랑해서가 아니라 征服慾이 앞서기 때문이며, 때와 장소를 가리지 않고 性慾이 動할 수 있으며 어느 한 곳에 만족하지 못하고 彷徨이나 彷徨을 하고 있는데 이것은 모두가 아마도 포부가 너무나 크기 때문일 것이다.

夫婦는 너무나 가깝기 때문에 오히려 불만이 더 많을수도 있으며 혹 서로가 미워한다 하여도 때로는 미워한 만큼 사랑할 수도 있으며 또는 夫婦의 愛情이 지나치면 지나칠수록 오래가지 못함은 모두 상대적이기 때문이고

다음 하루의 낮과 밤도 짧고 길때가 있는데 어찌 남남으로 만난 夫婦가 꼭 같다고 말 할수 있겠는가만 一生으로 볼 때 짧고 긴 것도 평균으로는 中和를 이룰 수 있듯이 똑같이 만난 夫婦의 主權도 一時的으로는 어느 한쪽에 치우칠는지 모르나 平生을 두고 보면 역시 中和를 이루면서 삶하고 있으니 夫婦간의 主權에 意見이 생기고 또 다소간의 차이가 있다 하여도 그 차이가 난 만큼은 다른 사람이 아닌 각자의 配偶者에 돌아가고 있으니 알고보면 他가 아닌 바로 自己인 것이다.

이제 되었는 夫婦는 똑같기에 함께 살고 있으며 또 함께 살고 있기에 夫婦라고 하고 있으니 夫婦 사이에서 發生한 모든 일은 서로가 責任을 전가하기 전에 책임을 질 줄 아는 夫婦로서의

자세가 確固不動하게 서있다면 偕老는 물론 주위에 선망의 對象이 될 것이다。

그러나 운명적으로는 夫婦가 해로하는 사람과 해로를 못하는 사람이 있는가 하면 해로는 하면서도 서로가 좋은 것과 억지로 하는 경우가 있으며

또 離別를 하여도 生別과 死別이 있고 또 平生을 두고 몇번이나 하는 回數가 있으며 作妻하는 八字와 妻를 학대하고 妻가 놀아나며 飮毒하고、妻가 사업하며 妻에 신세지고 또는 夫君이 바람나고 夫君이 싫어지며 男便이 不具되고 매맞고 의심받고 삶하는가를 알아 보기로 한다。

但 夫婦宮이 좋은 運命은 그 만남이 연애이건 중매이건 일단 내 사람이 되면 그 좋은 運命에 따라 해로할 수 있으나 夫婦宮이 나쁜 運命은 어떠한 相對를 만나건(좋은 相對를 만날 수 없지만) 해로할 수 없으니 모든 것은 相對가 나빠서가 아니라 그 原因은 바로 本人에게 있음이니 절대로 他를 怨望하기 이전에 本人을 돌아 볼 줄 알아야 할 것이다。

요컨대 남자라는 땅에다 여자라는 나무를 심고 또 여자라는 땅에 남자라는 나무를 심는다고 볼 때 본래가 玉土라면(夫婦宮이 좋다면) 어떠한 나무이든 간에 (어떠한 인연을 만나든 간에) 잘 成長하여 꽃피고 결실할 수 있으나 만약 박토라면 成長은 커녕 枯死하여 죽는 것과 같고、또 남자라는 原나무에 여자라는 나무를 接木하는 것과도 같으니 가장 쉽고도 어려운 것이 男便과 아내로서의 임무를 다하기 위하여 서로가 理解하며 尊敬하고 協助하는데 노력을 아끼지 않는다면 반드시 夫婦로서의 한 나무가 잘 자라나 成功의 열매를 멋지게 結實할 것이다。(夫婦

를 百으로 기준할 때 五〇對 五〇은 좋은 夫婦가 되겠으나 어느 한쪽이 八〇을 점유하면 다른 한쪽은 二〇밖에 안되니 本人을 위하여서도 양보하여 균형을 맞추어야 할 것이다。)

가、妻德 좋다

1、身旺官旺 또는 身旺財旺者

2、財星이 필요한 者

解說

1、身旺은 日主가 강하여 健康하고 똑똑하여 한 男便으로서의 任務를 충실하게 履行할 수 있으며 또 官旺은 좋은 職位에 臨하게 되니 妻로부터 존경을 받을 수 있기 때문이고 또 官殺은 除去 肩劫으로 財星을 保護하기 때문이며

財旺者는 富로서 妻에 부족됨이 없게 하여 줌으로 妻에 內助를 받을 수 있으며 또 財生官하여 자체를 보호할 수 있기 때문이고

2、財星이 필요한 者는 바로 妻가 필요하기 때문에 妻를 아끼고 사랑하니 夫婦 和合하며 百年偕老하게 됨으로 모두 妻德이 있다고 한다。

實例

1、癸丑 庚金日主가 酉丑으로 身旺하고 午戌丙으
辛酉 로 官旺하여 妻德이 있다。
庚午
丙戌

戊辰 丙火日主가 寅午로 身旺하고 辛酉 戊辰으
辛酉 로 財旺하여 妻德이 좋은 四柱다。
丙寅
甲午

2、癸亥 甲木日主가 水多로 浮木되어 土財星이 필
癸亥 요라 妻德이 좋다。
甲子
丙寅

戊辰 丁火日主가 失令 失地 失勢로 最弱이라
辛酉 從財가 되어 妻德이 좋아 결혼하면서부터
丁丑 더욱 출세하였다。
己酉

己酉 乙木日主가 亥卯로 身旺한 中 己戊辰酉
戊辰 로 財官이 旺하여 妻德이 대단히 좋다。
乙卯
丁亥

戊午 丁火日主가 甲寅午로 身旺한 中 酉丑으
甲寅 로 財旺하여 妻德이 좋다。
丁丑
己酉

戊辰 己土日主가 午月 午時로 燥土가 되어 水
戊午 財가 필요함으로 妻德이 좋다。
己丑
庚午

戊戌 辛金日主가 土印綬多逢으로 埋金 卽前이
壬戌 라 木財星이 필요한데 亥未 木局있어 약
辛未 혼 하면서부터 더욱 좋아졌다。
己亥

參考

妻德이라 함은 글자 그대로 妻의 德을 입는 것이 되어 妻宮과는 다르며 再婚을 한다 하여도 妻의 內助가 좋으면 妻德이 있고 從財格이 不運이면 妻가 벌어서 먹고 살며

또한 一、二項에 해당 하는 者도 不運이면 妻의 身勢 免할 길 없다。

財多 身弱도 妻의 身勢지고 삶한다。

나、本妻偕老 못한다

1、財星이 虛弱하고 있는 中 凶殺이 臨한 者

2、財星이나 傷食이 太旺한 者

3、日支 妻宮에 冲、刑、空亡 怨嗔、喪妻殺 놓은 者

解說

1、柱中에 財星이 虛弱하면 妻가 대단히 弱하고 있는데 거기에 또다시 凶殺 즉 白虎大殺 空亡、冲、刑 등이 재차 臨하고 있으면 그 財星이 더욱 弱化되기 때문에 甚則 死別하고 아니면 生別이요

2、財星이 지나치게 많으면 東西南北에 妻가 있는 形象이요 또 女子가 많이 따라 自慢에 의하여 종내는 해로 못하며

傷食은 生財하기 때문에 傷食이 많으면 財星이 많은 結果와 같고

3、日支는 妻의 자리가 되는데 冲이나 刑을 만나면 破壞되었고、空亡은 비어 있으며、怨嗔은 불만이 가득하고、喪妻殺은 妻가 죽기 때문에 本妻 偕老 못한다。(喪妻殺은 位置에 구애받지 않음)

實例

1、
癸亥
乙卯
乙卯
己卯

乙木日主의 時上己土 財가 木多에 崩壞되어 二七세 己丑年에 離婚하였고 다섯번이나 결혼 하였다。

庚申
戊子
甲子
戊辰

甲木의 財星 土가 水多에 土流 되었고 또 日支空亡에 財星 白虎되어 戊子年에 初婚失敗하고 다섯번이나 결혼 하였다。

己酉　丙火日主의 正財 酉金이 年支에 있는데
丁卯　卯酉冲破에 羊刃이요 日支空亡에 火多銷
丙寅　鎔으로 여러번 결혼 하였다。(母妻不合)
甲午

丁未　壬水日主의 財星 丁火가 年上에 있으나
戊申　申子水局과 羊刃重逢에 子未全하여 妻産
壬子　亡하였다。(丙子年)
庚子

庚辰　庚金日主에 財星 月支卯中 乙木이 金多에
己卯　敗沒되고 日支空亡이요 怨嗔殺이 臨하여
庚申　三十六歲 乙卯年에 妻가 도망갔다。
庚辰

2、

庚午　癸水日主의 財星火가 年月時支 午中丁火
壬午　로 太過한 中 원진殺이 臨하여(六害陽火
癸丑　鬼門關) 三十八歲 丁未年에 妻가 음독 自
戊午　殺하였다。

丁未　戊土日主가 無財星에 羊刃重逢이요 肩劫
丁未　太旺하여 三十六세 壬午年에 離婚하였고
戊午　妻宮이 不幸한 四柱다。
己未

乙亥　壬水日主의 丙火財가 白虎火殺에 臨하고
丙戌　또 坐下入墓요 水多에 沒하여 二十七세
壬子　辛丑年에 음독 自殺하였다。
辛丑

丁未　戊土日主의 財星 子中 癸水가 燥土에 흡
丁未　수되고 子未 六害 있어 三十六세 癸未年
戊子　에 妻産亡하였다。
乙未

戊午　癸水日主의 財星火가 巳中丙火 寅中 丙
丙辰　火로 잇는데 寅巳 驛馬刑하여 三九세
癸巳　丙申年에 妻가 교통사고로 죽었다。
甲寅

甲申 丁火日主의 土傷食太旺에 日支刑하고 巳
己巳 丑으로 財多요 日支 湯火殺 놓아 二十六
丁丑 세 己酉年에 애인이 음독 자살 하였다。
庚戌

3、丁亥 壬水日主가 申子 亥子로 水氣가 太旺한
壬子 中 年上火財는 丁壬合去요 日時가 寅申沖
壬申 하여 本妻 해로 못하였다。(三娶에 本妻
壬寅 바람)

癸酉 辛金日主의 財星 甲木이 無根인 中 日支
壬戌 財庫요 또 未戌로 刑하고 있어 本妻 偕老
辛未 못하였다。
甲午

甲子 壬水日主의 財星 月上 丙火가 丙壬으로
丙寅 沖한 中 財不足되어 本妻 해로 못하였다。
壬申
庚子

乙卯 壬水日主의 木 傷食이 太旺하고 日支刑
己卯 에 桃花重逢 되어 本妻 해로 못하였다。
壬子 (妻神經衰弱)
己酉

壬申 戊土日主의 財星 壬水가 燥土에 흡수되
乙巳 었고 寅巳申 刑에 財不足하여 本妻 해
戊寅 로 못하였다。
戊午

己卯 乙木의 財星 年上己土는 坐下 殺地요
壬申 巳中戊土는 巳申刑에 喪妻殺 놓아 해로
乙巳 못하였다。
丙子

己巳 己土日主의 財星水가 一點도 없고 또
己巳 있다 하여도 燥土에 흡수됨으로 妻宮이
己巳 부족하여 여러번 장가 갔다。
己巳

參考

1、水土日主 旺하고 子未 全한 者 妻產亡

2、羊刃太旺에 一點의 官印者 妻產亡과 妻 시집살이 시키고

3、肩刦太旺에 財星 暗合者 妻가 바람나고 處女 장가 어려우며

4、財星微弱에 日時 丑午者 妻妾 飮毒이요

5、財星多逢에 身弱者 凶殺臨도 其妻妾 飮毒

6、財多身弱者 財運에 離別하고

7、身太旺者 爭財運에도 離別하며

8、財運에 財星 合去나 肩刦이 太旺하여도 離別

9、干尅支冲이나 干冲支冲되는 運에도 離別

10、財星이 三合 또는 冲刑되면 妻宮에 變動

11、大運 歲運에서 弱한 財星을 攻擊하면 喪妻 또는 離別

12、暗藏財까지도 모두 살필 것이며

13、年月柱의 財星은 年上女人과 인연있고

14、結婚의 回數는 보통 木日主 身太旺은 다섯번(土財星 五) 水日主 太旺은 두번(火財二)식으로 구분하는 것이 가장 便利하나 이외에 日主의 강약에 따라 財星의 過·不足을 對比하고

凶殺을 살펴 加減하여야 된다。

가령 水日主 强이 火財 부족이 셋이 된다면 두번이 아니라 세번으로서 안정되고 또 거기에 凶殺이 併臨하면 네번으로 끝난다고 하여야 한다。

다、作妾한다

1、身太旺에 財不足 또는 財多身弱者

2、桃花殺、傷食太旺、官殺多逢者

解說

1、身太旺은 지나치게 健長하여 單妻生活이 不滿인데다 財不足은 또 다시 妻가 부족함과 同時 자연 妻의 殘病으로 만족할 수 없을 뿐더러 物貴則貪으로 作妾하게 되어 있고

財多者는 동서남북에 女子가 있기 때문이며

2、桃花殺은 作妾하는 凶殺이며 傷食多逢은 生財로 女子를 불러 드리기 때문이고 官殺은 子孫으로 多逢則 兩妻에 得子하게 되어 있으니 여기에 해당하는 者 모두 作妾하게 되어 있다。

参考

1、日支桃花는 作妾同居
2、時支桃花는 妓生作妾 末年에 바람나고
3、園內桃花는 有夫女 通情
4、印綬桃花는 有夫女 年上女人
5、倒揷桃花는 年上女人(老郞)
6、比劫桃花 作妾敗財 交友不實 兄弟風流
7、傷官桃花 作妾으로 因한 名譽損傷、딸같은 女子、部下와 通情
8、財星桃花 作妾致富
9、官星桃花 作妾昇進 得子
10、殺星桃花 亡身、得病、官災
11、滾浪桃花 花柳病
12、財星이 吉神 즉 필요하면 妾德
13、財星이 凶神이면 作妾으로 財家亡身
14、財運과 桃花運 作妾
15、傷官運 또는 日支 三合運에 作妾

16、財星 冲 또는 刑 肩刦運에 들통나고

17、日支 財星者 항시 女子가 바뀌고

18、土日主 火土多 女子가 많이 따르나 바로 떨어지며

19、水日主 金水太旺 性慾이 대단하고

20、財多身弱者 性慾이 强하며

21、運에서 桃花가 支配하여도 作妾하고

22、丁未日 戊午日柱 作妾에 性慾이 强하며

23、本人이 아니면 妻妾에 바람난다。

實例

1、庚午 壬水日主가 亥月에 得令하고 子日 子時로
丁亥 羊刃太重하여 있는 中 妻 丁午火가 부족
壬子 하여 作妾하였다。
庚子

癸丑 戊土日主가 土旺當節에 午未火局이요 火
壬戌 生土받아 身旺하고 財星이 부족된 中 白
戊午 虎火殺이요 空亡되어 喪妻하고도 日支桃
己未 花에 戊午日이라 數없이 作妾하였다。

甲戌 庚金日主 身弱에 財多하여 作妾하였고 또
丙寅 官殺多逢하여 得子까지 하였다。
庚午
庚辰

2、丁卯 壬水日主가 子月 子日 酉時로 身旺한 中
壬子 年上丁火 미약하고 日支月支 桃花있어 本
壬子 妻 離別하고도 바람이 심하다。
己酉

甲子 己土日主가 官殺多逢에 桃花가 임하여 作
丁卯 妾得子하였다。
己未
己巳

甲寅 庚金日主가 甲寅 亥未로 財多하여 作妾
辛未 하였다。
庚申
丁亥

戊戌 丁火日主가 多逢 傷食하여 作妾하였다。
丙辰 (丁未日柱)
丁未
丁未

甲寅 丁火日主가 寅午火局으로 身旺하고 財부
庚午 족된 中 月支 桃花되어 作妾하였다。
丁丑
己酉

라、國際戀愛

1、驛馬나 地殺에 財나 官이 臨한 者(男命)

2、驛馬나 地殺에 官이나 傷食이 臨한 者(女命)

解說

1、驛馬나 地殺은 海外인데 財가 臨하면 海外 女子요 官은 海外 子孫 즉 混血兒가 됨으로 國際結婚 乃至는 國際연애하여 보며

2、驛馬나 地殺은 海外요 官은 夫君이니 海外 男子요 傷食은 子孫 즉 混血兒가 됨으로 여기에 해당하는 者 국제결혼 또는 연애하여 본다。그러나 夫君이 外交官 外國商事、外國機關、外人部隊、海外支店 또는 外換部에 근무하거나 海外 同胞와 결혼하고 本人이 海外에 나가도 여기에 해당하나 驛馬나 地殺이 日支로 合이 되어야 하고 또 柱中에 寅申巳亥中 一字만 있어도 驛馬 地殺로 간주한다。

實例

1、丁丑 乙木日主가 巳中戊土 驛馬財를 놓아 국제
癸卯 연애 하여 보았다。
乙卯
辛巳

壬申 癸水日主의 驛馬 地殺 財官이 巳火인데
壬子 日支 未와 巳未로 合하고 있어 국제결혼
癸未 하여 子孫까지 있다。
丁巳

2、丁亥 丁火日主되어 亥가 地殺官이라 미국에서
丁未 永住하고 있으며 또 국제결혼 하였다。
丁亥
丁未

己卯 己土日主의 官星 亥中 甲木으로 잇는데
己巳 역마가 임하여 국제결혼 하였다。
己亥
甲子

戊寅 庚金日主가 寅 地殺財 놓아 국제결혼 하
己未 였다。
庚寅
丁亥

癸丑 庚申日에 寅 驛馬 財 있으나 日支와 寅
乙丑 申으로 沖하여 연애도 제대로 못하여보
庚申 고 봉변만 당하였다。
戊寅

癸亥 癸水日主의 官 戊土가 巳中 驛馬로 있으
丁巳 나 巳亥沖 당하여 재일 동포와 살다
癸卯 헤어졌다。
甲寅

庚辰 辛金日主의丁火官星이 沒하여 첫결혼 실
丁亥 패한 후 亥中 壬水地殺 子孫으로 국제결
辛亥 혼하여 자손까지 얻었다。
戊戌

마、惡妻八字

1、財多身弱 또는 財殺太旺者

解說

日干이 虛弱하면 四柱 張 本人이 虛弱하고 病들고 못났으며 弱者에 該當한 반면 妻는 旺하고 强하며 똑똑하고 健康하여 도저히 妻를 다스릴 수 없어 惡妻가 되며 財殺太旺 역시 財生殺하여 日干을 攻擊함으로 日干은 더욱 虛弱하여지며 財는 盛旺하여 妻가 기승을 부리기 때문에 惡妻로 因하여 敗家亡身 하게 된다。

實例

乙酉 庚辰 丁酉 壬寅

丁火日主가 庚辰酉酉金 財로 身弱하고 있어 惡妻로 고생하고 있다。

戊辰 辛酉 乙丑 己卯

乙木日主가 戊辰 辛酉丑으로 財殺太旺 하여 惡妻로 고생하고 있다。

癸丑 乙木日主의 財星土가 丑 己未未己로 得旺
己未 하고 있어 財多身弱이라 그 妻 악을 부리
乙未 다 못해 음독자살 하였다。(白虎火殺)
己卯

戊寅 庚金日主의 財星 甲木이 得旺한 중 寅午
甲寅 火局하여 財殺太旺이라 惡妻로 고생하고
庚午 있다。
甲申

參考

惡妻는 모두가 日主 虛弱에서 원인이 발생하고 있기 때문에 運에서 日主가 强하여지면 賢妻가 되었다가도 또다시 運이 나빠 日主가 虛弱하여지면 惡妻가 된다。

여기에 해당하는 者 妻에게 家權이 있고
妻의 신세를 톡톡히 지게 되며、
처가 더 똑똑하고 생활력이 강하며、
身弱者는 女子한테 背信당하고、
身强은 妻 시집살이 시키며 妻를 背信하고
肩刦太旺은 妻가 바람나고 의처증 患者요、
財多身弱도 의처증 있으며、
財星合去나 桃花 또한 夫婦中 한 사람 風流가 있으며、

運에서 桃花도 또한 같고 惡妻에 해당하는 者 離別이 틀림없으며, 妻妾 飮毒이 많이 있다。

바、夫德 있다

1、身旺官旺者 身旺財旺者

2、身旺에 財官이 旺한 者、官印이 相生한 者

3、財나 官이 필요한 者

解說

1、身旺官旺者는 日主도 旺하고 夫君 官星도 旺하여 夫君을 出世시키는 運命이 되어 있고, 財旺 역시 財生官하여 夫君을 출세시키며 媤宅 富者 만들어 줌으로 남편 德에 夫君의 사랑을 받으나 財生官을 할 수 있어야 하며

2、身旺은 日主가 旺하여 한 主婦로서의 임무를 충실하게 이행할 수 있는데 財官이 同臨하면

財는 生官하여 夫君을 뒷받침하여 출세시키고 또 明官跨馬로서 夫君의 뿌리가(財) 튼튼하여 어떠한 難關도 충분히 극복할 수 있으며、官印相生은 官은 印綬를 生하고 印綬는 나 日主를 生하여 줌으로 官은 日主를 剋하는 것이 아니라 오히려 뿌리가 되며 또 나를 生함은 夫君의 사랑도 되니 夫君有德이라고 하며、

3、財는 媤宅이요 官은 夫星인데 필요하게 되면 媤宅과 夫君에 온갖 忠誠을 다하니 자연 夫君의 德과 사랑을 독점하게 되어 있어 여기에 해당하는 者 모두 夫君 德있다고 하게 된다。

參考

1、여기에 해당하는 女子는 행복한 運命이요
2、身旺官旺은 夫君이 高官으로 貞敬夫人이며
3、身旺財旺은 經濟 國營기업체의 長이거나 事業家、財閥二世와 姻緣있고
4、아니면 일반 기업체나 회사에 종사하며
5、財官 兼備者는 福祿 즉 財祿이 따르고
6、官印相生者 공무원이나 교직자와 인연 있으며
7、土官星은 夫君의 身長이 적고 뚱뚱하며
8、火官星은 燥急하나 明朗하고 거짓이 없으며

9、木官星은 착하기는 하나 큰 일을 못하고 敎育者요

10、金官星은 軍人에 의리 있으며

11、水官은 作妾으로 속 썩는다。

12、官星 桃花는 夫君作妾이요

13、女命에 身弱은 美德으로 보나 身太弱은 禁勿이요

14、官星이나 日支 羅網、刑殺、囚獄殺은 武官、경찰、刑務官과 인연있고

15、財庫나 官庫者는 財政界의 남자와 인연이요

16、火庫官은 전기 기술자며

17、天門星이나 鐵鎖開金 官은 의사、法官、易學者와 인연이요

18、財官運에 夫君昇進하고

19、官星合은 연애 결혼하여

20、官財가 필요한 者 시집 가면서 안정하고

21、財星에 無官은 媤母와 연애하며

22、身旺財旺者 받을 福있고

23、官星運에 시집가며

24、運이 좋을때 만난 인연 좋고 오래가며

25、惡運에 인연은 離別하기 쉽고
26、處女는 傷食運에 결혼하나 婦人은 離別하며
27、從財 從殺格도 夫德있다。

實例

1、甲申 庚金日主가 申酉로 身旺하고 丙午戌로 官
癸酉 旺하여 貴夫人에 남편 사랑받으나 甲木이
庚午 無根하여 媤母가 없다。
丙戌

辛酉 丁火日主가 巳午未火局으로 身旺한 中
癸巳 巳酉金局에 年上辛金이 生 官하여 財生
丁未 官이라 남편 덕이 좋고 夫君이 고위직이
丙午 다。

2、己亥 辛金日主가 酉丑으로 身旺한 중 官星 丙
丙寅 火가 寅亥木 財局에 生助받고 있어 夫君
辛酉 사랑에 세월가는 줄 모르고 또 고위직에
己丑 財福도 있다。

癸亥 己土의 官星 甲木이 寅亥에 得旺하여 甲
甲寅 己合 日主하고 또 身도 旺하여 貴夫人
己未 八字다。
戊辰

3、丙寅 庚金日主가 申酉로 身旺인데 火官星 丙火
己亥 가 寅亥木局에서 잘 生助받고 있어 夫德
庚申 이 있는데 金水冷寒으로 火官이 필요한
乙酉 四柱다。

辛未 丁火日主가 午未로 身旺에 乾燥하여 水
甲午 가 필요하나 없고 다행하게도 酉丑 財를
丁丑 얻어 財星이 得局이라 夫德이 있다。
己酉

사、本夫 偕老 못한다

1、官星이 微弱하고 凶殺이 再臨한 者
2、日支가 冲、刑、空亡 등 凶殺이 있는 者
3、官殺太旺、財殺太旺、傷食太旺、肩劫太旺、印綬太旺者
4、孤鸞殺 魁罡殺、喪妻殺、官庫를 놓고 官星不均者

解說

1、官星이 微弱함은 夫星이 虛弱하고 있는데 또 다시 凶殺 즉 冲、刑、空亡、白虎、六害、湯火殺 등이 臨하면 夫星이 더욱 弱化되어 存在하기 어렵기 때문에 夫婦 偕老 못하며

2、日支는 夫君의 위치인데 冲、刑、空亡 등을 만나면 남편의 자리가 破壞되어 흠이가고、또 空亡은 男便이 없어 해로 못하고

3、官殺太旺은 男便이 많아 해로 못하고、財多身弱은 媤母가 많고 또 財生殺하여 내것 주고 배신당하며 財殺太旺 역시 財生殺로 배신 당함과 동시 자연 身이 虛弱하여 妻로서의 임무를 다하지 못함으로 자격 상실이요、傷食太旺은 日主가 虛弱함과 동시 剋 官殺 夫星함으

로 官이 沒하여 해로 못하는데 이상은 모두가 日主가 虛弱하여 男便에 배신 당하며 肩劫太旺은 官星夫君이 자연 沒하고 奪夫되며 印綬太旺 역시 官星이 沒함으로 해로 못하는데 夫君이 무능력 하거나 아니면 女子 自身이 夫君을 싫어 한다。

4、孤鸞殺은 혼자 삶하는 殺이요 魁罡殺은 너무나 강하여 夫君을 꺾으며 喪夫殺은 夫君이 죽는 殺이며、官庫는 夫君의 무덤이요 官不均은 官星이 많거나 아주 적은 것을 말하는데 이렇게 되면 해로 못하며

또 이상 1、2、3、4項이 重復이면 더욱 確實하고 甚則死別이요 조금 弱하면 生別이 된다。

參考

1、官星 虛弱者는 官星 冲、刑 또는 受制되는 해(傷官) 離別하고
2、官殺 및 財殺太旺者는 財運 官運에 別夫요
3、傷食太旺者는 傷食運이나 官運에 離別하며
4、肩劫太旺者는 肩劫運이나 傷食運에 別夫되고
5、印綬太旺者는 肩劫이나 傷食運에 離別하며
6、干尅支冲、干沖支沖 또는 天干官星에 日支合 되는 해 離別

7、木이 旺한 者 목매어 自殺하거나 매맞아 죽고

8、火氣太旺者 火災 또는 飮毒 暴發物 事故요

9、土가 많은 者 埋沒事故에 癌이 두렵고

10、金이 太旺者 交通事故나 鐵器、칼、또는 重金屬 重毒이요

11、水氣 太旺者 溺死、凍死、醉中死、飮毒으로 死亡하며

12、驛馬 地殺 冲刑者 교통사고나 失踪이요

13、傷官運은 夫君이 미워지며 서글퍼지고

14、肩劫運에 奪夫나 아니면 남의 男便 빼앗으며

15、官殺太旺者 異性 忌避症이요 前生에서 시집 많이 갔고

16、官星合去는 夫君이 무능력하며

17、官殺混雜은 妓生、職場의 꽃、위협結婚、强姦、情夫두고

18、財殺太旺은 我財生夫에 反成其辱이라 내것 주고 배신 당하며 賤婦

19、明暗夫集은 情通逃走요

20、傷食太旺은 子孫 낳고 離別하며

21、官食同臨은 不正胞胎요

22、偏官 四柱는 婚前同居에 再娶八字가 되고

23、官食鬪戰은 남편한테 매맞고

24、年月에 官星入墓는 婚前寡婦요

25、日支桃花 夫君作妾 연애결혼、疑心받으며 情夫두고

26、年柱官星 老郞이요

27、時支官星이나 桃花는 幼郞에다 末年에 바람나고

28、壬癸 日主나 身旺 官不足은 幼郞이 아니면 老郞이며

29、日支偏官者 夫宮 不實인데 中末年에 離別이요

30、差錯殺은 夫君作妾 媤家 兄弟 亡하고

31、孤鸞殺은 獨守空房이요

32、身旺에 無官、火土重湯、金水双淸은 獨身 修女 僧女며

33、官衰身旺者는 콧대 높고 남자가 눈에 안들어 結婚이 늦고

34、官運에 여드름나고 異性이 따르며 結婚하고

35、肩劫太旺은 남의 男便 빼앗아 보며

36、傷食太旺과 肩劫太旺者는 속임수 결혼당하고

37、官食冲破는 背夫棄子요

38、暗藏官合 疑心받고

39、陽日主比劫이 官星合去는 동생이나 친구가 남편 빼앗아 가고

40、財印이 鬪戰하면 媤宅과 親庭이 不合하며

41、從財格이나 財局者는 出嫁後에 親庭 亡하고

42、印綬가 많으면 親母가 離婚시키며

43、財多身弱은 媤母에 매 맞으며 兩家가 모두 亡하고

44、財殺太旺은 媤母와 男便이 합세하여 학대하고

45、傷官太旺은 말한번 잘못하고 離婚당하며 夫德은 물론 財福도 없고

46、傷食이 生財하면 夫德은 없으나 財福은 있으며

47、辛金日主 一點 丙火에 金水太旺者는 夫君이 腹上死요

48、己土日主 逢甲木이 地支 火土도 또한 같고

49、日支 地殺 驛馬者 親庭 멀리 싫하며

50、印綬用神이나 太旺者 친정 가까이 싫하고 親母 모시며

51、女命身旺、不奉翁姑 夫尊不命에 本人이 家口主요

52、身太弱은 男便에 무시 당하고 시집살이 하며

53、財多者는 異腹叔姑의 원인으로 媤母兩位요

54、傷食財合은 음식 솜씨 좋고

55、官星에 急脚殺이나 斷橋關殺 또는 日支에 있으면 其夫 手足異常

56、水日主에 官星 冲、刑은 夫君이 곰보되기 쉽고

57、女命 傷食多는 中年에 男便이 失職하며

58、肩刧多는 疑夫症에 연애할 때 妨害많고

59、鬼門關殺은 변태성이 아니면 불감증이며

60、官印相生은 연애할 때 어머니가 助力하고

61、子 午 卯 酉 全備者는 사랑따라 잘도 가며

62、寅申巳亥 全備者는 淫亂할까 염려되고

63、子遙巳、丑遙巳、六陰朝陽、六乙鼠貴、刑合、飛天祿馬格은 사랑찾아 헤매며

64、曲直、炎上、稼穡、從革 潤下格은 一身은 좋으나 鏡破釵分

65、官殺混雜에 官星暗合은 情死 企圖하여 보고

66、甲乙日主 寅巳申逢은 夫君이 알코올이나 마약 重毒이요

67、地殺 驛馬 官에 下格은 洋公主가 되며

68、日支 또는 官星에 囚獄、刑、羅網殺은 夫君이 監禁되고

69、地殺 驛馬 官、車中연애요

70、官印相生과 印綬桃花는 스승에 사랑받고 연애하며

71、傷官運과 肩劫逢은 約婚했다 破婚하고
72、甲己合化土에 逢木은 媤家 兄弟 방해로 離婚하며
73、乙庚合化 金에 逢火는 子孫 인해 破情이요
74、丙辛合化 水에 逢土는 母親 때문에 風波 많고
75、丁壬合化 木에 逢金은 媤母나 父親으로 이하여 別夫되며
76、戊癸化火 逢水는 兄弟나 同婿로 인하여 離別되고
77、木日主 金官殺이 刑冲하고 身弱은 목에 칼침 맞으며
78、正官合多 三角關係에 仁情많아 흠이요
79、夫婦의 日干이 같으면 친구하다 사랑했으며
80、財星 속의 暗官合은 돈 때문에 사랑이요
81、傷食 속에 暗官合은 子孫으로 인하여 애인 생기며
82、印綬 속에 暗官合은 친정에 애인 두며 공부하다 바람나고
83、肩劫 속에 暗官合은 친구 인해 바람나며
84、日干끼리 合은 연애결혼 하였고
85、日柱끼리 干合 支合은 찹쌀 宮合이요
86、日支 기준하여 相對의 日支가 桃花되면 사랑을 느끼고

87、官印이 日支合은 親庭 父母같이 살며

88、傷食太旺者 正官合年에 夫君이 들어오면 그해에 喪夫요

89、滾浪桃花나 官刑은 夫君이 性病 옮겨다 주며

90、肩劫運에는 사랑이 들통나고

91、暗藏官合에 刑沖運도 또한 같으며

92、倒插桃花 놓은 者 老郞이요

93、園內桃花 놓은 者 有婦男과 通情하고

94、官食同臨은 연애하면 잉태한다。

實例

1、癸丑 丁火日主의 官星 壬癸水가 多逢傷食土에
壬戌 流塞되고 喪夫殺에 官星 白虎되어 두번이
丁未 나 과부 되었다。
丁未

壬申 辛金日主의 丙火 官星이 水多에 沒하여
壬子 丙申年에 夫君이 溺死하였다。
辛亥
丙申

壬午 丁火日主의 官星 壬水가 無根에 絶地요
丙午 喪夫殺에 官星入墓 丙壬冲去하여 종내는
丁未 喪夫하였다。
甲辰

2、甲午 己土日主의 官星 甲木이 年月上으로 둘
甲戌 이나 無根에 土多木折이요 日支刑에 辰
己丑 喪夫殺 놓아 離別하였고 有婦男과 연애
戊辰 하고 있다。

戊子 乙卯木官星이 偏官에 卯酉 冲이요 酉桃
乙卯 花多逢하여 本夫 偕老 못하였다。
己酉
癸酉

3、庚辰 乙木日主가 正官合多에 財殺太旺하여 己
庚辰 酉年에 離別하고 三角연애에 情夫두었
乙巳 다。
庚辰

癸亥 戊土日主의 乙卯木이 得根이나 未 木官
己未 庫에 戌喪夫殺이요 未戌로 刑이 되어 辛
戊戌 酉大運 乙酉年에 寡婦 되었다。
乙卯

乙未 戊土日主의 正官 乙木이 坐下에 入墓요
辛巳 乙辛冲에 未戌로 刑하고 土多木折에 火
戊戌 多에 木焚이라 婚前 寡婦가 되었다。
己未

己巳 戊土日主의 官星寅木이 寅巳로 刑하고
丙寅 時支 官庫요 火多에 木焚된 中 日支空亡
戊戌 에 刑殺이 臨하여 丁巳年 九月에 교통사
己未 고로 夫君이 죽었다。

甲子 丁火日主가 金水 財殺太旺에 桃花 重逢
癸酉 하여 己丑年에 離別하였고 내것 주고 배
丁酉 신 당한다。
丙午

乙卯 辛巳 甲寅 丁卯

甲木日主 肩劫太旺에 正官辛金이 木多 金欽이요 乙辛冲去되어 庚寅年에 離別 하였다。

4、癸丑 戊午 丁卯 庚戌

丁火日主의 官星 癸水가 癸丑으로 白虎요 戊癸合去에 戊喪夫殺 있어 三十一歲 癸未年에 과부가 되었다。

癸亥 癸亥 丁巳 癸卯

丁火日主가 多逢 官殺에 陰八通이요 고란살 놓아 癸巳年에 離別 하였다。

丁亥 丙午 丙寅 乙未

丙火日主의 官星 亥中 壬水가 寅亥木局으로 變化하였고 肩劫太旺하여 해로 못 하였다。

壬申 辛亥 庚辰 丁亥

庚金日主의 正官 丁火가 金水太旺에 沒火가 된 中 魁罡日柱가 되어 丙申年에 夫君이 溺死 하였다。

辛未 戊戌 癸丑 壬戌

癸水日主가 多逢官殺에 丑戌로 刑하고 白虎大殺에 戌 官庫가 둘이나 되어 과부가 되었다。

丁丑 戊申 己丑 己巳

己土日主가 無官星에 傷食金 太旺하여 해로 못하였다。

甲申 庚午 乙巳 戊寅

乙木의 官星 庚申金이 寅巳申三刑에 無根이요 火多에 受制되고 고란살 놓아 三十一세에 寡婦가 되었다。

庚午 乙木日主의 官星 庚金이 火傷食太旺에 癸酉 戊土日主의 官星이 偏으로 作用된 中
丙戌 受制된 中 日時支 桃花 놓아 첫 자손 낳 甲寅 辰酉金傷食이 많아 매맞고 살하다 離別
乙卯 고 離別 하였다。 戊辰 하였다。
丙子 辛酉

參考

女命에는 官星이 夫君으로서 가장 중요한 위치를 차지하고 있기 때문에 官星에 의하여 女子의 幸·不幸이 결정됨으로 官星을 第一의 用神이라고까지 할 수 있으니 우선 官星을 잘 살필 것이며

또 때로는 夫星이 弱하여 改嫁를 하여야 될 四柱는 夫君이 作妾을 하여 相殺가 됨으로 해로할 수 있으니 어떻게 생각하면 일방적인 미움은 삼가 하여야 되겠고

또 官星이 多少 부족된 女命이 改嫁를 한다면 부족된 官을 보충한 결과가 되어 오히려 貴夫人이 되며

獨身女나 寡婦가 逢 官星은 그대로 넘기지 못하고

身太旺에 無官星은 独身女나 老處女에 많으며

女命에 傷食多는 불쌍해서 살아주고

土金이 旺한 者는 義理 때문에 꼼짝 못하며
金水双清者는 너무나 깨끗하여 病이라 離別하고
火土重獨者는 信仰生活이 夫君보다 좋고
傷食이 用神인 者 子孫에 집착하다 봉변나며
官星이 用神인 者는 무엇보다도 사랑이 우선 한다。

아、小室 또는 情通逃走

1、日支 暗藏 官合하고 柱中 透官者(明暗夫集)
2、日支 桃花 官星 또는 偏官者
3、官星不均者 또는 正官合多者

解說

1、日支는 夫君의 자리요 또 日主에 직접적인 영향을 미치고 있는데 暗藏은 비밀이요 官合은 異性과 合이니 비밀 男子와 合하고 있는 中 또다시 柱中에 官星이 天干으로 나타나 있으

면 여기 저기 男便이 있는 形象에다 情夫가 있음을 말함이라。
이와같이 출생되면 情夫를 두게되고 종내는 情夫따라 家出하니 小室밖에 안되며 따라서 情通逃走와 小室에 모두 해당하며

2、日支 桃花官은 男便의 자리에 바람 피우는 男便이 들어와 있고 또 自身도 桃花殺에 앉아 있기 때문에 서로가 不正으로 만난 형상이 되어 小室생활에 不貞하고
또 偏官者는 正夫가 아니라 偏夫가 자리하고 있어 小室이 아니면 再娶 婦人이 되는데 柱中 偏官 多는 더욱 正確하며

3、柱中 官星이 不均이라 함은 많거나 모자라는 것을 말 함이니 많은 것은 이 남자 저남자 품에 옮겨 다니며 모자라는 것은 혼자서 독차지 못하고 둘이서 섬겨야 됨과 同時、情이 그리워 彷徨함이라 小室이 아니면 情通 逃走요 또 반대로 男便을 빼앗기고
다음 正官 合이 많은 者 情도 많고 사랑도 많이 받게 되는데 이렇게 되면 여러 남자의 情을 받아야 됨으로 자연 小室生活을 하여 보고 情通逃走하게 된다。

參考

여기에 해당하는 者 疑心 받고 삶하며 男便을 빼앗기고
夫君이 作妾한다고 離別하는 者 오히려 本人이 小室 노릇하며

官殺運이나 桃花 또는 日支 合年에 바람나고

가장 강하게 작용되는 日柱는 乙巳日 辛巳日 癸巳日 丁亥日、己亥日、甲申日、丙子日、戊子日、戊寅日、己卯日、庚午日、庚戌日、壬辰日、癸丑日、癸未日、乙酉日、丙申日이요

肩劫太旺者 奪夫이니 빼앗기거나 빼앗고

丁壬合多 淫亂하며

身太旺에 無官星하고 傷食이 沒하면 不感症이요

日支 鬼門關殺 또한 같으며

身衰 傷食旺도 같고

女子는 잔정과 사랑에는 弱하며

男女七歲 不同席은 性의 문란을 豫防하기 위함이다。

實例

1、丙辰　乙木日主가 巳中庚金正官과 乙庚으로 暗
庚子　合된 中 日時上 庚金과 또 合하고 있어
乙巳　三角연애에 情通逃走요 小室 노릇 여러
庚辰　번 하여 보았다。

辛巳　丁火日主가 亥中 壬水에 時上 壬水 正
丁酉　官과 暗合하여 明暗夫集된 中 財殺太旺
丁亥　하여 本夫 離別하고(己未年) 小室노릇
壬寅　하고 있으며 춤바람이 심하다。

2、戊寅 己土日主가 日支 桃花에 官殺이요 肩刦多
己未 逢에 官殺多逢으로 混雜하여 小室 노릇하
己卯 고 있다。(明暗夫集)
甲戌

3、甲寅 乙木日主가 月逢桃花에 日支亡身이요 巳
丁卯 中庚金暗合에 辛金官無根으로 情通逃走에
乙巳 小室 노릇하였고 국제연애까지 하였다。
辛巳

戊戌 癸水日主가 戊土 正官多에 또 地支 戌中
戊午 戊土 暗藏官合이요 日支桃花에 財殺 혼잡
癸丑 하여 小室을 免치 못하였다。
壬戌

甲戌 己土日主가 甲己 合多에 月支桃花官 되어
甲戌 여러 사람의 小室을 하였다。
己卯
甲戌

己巳 이 四柱는 日支 偏官에 亡身이요 官星
癸酉 桃花에 財殺太旺하여 小室이 되었다。
甲申
丙寅

壬申 이 四柱 丁火日主가 丁壬合多요 官星이
壬子 太過하여 情通逃走에 小室이요 춤바람
丁亥 이 심하다。
壬寅

癸亥 癸水日主가 肩刦多逢에 暗藏官 合하여
癸亥 小室이요 鬼門關殺에 水旺하여 變態性
癸巳 이다。
壬戌

庚辰 이 四柱는 庚金日主가 肩刦太旺에 日支
辛巳 官이요 官殺多逢하여 小室노릇 하고 있
庚午 다。
丙戌

자、再娶、老郎 그리고 幼郎

1、官星不足 또는 過多하거나 偏官 四柱
2、壬癸日主 또는 年柱官星者
3、日支桃花官이나 時柱官殺 또는 桃花者

解說

1、官殺은 夫君인데 부족하거나 또는 과다하면 夫宮이 부실하여 改嫁를 하여야 되는 것은 사실이나 만약 處女로서 再娶로 出嫁하면 本人이 두번 出嫁하는 것과 같아 오히려 再娶婚이 좋고
또 印綬、肩劫、傷食多逢 등으로 官星이 부족됨은 本人은 身旺하여 젊고、씩씩한 것이 필요하여 나이가 아래이거나 하다못해 生日이라도 늦은 男子와 姻緣이 되어야 하며
偏官 四柱는 偏된 夫君이기에 正으로 인연을 맺기 어렵기 때문이고
2、壬癸日主는 水로서 弱하고 어리며 一數에 해당하나 官되는 土는 厚重하고 頑固요 老며 五數에 해당하여 어리고 연약한 處女가 나이 많은 男子와 인연이 되니 老郎이요
年柱는 祖父의 자리인데 이곳에 官星이 있으면 자연 老郎과 인연이 있게 되는데 아니면

3、年月은 먼저요 老가 되며 日時는 後요 젊음이 되는데 日支官은 나의 아래 男便이라 同時 반대로 幼郞이오 또 老郞이니 再娶女가 될 수밖에 없으며

桃花官이면 不正으로 만나게 되니 年下의 男子가 틀림없고

또 時柱는 子孫 즉 아랫 사람의 자리인데 여기에 官星이나 桃花가 臨하면 年下의 男子와 인연이 있게 된다。

參考

年下의 男子와 인연을 가졌든 女人 正常生活 어렵고

傷食이 많은 者 官不足은 틀림 없으며

傷食이 많은 者 항시 아래 사람과 인연이 있으며

傷食이 많은 者 情을 주고 싫하며 甚則 불쌍해서 살아주고 그러면서도 배신 당한다。

實例

1、辛未 이 四柱는 戊土日主가 肩劫太旺으로 身旺
戊戌 하고 無官星에 喪夫殺이요 未 官庫를 놓
戊辰 아 再娶로 入嫁하였다。
戊午

辛未 이 四柱는 日支 桃花에 官不足이요 傷食
庚子 太旺에 肩劫이 많아 再娶入嫁에 夫君이
庚子 바람둥이다。
丙戌

2、壬戌 癸水日主에 時支桃花요 日支 冲에 鬼門關
辛亥 殺 놓고 官不足에 暗藏 官合하여 十五세
癸巳 年下와 同居하였다。
乙卯

3、戊午 己卯日主에 桃花官이요 또 官不足하여 八
壬戌 歲年下와 同居하였다。
己卯
辛未

甲寅 이 四柱는 己土日主가 桃花官에 官殺
丁卯 混雜이요 身弱하여 再娶로 시집 갔으나
己卯 離別하고 세번이나 재혼하였다。
己巳

戊寅 이 四柱는 癸水日主가 官殺 混雜하여
己未 재취로 시집갔으나 離別하고 疑心을 많
癸未 이 받고 삶하는 四柱다。
己未

戊戌 癸水日主가 年柱官星에 月逢 桃花요 日
乙卯 支偏官 놓아 老郎하고 삶하고 있다。
癸未
辛酉

己丑 戊土日主가 時柱 桃花官에 身旺 官不足
戊辰 하여 三歲 年下와 결혼 하였다。
戊戌
乙卯

癸酉 癸日主에 身旺이요 官不足하고 또 鬼門關
癸亥 殺 놓아 小室이요 음란하고 연하의 남자
癸巳 와 연애하였다。
壬戌

辛酉 庚金日主가 肩劫太旺에 桃花官에 官夫
辛丑 가 부족하여 年下의 남자와 삶하고 있
庚午 다。
壬午

丁亥 壬水日主가 多逢桃花에 金水太旺하고 水
壬子 木응결 되었고 無官星하여 小室 노릇하였
壬子 다。
癸卯

丙子 壬水日主가 無官星에 寅巳申 三刑이요
癸巳 肩劫있어 本夫 離婚하고 小室 노릇 하
壬申 였다。
庚寅

차、夫君拉致 또는 無責任(棄夫包含)

1、魁罡 또는 差錯日에 出生하고 官不均者
2、肩劫太旺 또는 傷食 太旺者
3、財殺 및 官殺太旺者

解說

1、魁罡殺을 놓은 女命은 지나치게 强하여 夫君을 꺾게 되어 있는 中 또 辰과 戌은 羅網殺로 日支 夫君의 자리에 있음으로 夫君이 拉致 당하거나 家出하고 또는 無能力者로 만들어 本人이 家口主가 될 수밖에 없고

差錯殺 또한 夫君이 바람나는 殺인데 이는 進神에서의 十二日外에 출생되어 房外로 取扱되기 때문에 夫君이 집을 비우기 쉬워지는데 여기에 官星 夫君이 不均되어 있으면 凶이 加重됨으로 틀림없으며

2、肩劫이 太旺하면 자연 身旺되고 身旺된 만큼 官星이 부족되기 때문에 奪夫되고

傷食은 본래가 尅 官殺하는데 傷食이 太旺하면 官殺은 存在하기 어렵기 때문에 男便은 家出하고 奪夫되며 무책임하고

3、財多身弱、官殺太旺、財殺太旺者 모두 夫君에 배신 당하는데 財多身弱은 財生殺하며 官殺太旺은 賤格이요 여러번 시집가며 또 男便은 똑똑하고 本人은 못난이가 되어 夫君을 모시기 어렵고

또 旺한 官殺이 日干 本人을 업수히 여겨 夫君마음대로 행동하며 배신하기 때문이며 또 財殺이 함께 太旺者는 財生殺하여 日主를 尅하기 때문에 내것 주고 배신 당한다。

參考

夫君의 拉致라 함은 크게는 六·二五事變 당시 이북으로 끌려 간 것으로부터 적게는 小室에 빼앗기는 것까지도 해당하며 무책임이란 아무것도 하지 않고 놀고 먹으며 또는 男便이 小室에 정신이 팔려 가정을 전혀 돌보지 않는 것도 해당한다。

그리고 흔히들 남편이 바람을 피우고 있다하면 당장에 뿌리를 뽑을려고들 하는데 잘못하면 오히려 禍를 自招하게 됨으로 이러할 때 일수록 상황 판단을 잘 하여야 한다。

다시 말하여 무조건 하고 막을려고만 하지말고 현재 男便과 小室 사이가 얼마나 미쳐(密着) 있는가를 알아야 되니 만약 너무나 미쳐 있다면 그 순간만은 피하여야 할 것이다。

이유인 즉 누구이든 한가지 일에 너무나 집착되어 있으면 주위를 망각하게 되며 또 아무것도 보이지 않기 때문에 아무리 좋은 말을 하여도 먹혀 들지 않기 때문이다。

따라서 미치는 것도 한 순간에 지나지 않을 것이니 미치고 난 다음 해이하여 질 때를 이용하여 회유한다면 별 탈없이 다시 나의 곁으로 돌아오게 되는데 만약 억지를 부린다면 반드시 예기치 않은 결과가 발생하는 것이다。

가령 미치면 미친 度數에 다라 그만큼 빠르게 달리고 있는 것과 같음으로 무조건하고 한꺼번에 막으면(달리고 있는 者를 갑자기 정지 시키면) 넘어지게 되어 있으니 어찌 자연의 이치를 거역할 수 있겠는가 말이다。

實例

1、丁卯 壬寅 壬辰 庚戌
이 四柱는 壬辰魁罡殺에 差錯殺이요 傷食多逢에 官殺冲破로 本夫 拉致 당하고 老郎에 再嫁하였다。

2、辛未 戊戌 戊午 己未
戊土日主 肩劫太旺에 無官星이요 未官庫놓아 夫君이 作妾하고 本人은 無子다。

3、己卯 庚午 己卯 乙亥
이 四柱는 己卯日로 日支 偏官인데 또다시 官殺多逢에 身弱하여 夫君에 배신당하였다。

庚申 壬午 壬戌 丁未
이 四柱는 壬戌魁罡에 陽差殺이요 官星白虎에 未戌로 刑하고 未喪夫殺에 財殺太旺하여 그에 남편 六·二五 당시 戰死하였다。

壬申 甲辰 庚戌 辛巳
이 四柱는 庚戌 魁罡日에 身旺하고 日支 官庫요 官不足되어 男便이 무책임하다。

己卯 甲戌 戊戌 戊午
戊土日主의 官星 甲卯가 甲己卯戌로 合묶어서 夫君이 無責任하다。

辛酉 壬辰 丙午 戊子
이 四柱는 丙午日 差錯殺에 財殺이 太旺하여 夫君이 배신하였다。

丙申 辛卯 辛酉 戊子
이 四柱는 陰錯殺에 官星丙火가 丙辛으로 合去하고 日支桃花에 金水太旺하여 夫君이 作妾하여 나갔다。

癸卯 이 四柱는 傷官太旺에 官星白虎요 또 官
甲寅 不足에 卯戌合으로 묶이어 夫君이 無能力
癸卯 하였다。
壬戌

辛未 庚金日主가 金水太旺에 日支桃花殺 놓아
庚子 夫君이 평생을 두고 作妾하고 있다。
庚子
丙戌

庚午 이 四柱는 庚金官星이 乙庚合去에 財殺
乙酉 이 混雜이요 肩劫太旺하여 夫君이 作妾
甲辰 하였다。
乙亥

戊寅 이 四柱는 己土日主가 月逢桃花에 卯酉
乙卯 沖하였고 兩偏官 놓아 夫君이 作妾
己酉 하였다。
乙丑

十、子孫論

男命의 子孫은 官殺이요 女命의 子孫은 傷食이 되는데 이유는 女子는 本人이 直接 子孫을 낳기 때문에 我生者 傷食이 되고

男子는 자기의 妻가 낳은 子孫이 本人의 子孫이 됨으로 財가 生하는 官殺이 子孫이 되는데 주의 할 것은 나의 子孫이 아닌 남의 子孫은 傷食이 된다。

男女가 結合함으로서 夫婦가 되고 또 그 夫婦의 결정체가 子孫으로 변화하여 파생하고 있으니 子孫은 바로 각자의 個體的인 永生은 물론 정신적인 永生이 됨으로 本人은 비록 老衰하여 이 세상을 떠난다 하여도 알고 보면 가는 것이 아니라 남는 것이며、죽는 것이 아니라 變身하여 삶하고 있는 것과 같다 할 수 있으니 어찌 죽음에 대하여 두려워 하겠는가 말이다。

相生의 원리로 볼 때 木은 木生火 함으로서 火에 焚消된다고는 하나 알고 보면 木은 火로 변화하여 存在하고 있는 것과 같기 때문에 東西古今을 막론하고 子孫을 얻고자 함은 곧 自身의 變身을 보고자 하는 慾心에서 일 것이다。

子孫은 이와같이 自身의 變身이면서도 또 자기 자신을 보호하고 있는데 이는 子孫이 어렸을 때는 父母의 養育을 받으나 子孫이 成長하고 父母가 老衰하면 子孫에 의지하게 되니 이것이

바로 父母와 子孫、子孫과 父母는 共生하고 있음이라。

그러나 이와같이 高貴한 子孫이라 하여도 모두가 바란다고 얻어지는 것도 아니요 또한 子孫이 있다 하여도 老年에 依持處가 되는 것도 아니니 運命에 따라 子孫으로 인하여 富貴榮華를 누리는가 하면、子孫 때문에 敗家亡身하고、또 어떠한 사람은 곰보든 째보든 하나라도 낳아 보았으면 하고 애타게 기다리는 者도 있으니 세상사가 그만큼 고르지 못함인가。

우리가 일반적인 생각과 의학적인 見地로 볼때 女子의 排卵期에 合房하면 모두가 孕胎될 것 같으나 꼭 그러한 것도 아니니 역시 의학도 전부는 아니며、그 이전에는 한 인간이 출생 되는 데는 물론 당사자의 노력과 건강 그리고 환경이 중요시 되고 있으나 이보다 더 중요한 것은 부모님 및 조부모님 등의 遺傳因子가 각자에 미치는 영향이 더욱 중요하기 때문에 先天과 後天、形而上學 등이 균형을 이루고 조화가 될 때 비로서 第二世는 출생되는 것이다。

그리고 子孫은 官으로서 本人의 결실이 됨으로 晩年之榮辱을 좌우하고 있기에 가장 소중히 하여야 되겠고 또한 父母와 子孫은 天倫으로서 끊을래야 끊을 수 없는 관계임으로 혹 子孫에 잘못이 있드라도 일방적으로 子孫에게만 책임을 전가시키지 말고 함께 풀고자 노력하고 또 子孫이 불구라 하여도 그 아픔을 같이 할 줄 아는 父母의 입장이 될 때에 비로서 父母와 子孫間의 情은 더욱 돈독할 수 있을 뿐더러 對話가 원만하고 나아가서는 가정도 화목하게 될 것이다。

한 가정을 百이라는 수치로 볼 때 父母와 子孫이 五〇對五〇으로서 균형을 이루어야 발전이 있는 것이지 만약 父母가 찾이하는 범위가 八〇이라면 子孫의 몫은 二〇밖에 안됨으로 종내는 子孫은 父母에 의하여 밀려나고 소멸되며 父母의 그늘에 의하여 子孫의 存在는 잊혀져 가니 이것이 곧 父母가 돈을 너무나 많이 벌면 子孫은 벌지 않고 쓰기만 되어있고, 父母가 너무나 똑똑하면 子孫은 虛弱하고 못났으며, 심지어는 정신박약이나 불구가 있고, 또 오래살면 子孫은 꺾어지게 되어 있는 것이 모두 이러한 理致에서 이다。

그리고 아버지와 아들의 관계는 엄격하게 구분되어 있으나 어머니와 딸의 사이는 母女間이면서도 때로는 친구 같기도 하는 것이 남자와 여자와의 차이이며, 또 아버지가 지나치게 엄하면 할수록 子孫의 반발을 사기 쉬우니 엄하기 전에 모범이 되어야 하겠고, 子孫宮이 弱하여 흠이 된다면 남의 子孫을 養育함으로서 모자람을 보충할 수 있어 이것이 곧 本人의 子孫에 대하여 보이지 않은 큰 도움이 되는 길이며

또 젊어서 낳은 子孫은 몸을 아끼지 않으나 老來에 얻은 子孫은 머리만 쓰고 子孫이 없는 八字가 子孫을 얻으면 그 子孫으로 인하여 亡身이 重々함으로 無子息이 上八字라는 말이 저절로 나오게 되어 있으며

다음 子孫이 그 四柱에 貴星이 되면 子孫을 얻고서 더욱 家庭에 發榮이요 또 成長함에 따라 漸增이나 만약 凶星이 된다면 子孫을 얻고서 家敗가 될 것이니 이러한 때에는 빨리 分家시키는 것이 좋다。

아직도 우리 사회에서는 아들에 대한 選好度가 높고 있는 것은 東洋의 道는 從的으로 構成되어 있기 때문이며 또한 運命에서 딸 子孫은 他家門으로 시집가기 때문에 子孫 즉 아들로 인정하지 않는다。

또 아들이 많은 가정 딸이 않되고 딸이 많은 집 아들이 않되며 男女를 불문하고 지나치게 예쁘면 子孫이 없기 쉬운데 이는 꽃도 너무나 예쁜 꽃은 열매가 없는 理致와 같고

또 四柱가 中和를 잘 이루고 있으면 아들 딸 모두 낳을 수 있으나 日干이 지나치게 弱하면 딸 子孫이 많으며 甚則 無子요、 지나치게 强한 者 子孫을 偏生하기 쉬우니 아들이나 딸을 계속해서 낳게 되며、 또 男便의 氣가 强하면 아들이요 婦人의 氣가 강하면 딸이 되고、 日干 虛弱者가 아들을 얻고자 할때는 日干이 旺盛한 運에 得子 하여야 되며

또 지나치게 冷寒하거나 乾燥하여도 딸만 偏生하는데 美國의 의사가 악어 알을 三十四度 以下로 부화를 시켰더니 암컷이 많았다는 실험이 實感나게 생각난다。

그리고 女子의 日主가 虛弱한자 자력으로서 출산하기 어려우니 病院에 卽行할 것이며、 子孫宮과 冲 刑殺 등이 臨하면 子孫과 同居 어렵고 물려준 財産도 간직 못하며、 父母님들이 특히 주의할 것은 本人들이 成取하지 못한 꿈을 보편적으로 子孫한테서 求하고자 하는데 이는 子孫의 適性을 파악하기 전에는 지극히 위험한 장난이 될 것이니 주의하기 바란다。

가、貴子運命

1、身旺官旺 또는 財旺者(男命)
2、身旺에 財官이 旺하거나 官局者(男命)
3、身旺에 傷食이 得局者(女命)
4、身旺에 傷食이 得 長生한 者(女命)

解說

1、男子는 尅我者 官星이 子孫이 되는데 身旺하고 官旺하면 건강한 체질에 좋은 子孫 즉 貴子가 되며 또 좋은 子孫을 충분히 양육할 수 있어 좋고 또 財旺者는 자연 生財官하여 좋은 子孫을 낳게 하고 키울 수 있게 하는 바탕이 되기 때문이며

2、財官旺에 身旺은 子孫되는 官星이 財의 힘을 얻어 잘 成長하며 官局者는 子孫이 得局이라 貴子가 되는 것이다。

3、女命은 我生者 傷食이 子孫인데 身旺하고 傷食이 得局하면 좋은 어머니에 좋은 子孫이 되어 貴子요

4、身旺은 모체가 튼튼한 中 傷食이 得 長生하였으니 좋은 子孫이 충분하게 꽃을 피울 수 있음으로 이 모두가 貴子를 얻게 되는 것이다。

實例

1、己未 己巳 戊辰 甲寅

戊土日主의 아들 甲寅木이 寅辰으로 得旺하고 또 坐下寅에 祿根하여 貴子를 두었다。(敎育家)

丙寅 甲午 丙申 壬辰

丙火日主가 寅午로 身旺하고 또 申辰水局에 壬水로 官旺하여 父子가 모두 貴히 되었다。(外交官)

2、辛酉 辛丑 丁巳 己酉

丁火日主가 巳酉丑金局에 從財한 中 충분하게 生官水 子孫할 수 있어 貴子를 두었다。

戊辰 辛酉 庚寅 丙戌

庚金日主가 辰酉로 身旺한 中 官 또한 寅戌火局에 丙火秀氣하여 身旺官旺이라 貴子두었다。(法官)

甲子 丙寅 辛酉 己丑

辛金日主가 酉丑으로 身旺한 中 丙火子孫이 寅木에 得長生하여 그에 子孫 국내에서도 이름난 공학박사다。

壬申 壬子 戊子 癸亥

戊土가 水多로 從財에나 財星이 過多透出하여 本人은 平民이나 亥水가 生官木 할 수 있어 子孫이 의사요 法官이다。

3、己巳 戊土日主가 火土多로 身旺한 中 子孫金 癸亥 甲木의 子孫 丙火가 寅에 長生하고 있
戊辰 이 得祿에 局하여 軍医 官으로서 出世하 癸亥 어 子孫이 建大 教授다。
戊辰 였다。 甲子
辛酉 丙寅

4、辛亥 癸水日主가 水多로 身旺하고 甲木子孫이 己未 庚金日主의 子孫 壬水가 申金에 得長生
己亥 得根이요 寅亥로 木局하여 子孫이 공학 壬申 하여 그에 子孫 外交官이 되었다。
癸丑 박사요 三子를 두었다。 庚午
甲寅 丙戌

參考

陽 子孫은 아들이요 陰 子孫은 딸이니
陽子孫이 秀氣는 아들、陰子孫의 秀氣는 딸이 잘되며
孫宮에 卯酉戌 또는 刑殺、天門星이 臨하면 一子医業 法官
日時에 合은 子孫과 和合
陽日陰時 先男後女
陰日陽時 先女後男

陽日陽時에 日主强 아들連生 雙童兒 年年生

陰日陰時 日主弱은 딸連生

子孫이 三合圈에 들면 子孫에 變化있고

子孫이 生助받는 해에 子孫에 慶事가 있으며

子孫의 五行에 따라 子孫의 職業을 분류하여도 된다。

나、無 子 八 字(男命基準)

1、日干甚弱에 官殺太旺 또는 傷食太旺者

2、孫宮에 空亡 또는 刑이나 冲이 臨한 者

3、지나치게 乾燥하거나 寒冷한 者

解說

1、日干이 虛弱하면 우선 氣弱하여 子孫을 얻을 수 없는데다 官殺이 太旺하거나 傷食이 太旺하면 日干이 더욱 弱하여지고

또 官殺太旺은 多子無子에 해당하며 傷食太旺은 尅 官殺 子孫하여 無子가 되고

2、時柱인 子孫의 자리에 空亡이 臨하면 子孫이 없다로 해석되며 또 刑殺이나 沖이 臨하면 孫宮이 破壞되어 子孫이 없게 되는데 本項만은 他柱의 官殺與否를 잘 살펴 결론을 내리고

3、지나치게 乾燥하거나 冷寒하면 만물이 涸渴 또는 凍結되어 成長할 수 없기 때문에 無子하게 되는데 1、2、3項이 중복되면 이는 피할 수 없게 된다。

그리고 혹 無子의 運命에 해당한다 하여도 후천적인 運에서 子孫되는 官이나 財生官하는 財運이 잘들어 와서 子孫을 얻는다 하여도 그 運이 지나가면 선천적인 原命대로 다시 無子를 免키 어려운데 단 피할 수 있는 것이 있다면 그 子孫을 내 子孫이 아닌 양 멀리 보내면 後日을 期約할 수 있는 것이다。

實例

1、甲子 戊土日主가 虛弱한 中 官殺太旺하고 孫宮
戊辰 이 空亡이요 鬼門關殺 놓아 無子가 되었
戊申 다。
乙卯

2、甲寅 이 四柱는 壬水日主가 寅卯木局으로 傷食
丁卯 太旺한 中 孫宮이 空亡되어 無子다。
壬子
壬寅

3、己巳 己土日主가 地支全火局을 만나 燥土요 無
己巳 官星하여 子孫이 없다。
己巳
己巳

戊午 癸水日主가 多逢官殺에 丑未로 冲이요 孫
己未 宮空亡에 白虎가 임하여 無子가 되었다。
癸丑
乙卯

庚午 이 四柱는 甲木日主가 寅午 巳午로 傷
辛巳 食太旺하고 官殺金이 無根하여 아들 셋
甲寅 놓아 모두 실패하고 현재는 無子다。
庚午

甲午 이 四柱는 乙木日主에 丙寅午 巳午로
丙寅 傷食太旺하고 日主가 弱한 中 孫宮이
乙巳 巳申으로 刑殺이 臨하여 無子가 되었
甲申 다。

壬申 이 四柱는 庚金日主가 地支全申子水局
壬子 으로 金水冷寒하여 時上 丙火官 子孫이
庚子 沒光되어 無子다。
丙子

辛丑 乙木日主가 財殺太旺으로 身弱된 中 火
辛丑 氣不足이라 陰地의 나무가 되어 子孫이
乙酉 없다。
丁亥

參考

官殺太旺 無子는 五代 祖父님의 罪에 代價 때문이고
曾祖父의 風流가 無子를 만들었으며
傷食太旺의 無子는 祖父님의 風流가 원인이요 得孫後 子孫이 死亡하며
日時 相冲 刑殺 空亡 등은 末年 無子에 傷心하고
火土重濁 金水火旺은 先代에 宗教와 因緣 때문에 無子다。

다、小室得子

1、身旺하고 官星이 虛弱한 者와 傷食이 太旺한 者
2、官殺이 많고 日支와 合이 되거나 또는 財多者

解說

1、身旺하면 尅財함으로 자연 財官이 虛弱하여 子孫 두기가 어려운데 作妾하면 부족된 財가 보충되어 强旺하여짐으로서 財生官하니 小室 得子가 되고

또 傷食이 旺한 者 尅 官殺 子孫하여 子孫이 貴함으로 物質則貪이라 小室得子가 되며

2、官殺이 많은 者 子孫이 많음이라 여기 저기 子孫을 낳은 形象이라 배다른 子孫을 두게 되는데 日支合이면 더욱 정확하고

財多者는 여러 妻가 있음으로 인하여 小室得子가 된다。

단 前者는 本妻에 子孫이 없어 小室得子하게 되나 後者는 本妻 子孫이 있는데도 小室得子하는 것이 다르다 하겠다。

實例

1、丙辰 丁酉 辛酉 癸巳

이 四柱는 辛金日主가 太旺한 중 無財에 虛官하여 本妻得子後 喪妻하여 또 再娶하여 得子하였다。

丙子 庚子 壬子 壬寅

壬水日主가 身太旺에 無官星이요 財不足 된中 孫宮空亡되어 小室得子하였다。

己酉 丙寅 丙午 癸巳

丙火日主의 官星癸水가 부족하여 三妻에 得子하였다。

壬辰 壬子 庚寅 丙子

이 四柱는 傷食太旺水가 尅火官星하여 本妻所生은 는 病身이요 無子라 小室얻어 得子데 木火運이라야 한다。

2、丙寅 이 四柱는 乙木의 子孫 酉金이 月支에 있
丁酉 는데 巳中庚金이요 時上庚金에다 巳酉로、
乙巳 作妾하여 本妻妾 得子하였다。
庚辰

甲寅 이 四柱는 辛金日主가 財殺이 太旺하여
己巳 小室得子後 非命橫死하였다。
辛丑
辛卯

參考

時柱官殺이 弱하면 孫子같은 子孫이요
財殺太旺者는 子孫낳고 得病하고
官殺太旺者는 子孫이 두렵고
財殺合局은 妻子에 따돌림 당하며
官殺이 忌神은 子孫 때문에 亡한다。

乙酉 이 四柱는 丁火에 暗藏寅中 丙火官하여
丁亥 本妻 再娶에 각각 得子하였다。
庚寅
甲申

乙亥 이 四柱는 財官이 弱하여 本妻 妾에 모
庚辰 두 得子하였다。
甲子
丙寅

라、不具子孫

1、官殺이 虛弱하고 凶殺再臨(男命)
2、傷食이 虛弱하고 凶殺再臨(女命)

解說

1、男命에는 官殺이 子孫이 되고 女命에는 傷食이 子孫이 되는데 그 子孫이 虛弱한 中 또다시 凶殺이 臨하면 得病하기 쉽고 또 難治病이 되어 不具가 되기 쉬운 것이다。

그리고 凶殺이라 함은 冲 刑은 악화시키는데 한 몫을 하고 急脚殺이나 斷橋關殺은 小兒痲痺、奇形兒、蹇脚 즉 手足異常이 되며 湯火殺은 火傷、飮毒、銃傷、破片傷、暴發物 등으로 不具가 되고 鬼門關殺은 精神異常이며

또 五行으로 구분한다면 木子孫이 虛弱하면 精神異常、肝疾、手足異常이요、火子孫은 精神異常、眼盲、視力障害、斜視 心臟病 등이 있고、土 子孫이 虛弱하면 聾啞、난쟁이 下半身不具、척추 등에 異常이 있으며、金 子孫이 虛弱하면 發育不振、白血病 早老症 流行性出血、肺、皮膚病 등에 侵病이요、水 子孫이 虛弱하면 性不具 聾啞 등이 있으니 參考하기 바란다。

實例

1、己亥 이 四柱는 亥中甲은 巳亥沖이요 時上甲
戊辰 木은 敗地에 急脚殺이라 不具子孫 두었
己巳 다。
甲子

壬辰 庚金日主의 子孫 丙火가 多逢水에 受制
壬子 되어 本妻의 딸이 盲人이 되었다。
庚寅
丙子

甲子 丙火의 子孫 子中 癸水는 子午沖去요 時
庚午 上癸水는 중발이 된中 財星마저 沒하여
丙午 큰 아들은 벙어리, 큰 딸은 정신이상 등
癸巳 子孫이 모두 不實하다。

2、甲辰 乙木의 子孫 丁火가 水多에 沒하였고 白
乙亥 虎火殺에 急脚이 臨하여 딸이 안경쓰고
乙亥 다리를 전다。
丁丑

乙亥 이 四柱는 戊土子孫이 亥未木局에 受制
戊子 되고 凍土에 土流된中 孫宮 空亡으로
癸未 아들 딸 모두 다리를 절고 있다。
辛酉

癸丑 壬水日主의 己土官星 子孫이 乙卯木에
乙卯 受制되고 土流요 凍土된 中 丑中己土는
壬子 白虎大殺 湯火라 子孫하나가 벙어리 되
己酉 었다

己巳 이 四柱는 丙火의 官星壬水가 火多水熱
丙寅 에 辰戌에 坐下入墓하여 큰 아들이 뇌
丙戌 성마비에 소아마비가 되었다。
壬辰

戊辰 丁火의 子孫土가 白虎에 急脚이요 또
壬戌 朋沖이 臨하여 있고 母衰子旺이라 早
丁未 產된 中 奇形兒가 되었다。
庚戌

戊午　甲木의 子孫 丁午火가 子午冲破에 水尅　甲辰　丁火의 子孫 戌中 戊土가 巳戌로 鬼門
甲子　火 당하였고 또 孫宮에 刑殺이 臨하여　甲戌　關殺된 中 辰戌冲에 未戌刑殺이라 정
甲子　딸 하나가 눈 病身이다。　丁巳　신이상 되었다。
丁卯　丁未

參考

孫宮에 凶殺도 同一하게 推理하고
日時 枯焦는 長子가 蹇脚이요
時柱에 急脚 斷橋關殺은 子孫 養育時 소아마비 주의며、
또 잘 넘어지고
官星入墓는 其子殘疾、久病、甚則 難養
孫宮 鬼門關殺은 子孫 때문에 신경써야 하며
孫宮 湯火는 子孫 음독、火傷 火災 폭발물 주의요
水日主에 土官星이 木의 受制로 벙어리됨은 土가 입이 되기 때문임

마、子孫凶死 및 失踪

1、官星이 虛弱하고 凶殺 再臨(男命)
2、傷食이 虛弱하고 凶殺再臨(女命)
3、官食이 驛馬나 地殺에 臨하고 또다시 刑殺이나 冲이 있는 者

解說

1、男命에 官星은 子孫인데 虛弱하면 成長할 수 없는 中 凶殺이 臨하면 더욱 加重하여 凶死하게 되고

2、女命에 傷食은 子孫인데 虛弱하면 男命과 같이 成長할 수 없는 中 凶殺이 臨하면 더욱 加重하여 子孫 凶死하게 되며

3、官·食 즉 子孫에 驛馬나 地殺이 臨하여 있는 中 刑이나 冲을 만나면 道路가 막히고 杜絶되며 길을 잃어버리는 것과 같아 子孫失踪이 있게 되는데 해외에 나가 있으면 免할 수 있다。

凶殺은 白虎大殺、湯火殺、刑、冲、空亡、鬼門關殺、急脚殺 등이며

白虎殺은 手術死、急死、血光死、自殺 등이 있고 湯火殺은 飮毒 銃殺 爆發物 重毒 까스 등으로 傷하고 鬼門關殺은 精神異常 急脚殺이나 斷橋關殺은 墜落死、驛馬 地殺 沖은 교통사고요 子孫이 虛弱한 中 多逢受制는 病死 또 己未日 甲戌時나 己未日 甲戌月 丙戌月乙日、乙日丙戌時는 연애자금 달라는 것 거절하면 그 子孫 自殺하고、庚辰日 庚辰時는 一子溺死 있다。

實例

1、辛卯 이 四柱는 子孫辛金이 卯木에 絶하고 戌
戊戌 中辛金은 白虎에 해당된 中 乙日丙戌時라
乙亥 연애자금 안준다고 自殺하였다。
丙戌

己酉 이 四柱는 甲木子孫이 土多木折이요 火
庚午 多木焚된 中 日支官庫요 己未日 甲戌時
己未 라 연애자금 안준다고 자살 하였다。
甲戌

甲子 이 四柱는 戌中戊土 子孫이 臨 白虎요 丑
丙寅 中己土와 丑戌로 刑된 中 空亡에 湯火라
壬戌 아들 하나가 음독자살하였다。
辛丑

癸丑 이 四柱는 寅中丙火 子孫이 寅巳申 驛
庚申 馬 刑殺이 되어 교통사고사 하였다。(巳
庚寅 中丙火도 同一)
辛巳

2、 癸丑 이 四柱는 子孫 癸水가 白虎에 急脚殺이
甲子 요 庚辰日 庚辰時가 되어 一子 溺死하였
庚辰 다。
庚辰

甲寅 이 四柱는 寅中丙火 子孫은 寅中으로 冲
壬申 破당하고 時上丙火 子孫은 白虎에 임하여
乙亥 비행기 추락사고로 죽었다。
丙戌

3、 壬寅 이 四柱는 子孫火가 湯火에 白虎요 驛馬
戊申 刑이 되어 子孫을 火災로 잃어 버렸고 本
乙巳 人도 정신이상까지 있었다。
丁丑

庚寅 이 四柱는 寅中丙火 巳中丙火 子孫이 寅
辛巳 巳申으로 驛馬 地殺 刑冲되어 一子失踪
庚申 하였다。
庚辰

庚午 이 四柱는 庚金 子孫이 湯火局에 銷鎔
戊寅 되어 火魔에 子孫을 잃었다。
戊午
己未

甲寅 이 四柱는 寅申丙火 巳中丙火 子孫이
己巳 寅巳刑에 巳亥冲破되어 있는 中 驛馬가
乙亥 임하여 一子 失踪이다。
丁亥

戊申 이 四柱는 寅中 甲木 子孫이 寅申冲되
庚申 어 一子 溺死하였다。
壬寅
庚子

乙卯 이 四柱는 子孫木이 得局이나 응결 되
乙亥 었고 子卯로 刑殺이라 一子 목매어 자
癸卯 살하였다。
壬子

參考

庚辰日 庚辰時에 一子 溺死는 辰이 水庫에 天干 庚金이 金生水하여 金水太旺으로 해당하고 (男命은 火 子孫이 沒하고 女命은 水子孫이 入墓)

己未日 甲戌時는 日支 子孫 入墓에 甲木이 土多 木折된 中 또 甲己合化土하여 子孫이 없어진 中 孫宮 刑이기 때문이고

乙日 丙戌逢은 盲星 白虎에 傷官 丙火가 當權하고 있기 때문이며

五行으로는 木 子孫은 목매어 죽거나 매맞아 죽으며

火 子孫은 火災 暴發物, 感電死 등에 속하고

土 子孫은 埋沒事故요 金 子孫은 교통사고, 重金屬 重毒, 白血病 등이며

水 子孫은 溺死, 投身自殺 등에 해당한다.

바、 無子運命

1、 印綬太旺者 또는 傷食太旺者
2、 孫宮空亡 또는 刑冲、 日時 卯酉에 身弱者
3、 太過燥하거나 冷寒한 者

解說

1、 女命에 印綬가 太旺하면 子孫되는 傷食이 受制되어 존재할 수 없기 때문이며 官星도 旺한 印綬에 沒함으로 子孫 두기 어렵고 傷食이 太旺者 자연 日干이 虛弱하여 子孫을 낳을 수 없을 뿐더러 官星도 多逢受制되어 夫君이 沒한 中 多子無子되어 無子요(卵子와 精虫이 약함)

2、 日支인 子孫의 위치가 空亡되면 子孫이 없는 것과 같고 또 冲이나 刑이 臨하면 子孫의 자리가 破壞되어 子孫이 있을 수 없어서이나 1、 3項이 겸하면 더욱 확실하며 日時 卯酉者는 子宮閉塞症 되어 無子인데 日主가 虛弱하면 더욱 확실하다。

3、 지나치게 乾燥하거나 冷寒하면 無子가 되는 것은 男命에서의 추리와 같다。

參考

印綬太旺者 친정가서 初產말고

日主 虛弱者 難產이요

傷食太旺者 得子 後 別夫며 자연유산에 子宮外 姙娠이며

傷食作合은 子孫이 연애요

沖官合食은 夫無德에 子孫有德하고

沖食官合은 子孫無德이나 남편 德은 있으며

日支와 官星沖을 傷食이 中和하면 離別하였다가도 子孫 때문에 和合하고

官食沖破는 夜間逃走요

水木凝結 金水冷寒、濕、斷橋關殺 急脚殺은 產後風 주의하고

傷食沖破는 乳腫、落胎手術、子宮破裂 乳房貧弱이요

身弱에 傷食多 刑沖은 제왕절개 수술로 得子하며

傷食에 財殺太旺은 得子後 死亡하고

印綬作合은 婿郎 양반 바람나고

印綬 混雜은 代房딸을 두며

傷食弱에 印綬逢은 子孫에 傷心이요

傷食旺에 傷食逢은 子孫에 憂愁며
傷食이 財生用神하면 得子 後 財聚如山하고
傷食이 用神인 者 得子後 萬病通治며
官 用神에 傷食運은 夫子不合인데 甚則 子孫 때문에 離別
傷食이 필요하면 子孫 때문에 每事如意
官食이 鬪戰이면 매맞으면서 삶하고
身弱者는 身旺運에 아들 낳고
印綬運에 子孫 친정 보내면 得病
傷食이 旺하여지고 日主가 弱하여지면 子孫이 돈 벌어다 주지 않음
土金日主가 旺하면 雙童兒 또는 年年生이요
戊日丁巳時는 他子 養育하고
金水多逢者는 子孫에 水厄 있다。

實例

1、乙亥 己丑 乙亥 丙子

이 四柱는 亥子丑水局에 丙火子孫이 沒하고 無官星에 官星入墓丑이 있어 종내 無子다。

己未 甲戌 丙戌 戊戌

이 四柱는 傷食太旺에 沒火가 된 中 無官星하여 無子가 되었다。(自然流產)

2、甲子 丁丑 戊申 甲寅

이 四柱는 戊土 日主가 身弱하고 寅申冲에 空亡이 孫宮에 임하여 無子하였다。

3、己未 庚午 戊午 戊午

이 四柱는 戊土日主가 多逢火로 지나치게 건조한 中 月上 庚金子孫이 沒하여 無子하였다。(火土重濁)

己卯 乙卯 丁卯 癸卯

이 四柱는 月上己土 子孫이 多逢木에 崩壞된 中 癸水 官星마저 冲破되어 無子가 되었다。

己丑 丙子 辛卯 戊子

이 四柱는 水傷食太旺에 子卯가 刑하고 金水 冷寒에 丙火官星이 水多에 沒하여 無子가 되었다。

丁酉 甲辰 丁酉 癸卯

이 四柱는 丁火日主가 虛弱한 中 日時가 卯酉으로 冲되어 無子하였다。

乙丑 丁亥 壬子 壬子

이 四柱는 壬水日主가 水氣 太旺으로 冷寒한 中 土官星도 土流에 凍土되어 無子하였다。

丁未
丙午
丁未
庚戌

이 四柱는 丁火日主가 午未 午戌火局에 丙丁火가 年月로 있어 지나치게 건조한 중 또 日時가 未戌로 刑하여 無子하였다。

癸丑
癸丑
辛亥
戊子

이 四柱는 辛金日主가 癸癸亥子丑으로 金水冷寒하여 無子하였다。

사、他子養育

1、官殺多逢에 日支合 또는 傷食太旺者(男命)

2、傷食에 日支合 또는 印綬多逢者(女命)

解說

1、男命에 官殺은 子孫인데 多逢則 子孫이 많고 또 여기 저기에 子孫이 있어 남의 子孫을 만나게 되어 있는데 日支와 合이면 나와 만남이 되어 남의 子孫 키워주고 다음 傷食은 剋 官殺 子孫하는데 多逢則 子孫이 稀貴하게 됨으로 物貴則貪이라 他子 養育이나、또 傷食은 남의 子孫에게도 해당하기 때문이며

2、女命은 傷食이 子孫인데 多逢則 여러 子孫을 만나게 되어 있는 中 日支合은 本人과 인연

이 있게 됨으로 他子養育하게 되고

다음 印綬多逢은 尅傷食 子孫으로 子孫이 稀貴하게 되어 他子養育하게 된다。

參考

여기에 해당하는 者 꼭 同居하지 않고 學費를 대어 준다든가 養子를 하여도 되며 女子는 補母 乳母 등 하다못해 조카를 키워 주어도 되고 특히 他子를 돌보아 줌으로서 男便이 作妾하여 子孫을 얻어오는 것을 미연에 방지할 수 있으며

보편적으로 남의 子孫을 예뻐하는 者에는 本人이 낳은 子孫과 함께 살지 못하고 있어 항시 子孫을 생각하고 있는 中 남의 子孫이라도 눈 앞의 子孫을 봄과 동시 本人의 子孫이 생각이 나서 그 생각은 바로 그 子孫을 예뻐하여 주고 안아주고 함으로서 자기 子孫을 안고 있는 것처럼 착각을 일으키게 하며 또 그러한 생각 속에서 對하고 있기 때문에 남의 子孫이라 하여도 예뻐질 수 밖에 없는 것이다。

이와같이 우리 人間들은 私心없이 통할 때가 가장 가까와 질 수 있다는 진리를 이러한 것을 통해서 또한번 느끼고 음미해 보는 것이다。

實例

1、丙寅 이 四柱는 火子孫이 丙火 寅中丙火 戌中
戊戌 丁火 午中 丁火로 있는데 寅午戌로 日支
庚午 合하여 남의 子孫 키워주었다。
甲申

乙亥 丙火日主의 官子孫이 亥子壬으로 多逢하
丙子 여 他子 養育하였다。
丙寅
壬辰

2、戊戌 丙火日主의 子孫 土가 年日時로 多逢하
乙卯 여 他子 養育하였다。
丙戌
戊戌

辛未 庚金日主의 子孫 水가 子月子日로 日
庚子 主太旺하여 他子養育하였다。(前妻所生)
庚子
戊戌

壬申 이 四柱는 水傷食이 太旺하여 丙火 子
壬子 孫이 沒하고 있어 他子養育 하였다。
庚寅
丙子

壬寅 이 四柱는 傷食木이 太旺하여 他子養
壬寅 育하였다。
壬寅
癸卯

癸亥 이 四柱는 甲木日主가 水木凝結하여 時
乙卯 上 丁火가 沒하고 있어 他子 養育하였
甲子 다。
丁卯

乙丑 乙木日主의 子孫 丑中 辛金이 年月日로
己丑 多逢하였고 또 時上으로 透出하여 他子
己丑 養育하였다。
庚午

아、總角得子 및 處女胞胎

1、財와 官이 日支와 合한 者(男命)

2、官과 傷食이 日支와 合한 者(女命)

解說

1、財는 妻요 官은 子孫인데 그 財나 官이 日支에 있거나 또는 他柱에서 財나 官이 日支와 合이되면 總角이 得子하는데 偏財 偏官이 더욱 확실하며 이는 約婚中이라도 해당하고

2、官은 夫君이요 愛人이며 傷食은 子孫으로 日支에 官이나 傷食을 놓고 他柱에서 官이나 傷食이 合하여 오거나 또는 傷食이나 官이 合하여 日支로 들어오면 處女가 孕胎하게 되는데 約婚中 또는 情夫의 子孫、寡婦가 胞胎하여도 되며

또 男女不問 子孫에 冲이나 刑殺이 臨하면 流産시키고

財殺이 太旺者는 處女에 孕胎시키고 逃亡가며

傷食太旺 女命은 孕胎하고 愛人을 잃어 버린다。

實例

1、

己丑 이 四柱는 日支에 財官이 있고 또 他柱에
癸酉 서 財官이 巳酉丑으로 日支와 合하여 總
乙巳 角 得子하였다。
己卯

乙酉 이 四柱는 日支에 財官이 있고 또 月支
丁亥 亥中甲木이 日支와 合하여 총각이 得子하
庚寅 였다。
丙子

2、

戊戌 이 四柱는 子孫 乙卯木이 日支官星과 卯
乙卯 未로 合하여 處女가 잉태하였다。
癸未
辛酉

丁卯 이 四柱는 子中癸水官이 日支로 있는데
戊申 月上 戊土 食神 子孫이 申子로 日支 合하
丙子 여 處女가 孕胎하였다。
庚寅

甲戌 이 四柱는 壬申財官이 日支와 巳申으로
壬申 合하여 총각이 得子하였다。
丁巳
甲辰

壬申 이 四柱는 壬水日主와 財星이 寅中 丙
壬子 火 戌中丁火로 있고 戌中 戊土 官星이
壬寅 日支와 寅戌로 合하여 총각이 得子하였
庚戌 다。

甲寅 이 四柱는 巳中庚金官과 丙火 子孫이
丁卯 日支로 있어 情夫의 子孫을 낳았다。
乙巳
辛巳

庚辰 이 四柱는 日支에 未中己土 官과 乙木
庚辰 子孫이 있어 情夫의 子孫을 낳았다。
癸未
甲寅

자、混血子孫

1、驛馬地殺 財官에 日支合(男命)

2、驛馬 地殺 官食에 日支合(女命)

解說

1、驛馬나 地殺은 海外요 財는 妻가 되며 官星은 子孫인데 日支와 合이되 면 해외 女子와 子孫이 本人과 合하는 것이 混血兒를 얻게 되고

2、女命이 官은 夫君이요 傷食은 子孫인데 日支에 合이 되면서 驛馬 地殺에 臨하면 海外 男子와 子孫이 本人과 合하는 것이 되어 混血兒를 얻게 된다。

參考

이곳에 해당하는 者 해외에서 得子하면 무관하며

子出 海外는 분명하고 또 車中 연애하고

앞에서 공부한 國際結婚과 잘 대조하여 볼 것이며 또 앞으로 빈번한 國際 交流의 濃度에 따

라 더욱 많이 發生할 것이니 잘 參考하기 바란다。

實例

1、

己未 이 四柱는 巳中에 丙戊庚이 있는데 戊土
己巳 는 財요 庚金은 子孫이라 아울러 驛馬가
甲子 臨하여 日本 女子와 결혼하여 得男하였
乙亥 다。

癸亥 이 四柱는 亥中壬水 財와 寅 甲木 子
戊午 孫이 寅亥로 日支와 合하고 驛馬가 臨
戊寅 하여 混血兒를 얻었다。
乙卯

2、

丁亥 이 四柱는 丁火 日主가 亥地殺에 壬水로
丁未 官星이요 未中己土 子孫이 日支로 合하
丁亥 여 미국인과 결혼 得男하였다。
丁未

戊寅 이 四柱는 驛馬 官이 日支로 合하여
乙卯 일본인과 결혼하여 子孫까지 낳았다。
己亥
丙寅

이상으로 基礎的인 概要는 끝을 맺고 앞으로는 格局用神 공부와 더불어 運을 대조하여 풀이하는 방법과 實地 鑑命하는 것을 알아 보기로 한다。

알기쉬운
實證哲學 中卷

값 28,000원

板 權
本 社

1999年 6月 5日 發行
2003年 4月 5日 再版發行
2021年 5月 20日 再版發行

編 著 이 병 렬
發 行 人 안 장 훈
發 行 處 圖書出版 東洋書籍
경기도 파주시 혜음로454번길 18-52
전화 010-8944-4799
팩스 0504-292-4799
등 록 일 1976년 9월 6일
재등록일 2013년 3월 18일
홈페이지 www.orientbooks.co.kr
전자우편 orientbooks@hanmail.net

ISBN 979-11-88520-20-6 13180